高职高专电气自动化技术专业系列教材

GAOZHI GAOZHUAN DIANQI ZIDONGHUA JISHU ZHUANYE XILIE JIAOCAI

U0655691

电工基础

主　编　沈光玲
副主编　高恒志
编　写　李新民　陈　巍
主　审　庹朝永

中国电力出版社

CHINA ELECTRIC POWER PRESS

内 容 提 要

本书为高职高专电气自动化技术专业系列教材。

本书的主要内容有电路的基本概念、直流电阻电路的分析、正弦交流电路的分析、三相正弦交流电路、线性动态电路的分析、磁路与变压器、电工基础实验指导。

本书按照高等职业教育的特点，在理论部分的选择上强调适度、够用、相对完整，满足学生后继学习的需要，并突出实用性和实践性。在实验、实训部分注重学生对基本实验仪器的使用和基本实验方法的培养。

本书可作为高等职业院校电气、机电一体化、仪表自动化等专业的电工基础课程教材，也可作为相关岗位培训和自学用书。

图书在版编目（CIP）数据

电工基础/沈光玲主编. —北京：中国电力出版社，2010.8
（2025.8 重印）

高职高专电气自动化技术专业规划教材

ISBN 978－7－5123－0613－4

Ⅰ.①电⋯　Ⅱ.①沈⋯　Ⅲ.①电工学－高等学校：技术
学校－教材　Ⅳ.①TM1

中国版本图书馆 CIP 数据核字（2010）第 169263 号

中国电力出版社出版、发行

（北京市东城区北京站西街 19 号　　100005　http：//jc.cepp.com.cn）

北京雁林吉兆印刷有限公司印刷

各地新华书店经售

＊

2010 年 8 月第一版　2025 年 8 月北京第十一次印刷

787 毫米×1092 毫米　16 开本　13.75 印张　329 千字

定价 **35.00** 元

高职高专电气自动化技术专业系列教材

编 委 会

前　言

本书为高等职业教育电气自动化及电类相关专业电工基础课程编写。

2001年，河北化工学校经国家教委批准升格为高等职业技术学院——河北化工医药职业技术学院，开始招收高中毕业生起点的三年制专科学生，培养适应生产、建设、管理、服务等生产一线的高等技术应用型人才。在我院职业教育百年历史的基础上，结合近10年新的建设模式对高职院校培养人才的需求，编者通过不断的摸索、实践和总结编写了本教材。

本教材适应当前市场对高等职业教育的要求，突出理论性与实践性、实用性相结合的原则，力求做到以应用为目的，培养学生的科学素质，为学生后继课程的学习打下基础。考虑到高职教育的对学生理论知识要求的特点，本教材着重介绍经典的电路分析方法，以必须够用为度。注重强调物理模型、数学模型和等效概念的应用，以培养学生把实际工程问题概括、简化，以提高解决问题的能力。内容编排上尽力做到精简适度、突出重点。简化一些数学上的推导过程，编写适当的例题、思考题、练习题，以便学生能较系统地掌握所学的基础理论知识。

高职教育的特点之一是实际操作能力的培养，本书分为基础理论和电工基础实验指导两部分。实验指导中的基础实验，注重对学生实验能力和实际操作技能的培养，让学生学会常用电工仪表的使用和测量方法。综合实训注重对学生初步设计、实物安装、分析及解决实际问题能力的培养。通过实践环节能使学生加深对基础理论的理解，逐步养成严谨的学习和工作的作风，培养学生分析问题、解决问题和设计创新的能力。

本教材每章前的小段引言，节后、章后的小结，可以帮助学生理清思路，起到引领思考、巩固概念的作用。书中打 * 号部分为选讲内容，可根据专业需求和教学时间酌情安排。

本教材由河北化工医药职业技术学院副教授沈光玲任主编，副教授高恒志任副主编，副教授李新民、助讲陈巍参编。具体分工如下：沈光玲编写第二～四章，高恒志编写第五章、第六章，李新民编写第七章，陈巍编写第一章。全书由沈光玲负责统稿。

本书由湖南机电职业技术学院的庹朝永副教授主审。

由于编者水平有限，书中难免有疏漏和不妥之处，敬请读者指正。

编　者
2010 年 9 月

目 录

第 一 章

电 路 的 基 本 概 念

电路和磁路是电工技术的主要研究对象，电路的研究起点是元件、模型电路和参数。本章重点讲述电路的基本物理量、电路模型和电路的两个基本定律。

第一节 电路 电路模型

一、电路

1. 概念

电路通常是指电流的通路。电路是各种电气元件按照一定的方式连接起来组成的总体，较复杂的电路称为电网络。

2. 电路的功能

按照工作任务，电路的主要功能分为以下两类：

（1）完成能量的转化，传输和分配，例如供电系统、照明系统、电制冷系统等。在这样的电路中，完成其他形式能转化为电能的设备叫电源；将电能转化为其他形式能的设备叫负载；在电源和负载之间的输电线、变压器、控制电器等是执行传输和分配任务的器件，通常称为线路。

（2）进行信号的处理。这类电路的输入信号叫激励，输出信号叫响应。如扩音器电路的输入是音频信号（激励），经放大后由扬声器输出（响应）。

3. 理想元件

为了对复杂的实际问题进行研究，在工程中常采用一种科学抽象方法将实际电气元件"理想化"，忽略一些次要因素，突出电气元件单一电或磁的性质，这种处理了的假想元件称为理想元件。在电路分析中常见的理想元件有四类：电阻元件以消耗电能为主要特征；电容元件以储存电场能为主要特征；电感元件以储存磁场能为主要特征；电源包括电压源和电流源，它们以供给电能为主要特征。具有两个端钮的理想元件通常称为两端电气元件。

二、元件符号和电路模型

为分析电路方便，常用特定的符号代表理想元件（见图1-1），用理想元件替代实际元件构成的电路称为电路模型（见图1-2）。通过分析电路模型能够预测实际电路的性能，在

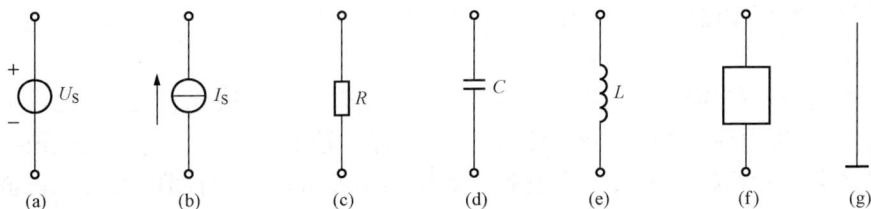

图1-1 常见电路元件的符号

（a）电压源；（b）电流源；（c）电阻；（d）电容；（e）电感；（f）一般符号；（g）接地

此基础上可以改进并设计出更先进的电路。

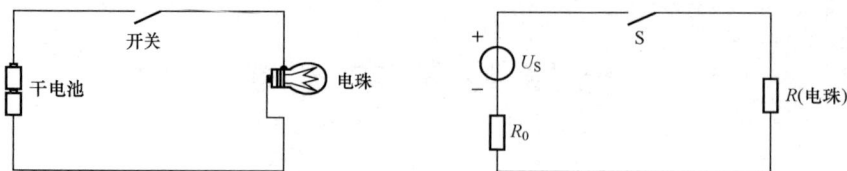

图 1-2　手电筒电路和电路模型

本节小结

1. 电路是指电流的通路，是由各种电气元件按一定方式连接组成的。

2. 建立电路模型是研究电路规律的基本方法，电路模型中取代各种电气设备的是理想元件。

3. 常用的理想元件有电压源、电流源、电阻、电容和电感。

练 习

1-1-1　叙述电路的概念及其主要组成。

1-1-2　使用电路模型有何意义？常见的理想元件有几种？

第二节　电路中的基本物理量

在电工技术中需要分析研究的物理量很多，如电量、电流强度（简称电流）、电压、电功率、电能和磁通量等。在电路中主要探讨的物理量有电流、电压和电功率3个。

物理量的单位使用，我国规定统一使用国际单位制，简称 SI。需要使用较大或较小的单位时，在 SI 单位前加 SI 词头，常用的词头见表 1-1。

表 1-1　常 用 的 词 头

数量级	中文词头名称	符号	数量级	中文词头名称	符号
10^6	兆	M	10^{-2}	厘	c
10^3	千	k	10^{-3}	毫	m
10^2	百	h	10^{-6}	微	μ
10^1	十	da	10^{-12}	皮	p

下面来探讨电路中电流、电压和电功率等重要的物理量。

一、电流

电流是电荷的定向移动。电流的大小用电流强度来表示，表示符号 i。电流强度常被简称为"电流"。所以电流一词有时是指物理现象，有时是指物理量。电流的数值等于单位时间内通过导体某一截面积的电量的代数和。如用 ΔQ 表示在 Δt 时间内通过导体截面积的电量，则

$$i = \frac{\Delta Q}{\Delta t}$$

(1-1)

式中：i 为 Δt 时间间隔内的平均电流。如需计算某一时刻的电流，应使 Δt 趋于零，则该时刻的电流表示为

$$i = \frac{\mathrm{d}Q}{\mathrm{d}t} \qquad (1\text{-}2)$$

其中各物理量的 SI 单位是：电量 Q 的单位为库［仑］（C）；时间 t 的单位为秒（s）；电流 i 的单位为安［培］（A）。

如果在时间 t 内通过导体截面积的电量不随时间变化，则电流是恒定的，称为直流电流，用 I 表示，此时式（1-2）可改写为

$$I = \frac{Q}{t} \qquad (1\text{-}3)$$

一般情况下，随时间变化的物理量用小写字母表示，大写字母表示恒定的物理量。

习惯上规定正电荷的运动方向为电流的方向，在常见的金属导体内，参加导电的只有自由电子，其运动方向与电流方向正好相反。

将电流表串联于电路中，可以测得电流的大小。

二、电压

在组成电路的导体中存在电场时，电荷才能在电场力作用下形成电流。衡量电场力作功本领大小的物理量称为电压。如图 1-3 所示，电场力将正电荷 Q 从点 a 移到 b 点所作的功为 W_{ab}，则 ab 两点之间的电压 U_{ab} 定义为

$$U_{ab} = \frac{W_{ab}}{Q} \qquad (1\text{-}4)$$

即，ab 两点之间的电压数值上等于电场力把单位正电荷从 a 移至 b 时所作的功。电压的方向由起点指向终点，常用电压符号下的双下标表示起点与终点。电压的 SI 单位是伏［特］（V）。

电压有时也叫电位差，单位正电荷在电场中某点具有的电位能定义为该点的电位。用符号 V 表示，SI 单位也是伏［特］（V）。在图 1-3 中 a、b 两点的电位分别用 V_a 和 V_b 表示，则

$$U_{ab} = V_a - V_b \qquad (1\text{-}5)$$

图 1-3　电压的定义

在电路中往往规定将其中的任意一点作为参考点，令其电位为零，那么除参考点之外的电路中的其他点与参考点之间的电压就等于该点的电位。但要注意，在一个电路系统中，只能选择一个参考点。

电压的实际方向，习惯上规定由高电位点指向低电位点。即在电源的外部，电压的方向与电流的方向是一致的，所以电压也称为电压降。而在电源内部电流的方向是沿着电位升高的方向。这时电场力作负功，即外力克服电场力作功，实现其他形式的能向电能的转化。

三、电功率与电能

如前所述，带电粒子在电场力作用下有规则的流动形成了电流。根据电压的定义，电场力所作的功为 $W_{ab}=QU_{ab}$，单位时间内电场力所作的功被称为电功率，即

$$P = QU/t = UI \qquad (1\text{-}6)$$

电功率 P 的 SI 单位是瓦［特］（W）。当已知用电设备的电功率为 P，则在 t 时间内该设备消耗的电能为

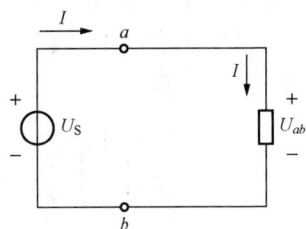

$$W = Pt \tag{1-7}$$

电能的 SI 单位是焦［耳］（J）。在工程上，直接用千瓦·时（kW·h）为单位，俗称"度"。

四、电流与电压的参考方向

在求解复杂的电路时，为了求解电路中未知的电流和电压，常常需要根据电路的性质列出含有未知量的电路方程，然后求解。在电路方程中，电流与电压前面的正负号是至关重要的，而未知量的实际方向往往不易确定，这就要先假定一个方向，称为参考方向。

电路中某一支路或某一元件上电流的参考方向的假设是任意的，不必考虑它的实际方向。按照假定方向列出方程，求解电流。如果解出的结果是正值，说明实际的电流方向与参考方向一致；如果为负值，说明实际的电流方向与参考方向相反。

电压的方向，也可以任意选定，它与电流参考方向的选定是独立的。但为了方便，在一段电路上或一个元件上常常选定电压和电流的参考方向一致，称为关联参考方向。当电压与电流的方向关联时，任意两端元件的电功率可以表示为

$$P = UI \tag{1-8}$$

当 $P>0$ 时，元件是耗能型的；$P<0$ 时，元件是供能型的。

当参考方向非关联时，结论正好相反，如图 1-4 所示。

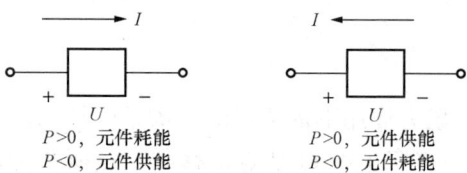

图 1-4　电压和电流的参考方向

【例 1-1】　如图 1-5 所示，各图中两端元件所标明的电流（电压）方向都是参考方向，已知它们是耗能元件。试选取其电压（电流）参考方向，并说明其实际方向。

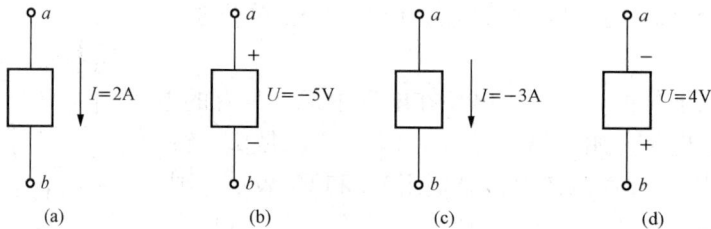

图 1-5　［例 1-1］图

解　按照电流与电压参考方向关联的选取原则，由于是耗能元件，所以 $P>0$。

图 1-5（a）所示的选取电压参考方向由 a 指向 b，因 $I>0$，要保证 $P>0$，所以 $U>0$。说明实际电压的方向与参考方向一致，即 V_a 高于 V_b。

图 1-5（b）所示的选取电流参考方向由 a 指向 b，因 $U<0$，要保证 $P>0$，所以 $I<0$。说明实际的电压和电流方向应该由 b 指向 a。

图 1-5（c）所示的选取电压的参考方向由 a 指向 b，因 $I<0$，要保证 $P>0$，所以 $U<0$，说明电流与电压的参考方向都是从 b 指向 a。

图 1-5（d）所示的选取电流的参考方向由 b 指向 a，因 $U>0$，要保证 $P>0$，所以 $I>0$。说明电压与电流的实际方向都与参考方向一致。

本节小结

1. 电路中基本的物理量有电压、电流和电功率。

2. 电流、电压在电路中都有自己的大小和方向的定义，在对电路进行分析时，无论电流、电压是已知还是未知都需要在电路中标识出其参考方向，参考方向是任意选定的。

3. 一般情况电压与电流的参考方向的选取和标识遵照关联的原则。

第三节　欧姆定律和电阻元件

一、欧姆定律

日常生活中，所用到的白炽灯、电炉、电烙铁等电器具有相同的物理特征，当电流通过时发热而消耗电能，这些实际电气元件称为电阻器件，反映其能量消耗的理想元件是电阻，是一种两端耗能元件。

1827 年，德国的科学家欧姆总结出：对于线性电阻元件，在任何时刻通过的电流与它两端的电压成正比关系，即

$$I = \frac{U}{R} \tag{1-9}$$

这一规律称为欧姆定律。其中 R 表达电阻元件对电流阻碍作用的大小，叫电阻。SI 单位是欧［姆］（Ω）。电阻的倒数称为电导，是表征元件导电能力的电路参数，用 G 表示，即

$$G = \frac{1}{R} \tag{1-10}$$

电导的 SI 单位是西［门子］（S）。因此，欧姆定律也可以写为

$$I = GU \tag{1-11}$$

以元件上的电压和电流作为横坐标和纵坐标，画出元件的 $U—I$ 函数关系曲线，称为元件的伏安特性曲线。电阻元件的伏安特性曲线如图 1-6 所示，说明该电阻是一常数，这样的电阻叫线性电阻。对于线性电阻，当电压随时间发生变化时，电流也随时间发生变化，它们之间的关系可以表示为

$$u = Ri \tag{1-12}$$

但是，有些元件的伏安特性曲线不是线性的，图 1-7 表示的是二极管的伏安特性。这种元件的电阻称为非线性电阻。

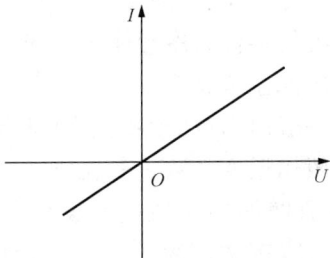

图 1-6　电阻元件的伏安特性　　　　　图 1-7　二极管的伏安特性

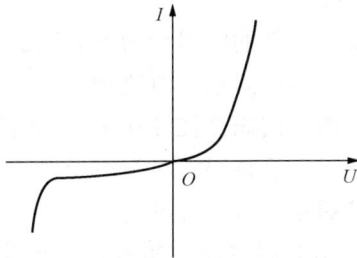

二、金属导体的电阻

欧姆的实验还指出，对于均匀截面的金属导体，它的电阻与导体的长度成正比，与截面积成反比，还与材料的导电能力有关，即

$$R = \rho \frac{l}{A} \tag{1-13}$$

式中：l 为导体的长度，SI 单位是米（m）；A 为导体的截面积，SI 单位是平方米（m²）；ρ 为导体的电阻率，SI 单位是欧［姆］米（Ω·m）。

电阻率的倒数电导率，用 γ 表示，SI 单位是西［门子］每米（S/m），则

$$G = \gamma \frac{A}{l} \tag{1-14}$$

$$\gamma = \frac{1}{\rho} \tag{1-15}$$

不同的材料有不同的电阻率，表 1-2 列出了常用电工材料在 20℃时的电阻率和温度系数。材料的电阻率越小，导电性能越好。

表 1-2　　　　　　　　　　几种常用电工材料在 20℃时的电阻率与温度系数

材料	电阻率 $\rho(\times 10^{-6})$ (Ω·m)（20℃）	温度系数 α(20℃)	材料	电阻率 $\rho(\times 10^{-6})$ (Ω·m)（20℃）	温度系数 α(20℃)
银	0.0159	0.00380	康铜	0.48	0.000008
铜	0.0175	0.00393	锰铜	0.47	—
铝	0.283	0.00410	黄铜	0.07	0.002
铁	0.0978	0.0050	镍铬合金	1.09	0.00016
钨	0.0578	0.0051	铁铬铝合金	1.26	0.00028
钢	0.13～0.25	—			

【例 1-2】 一台电动机的绕组由直径为 1.13mm 的漆包线绕成，测得在 20℃时的电阻为 1.64Ω，求共用多长的导线。

解
$$A = \frac{\pi}{4} d^2 = \frac{3.14}{4} \times 1.13 \times 10^{-6} \approx 1.003 \times 10^{-6} \, (\text{m}^2)$$

$$l = R \frac{A}{\rho} = 1.64 \times 1.003 \times 10^{-6} / 0.0175 = 94 \, (\text{m})$$

*三、温度对电阻的影响

1. 冷导体

一般金属材料的电阻会随着温度的升高而增大，这类材料称为冷导体。例如白炽灯在刚接通时，灯丝的电阻小，电流较大。在正常工作时，灯丝的温度达到 1840℃，其电阻增大，电流较小。因而白炽灯往往在刚开通时容易烧坏灯丝。一般白炽灯的额定电阻是指正常发光时的热态电阻。这种温度对金属导体的电阻的影响，一般用温度系数 α 来表征。

电阻的温度系数：温度升高 1℃时，金属材料电阻值增加的比值用 α 表示。它表明各种材料的电阻对温度的敏感程度。电阻的温度系数与温度有关，表 1-2 表示的是电工材料在 20℃的 α 值。设温度为 θ 时，某金属材料的电阻值为 R_θ，温度为 20℃时的电阻值为 R_{20}，则

$$R_\theta = R_{20} + R_{20}\alpha(\theta - 20) = R_{20}(1 + \alpha\Delta\theta) \tag{1-16}$$

其中
$$\Delta\theta = \theta - 20$$

在实际计算中，由于金属材料的温度系数随时间变化得并不大，可以认为 20℃ 的 α 值就是这种金属材料的 α 值。如果假设 R_1、R_2 分别为温度 θ_1 和 θ_2 时的电阻，则

$$R_2 = R_1(1 + \alpha\Delta\theta) \tag{1-17}$$

其中
$$\Delta\theta = \theta_1 - \theta_2$$

式中的 α 仍可用 20℃ 的 α 值。

【例 1-3】 一台电动机的绕组用铜线绕制，在 26℃ 时，测得的电阻为 1.25Ω，运行 1h 后，测得的电阻为 1.5Ω。求绕组的温度。

解 已知 $R_1 = 1.25\Omega$，$R_2 = 1.5\Omega$，$\theta_1 = 26℃$，查表 1-2，得 $\alpha = 0.003\ 93$

解法一：由式（1-17）可得

$$R_{20} = \frac{R_1}{1 + \alpha(26 - 20)} = \frac{1.25}{1 + 0.003\ 93 \times 6} \approx 1.2212(\Omega)$$

由式（1-17）可得

$$\Delta\theta = (R_2 / R_{20} - 1)/\alpha = (1.5/1.2212 - 1)/0.003\ 93 \approx 58.1℃$$

$$\theta_2 = \Delta\theta + 20 = 78.1℃$$

解法二：由式（1-17）可得

$$\Delta\theta = (R_2 / R_1 - 1)/\alpha = (1.5/1.25 - 1)/0.003\ 93 = 56.9(℃)$$

$$\theta_2 = \Delta\theta + 20 = 76.9℃$$

可以看出，利用式（1-17）计算的结果与准确数值相差了 1.2℃，误差仅 1.5%。通过本例题可知：（1）当电流流过电动机等电气设备时，电阻产生的热量会使电动机的温度升高。（2）电动机运行时无法测得绕组的温度，但可以通过测量电阻来间接测量电动机的温升。

2. 热导体

碳等一些半导体材料，其电阻随材料温度的升高而降低，这类材料称为热导体。可用于制造热敏电阻和热敏传感器。

3. 超导体

当温度接近绝对零度时，有些材料的电阻会突然降到零，这种现象称为超导现象，处于这种状态的导体称为超导体。导体开始出现超导现象的温度叫临界温度或跳变温度。表 1-3 给出几种材料的临界温度。超导材料用于电工技术可以大大节约能源和材料。但超导临界温度低，限制了超导材料在现实中的使用。寻求常温呈现超导现象的材料，延长超导性保持的时间，是当前超导研究需要解决的问题。

表 1-3　　　　　　　　　　几种材料的临界温度

材料	温度 θ_α(K)	材料	温度 θ_α(K)
铝	1.14	氮化铌	＞20.0
铅	7.26	汞	4.17
铌	9.2	锌	3.69

* 四、特殊材料的电阻

1. PTC 电阻材料

PTC（Positive Temperature Coefficient，正温度系数）元件又称为 PTC 热敏电阻陶瓷，它是一类具有正的温度系数的半导体功能陶瓷。PTC 在转变温度之前，电阻随温度的升高而下降，温度从转变温度到热失控温度之间，电阻随温度的升高而显著增长，如图 1-8（a）所示，具有典型的热导体特征。PTC 元件灵敏度较高，其电阻温度系数要比金属大 10～100 倍以上，能检测出 $10^{-6}℃$ 温度变化。工作温度范围宽，常温器件适用的工作温度为 $-55℃\sim$ 315℃，高温器件适用的工作温度高于 315℃（目前最高可达到 2000℃），低温器件适用的工作温度为 $-273℃\sim55℃$。PTC 元件体积小、使用方便，电阻值可在 0.1～100kΩ 间任意选择，能够测量其他温度计无法测量的空隙、腔体及生物体内血管的温度；另外 PTC 材料易加工成复杂的形状，可大批量生产，元件稳定性好、过载能力强、恒温发热、自然寿命长、节能、无明火、安全性能好、发热量容易调节及受电源电压影响小等一系列传统电热元件所无法比拟的优点。现在 PTC 元件已广泛应用于家用电器、电力设施、电子设备以及汽车行业等众多领域。

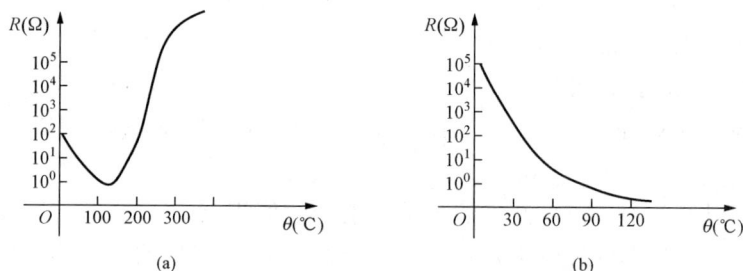

图 1-8　PTC、NTC 电阻特性
（a）PTC 电阻；（b）NTC 电阻

2. NTC 电阻材料

NTC（Negative Temperature Coefficient，负温度系数）电阻材料是指随温度上升电阻呈指数关系减小，是具有负温度系数的热敏电阻材料，如图 1-8（b）所示，具有冷导体特征。该材料是利用锰、铜、硅、钴、铁、镍、锌等两种或两种以上的金属氧化物进行充分混合、成形、烧结等工艺而成的半导体陶瓷，可制成具有负温度系数（NTC）的热敏电阻。其电阻率和材料常数随材料成分比例、烧结气氛、烧结温度和结构状态不同而变化. 现在还出现了以碳化硅、硒化锡、氮化钽等为代表的非氧化物 NTC 热敏电阻材料。利用某些材料对温度特别敏感的特点，可以制作成热敏电阻，用来测量与控制温度。它的测量范围一般为 $-10\sim300℃$，也可做到 $-200\sim10℃$，甚至可用于 300～1200℃ 环境中作测温用。负温度系数热敏电阻温度计的精度可以达到 0.1℃，感温时间可少至 10s 以下。它不仅适用于粮仓的温度测量，同时也可应用于食品储存、医药卫生、科学种田、海洋、深井、高空、冰川等方面的温度测量。例如要估计大功率变压器内部的温度，可以在需要测温的部分介入电阻线，在外部通过测量该热敏电阻的阻值就可确定温度。目前热敏电阻在测量温度方面替代热电偶的趋势在加快。

练 习

1-3-1　有一卷铜线，长度为100m，有哪几种方法可以求出它的电阻（要求三种）？

1-3-2　如图1-9所示为一汇流铜条，尺寸如图所示，按图示电流方向，求其电阻值。

*1-3-3　有一只220V，15W的钨丝灯泡，在20℃时用万用表测得电阻为400Ω，求额定工作时温度为多高？

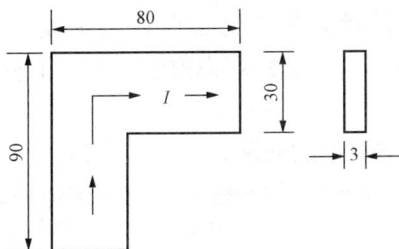

图1-9　题1-3-2图

第四节　电流的热效应

在金属导体中，电流是自由电子的定向运动。自由电子在前进时，由于前进阻力的存在，把一部分电能传给了导体材料的晶格点阵，这使点阵上的原子和分子的不规则运动加剧，这种不规则的运动称为热振动，度量其振动强度的量为温度。

在绝对零度或接近绝对零度时，热振动将停止，温度越高，热振动越剧烈。要加热一个物体，就要对该物体输入能量。

一、电能与热能的转换

在电阻R中流过电流I，则电阻两端的电压为$U=RI$。在时间t内通过电荷Q消耗的电能为

$$W = QU = IUt = RI^2t$$

这部分电能全部变成了热能，使物质的温度升高。

【例1-4】 已知有一电炉的电阻为20Ω，通过5A的电流，计算1h内电炉产生的热量。

解　电炉在1h内消耗的电能就是产生的热量，即

$$E = I^2Rt = 5^2 \times 20 \times 3600 = 1.8 \times 10^6 (\text{J})$$

二、电热元件及其应用

1. 发热

电热元件承担着把电能转换成热的任务。电热元件一般用镍铬合金、铁铬合金等材料制成，形状有管式、盘式等，它是电热设备的核心，典型的电热设备有电炉、家用电热炊具，电热取暖设备、卫生保健器具、电烙铁等。目前PTC材料发热元件的应用也在普及。

2. 电气照明

电流热效应的另一个应用是电气照明。

白炽灯是利用电流流过钨丝发热到白炽程度而发光的原理制成的，由于输入的电能大部

分变成了热，所以发光效率较低（10％左右），而且使用寿命较短（1000h），但白炽灯的结构简单、价格低、使用方便、无频闪、显色性好。

荧光灯则是利用灯丝发热发射电子使管内氯气发光，光效率与白炽灯相比提高很多。

卤钨灯利用稀有气体与卤族物质之间的化学作用而发光，进一步提高了灯的效率和寿命，使用较为普遍。

3. 熔体

熔体俗称保险丝，一般选用熔点较低的金属材料制成，如铅锑合金、铅锡合金、铅、铜、银等。当流过的电流过大时，由于发热而熔断，可以对电路起到保护作用。

三、电气设备的额定值

任何电气设备都有一个标准规格的问题，在电工术语中称为额定值。一般额定值会标示在电气设备的铭牌上。一般电气设备常用的额定值有额定电压、额定电流和额定功率。

1. 额定电压

在电力系统中，需要制定一系列的电压标准，如 220、110kV，380、220、110V 等；蓄电池为 6、12、24V 等，干电池为 1.5、3、6V 等；电子线路有 4.5、6、12、15V 等。因此电气设备也相应制定了额定电压标准，并且按照额定电压来选择绝缘材料，使电气设备能够正常工作。

2. 额定电流和额定功率

电气设备在额定电压下运行时，将有一定的电流流过。由于电流的热效应，电气设备会发热升温。

当发热的电气设备的温度高于周围温度时，会对周围散出热量，散热的快慢与温差有关，当每秒钟电气设备产生的热等于向外散发的热量时，达到动态的平衡，此时电气设备的温度就不再升高，这个温度称为稳定温度。电气设备工作时的稳定温度与工作电流有关，也与室温有关。为了保证电气设备安全运行，不致因为过热而烧毁，规定了允许温升和由此而规定的最大工作电流，称为额定电流，其相应的输出功率称为额定功率。

在额定电流状态下工作的电气设备，温升基本上是一定的，但它的稳定温度却与室温有关。例如电动机在夏季使用时的稳定温度将高于冬季使用时的，使用时要注意。

当工作电流超过额定值叫作过载，稳定温度也将升高，长时间过载是不允许的。反之，工作电流低于额定电流叫欠载或轻载。在额定状态下工作叫满载。任何电气设备在使用时，都应注意它的额定值。还要注意额定值的大小会随工作条件的改变而变化，同样的电气设备在高温条件下使用，应适当降低它的额定值。

金属导线在输送电流时也要发热，因此要规定安全载流量，即额定电流。导线截面积大，安全载流量大。输电导线明线敷设时散热好，安全载流量大于穿管敷设，因为护套线不易散热，安全载流量就小。我国规定的导线规格简称线规，用标称截面表示。例如 $1mm^2$ 就是单根直径为 1.13mm 的导线。英美制线规用号码表示，号码越大，直径越小。选择导线时，主要确定导线截面，使通过的电流不超过额定值，以免导线过热。另外还要注意线路压降不能超过容许值，以免负载端电压过低等因素。

练 习

1-4-1　一盏白炽灯规格为 220V、60W。试问（1）额定电流为多少？（2）若通过 1A

的电流，结果会怎样？（3）若所加电压为 180V，结果怎样？

第五节　电源与电源的三种工作状态

一、电源电路模型

电源是一种提供电能的二端元件。电源内的非静电力使正负电荷向两个端钮积累，在内部形成电场。当非静电力与电场力平衡时，端钮积累的电荷不再增加，两端间建立起一定的端电压，具有恒定端电压的电源叫直流电源。

1. 电压源

当电源对外电路提供电能时，如果端电压与电流无关，这种稳定输出电压的电源叫理想电压源，简称电压源。

如图 1-10（a）所示，电压源 U_S 与电阻 R 组成闭合电路，电源的端电压与工作电流大小无关，伏安特性如图 1-10（b）所示。

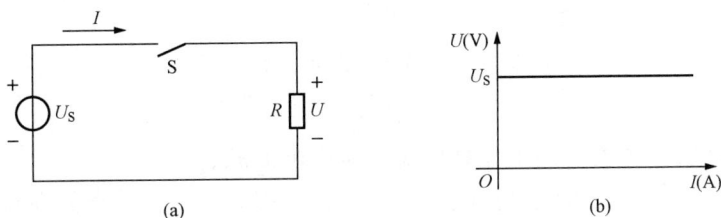

图 1-10　电压源电路和其伏安特性
（a）电压源电路；（b）伏安特性

当实际电源向外电路提供能量时，其内部也消耗能量，说明实际电源有内电阻存在。所以，实际电源可以看成是一个理想电压源 U_S 与一电阻 R_i 串联的组合模型来表示。该模型叫电压源模型电路，如图 1-11（a）所示，伏安特性如图 1-11（b）所示。这时电源的端电压为

$$U = U_\mathrm{S} - R_\mathrm{i} I \tag{1-18}$$

输出功率为

$$UI = U_\mathrm{S}I - R_\mathrm{i}I^2 = RI^2 \tag{1-19}$$

电阻 R_i 称为电源的内阻，其上消耗的功率使电源发热，温度升高。电源只能在小于或等于额定电流的状态下工作。实际电源的内电阻 R_i 对外电路而言，有时也称为电源的输出电阻。

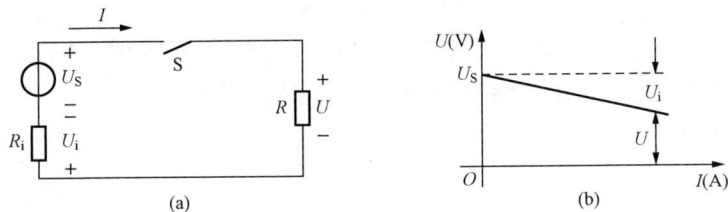

图 1-11　电压源模型电路与其伏安特性
（a）电压源模型电路；（b）伏安特性

实际生活中，需要大功率直流电压源时，往往利用发电机和硅整流装置来承担供电任务。一般的电子线路中，常采用小型电子稳压源、干电池、蓄电池、热电偶、光电池和压电晶体等。

2. 电流源

实际电源的另一种模型电路叫电流源模型电路。

一个电源在电路中对负载提供能量，必然要输出电流。如果电源的输出电流与负载无关，这种电源叫理想电流源，简称电流源。对直流电源来说，理想电流源输出恒定的电流 I_S，电流源内没有电流，其端电压由负载电阻决定。电流源 I_S 与电阻 R 组成的电路如图 1-12（a）所示，其伏安特性如图 1-12（b）所示。

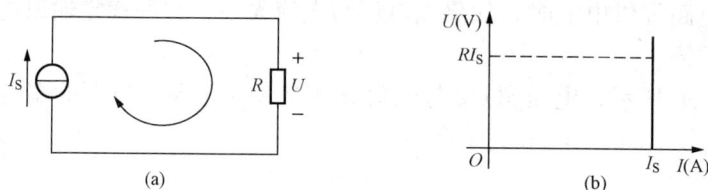

图 1-12　电流源电路与其伏安特性
（a）电流源电路；（b）伏安特性

光电池、晶体管一类器件的工作特性比较接近电流源。

实际电流源在工作中也有能量损耗，在与负载连接后，一部分电流在其内部流动，另一部分通过负载。因此，实际电流源可以看成是一个理想的电流源与内电阻 R_i 并联的组合模型，这一模型称为电流源模型电路，如图 1-13（a）所示。模型电路的伏安特性曲线如图1-13（b）所示。

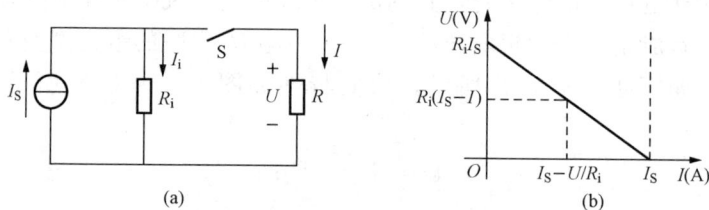

图 1-13　电流源模型电路及其伏安特性
（a）电流源模型电路；（b）伏安特性

图 1-13 中

$$I = I_S - \frac{U}{R_i} \tag{1-20}$$

或

$$U = R_i I_S - R_i I \tag{1-21}$$

【例 1-5】　对某一直流电源进行实际测量得：空载电压为 225V，有负载时端电压为 220V，负载电流为 $I=10$A。求电流源模型的 I_S 和 R_i。

解　当有负载时

$$U = U_S - R_i I$$

$$I_S = \frac{U_S}{R_i}$$

所以

$$R_i = (U_S - U)/I = (225 - 220)/10 = 0.5(\Omega)$$

$$I_s = 225/0.5 = 450(A)$$

二、实际电源两种模型的等效变换

一个实际的电源既可以用电压源模型电路表示，也可以用电流源模型电路来表示。对于外电路来说，两种模型电路的外特性是相同的，即两种模型是等效的，如图 1-14 所示。

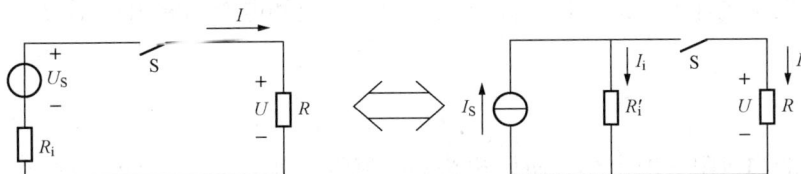

图 1-14　电压源模型电路与电流源模型电路等效

当电源的输出电压为 U，输出电流为 I 时，两种模型电路的表示结果如下：

电压源模型电路　　　　　　　　　　电流源模型电路

$U = U_s - R_i I$　　　　　　　　　　$U = R'_i I_i = R'_i I_s - R'_i I$

$I = U_s/R_i - U/R$　　　　　　　　$I = I_s - U/R'_i$

比较上面的表达式，显然，当满足 $R'_i = R_i$，$U_s = R_i I_s$ 时，两者可以互换，即将电压源模型电路短路电流作为电流源模型电路的电流源，而内电阻不变，将串联改为并联。

但是，理想电压源是不能转换为理想电流源的。这是因为理想电压源供应电流的能力是无限的（当 $R_i = 0$ 时，$U_s/R_i \to \infty$），没有任何电流源具有这样的特性。不过，如果在含有理想电压源的支路上串联有定值电阻，则该理想电压源与所串联的电阻的组合可以等效于一个电流源模型电路。

再次强调，电源的两种模型电路的等效是指对外电路，其内部是不等效的。例如，在外电路断路时（空载），电压源模型电路没有内部消耗，而电流源模型电路有内部消耗，为 $R_i I_s^2$，比有负载时内阻上的消耗还要大。

三、电源的三种工作状态

1. 空载（断路、开路）

电源的空载是指电源外没有连接任何负载，电源没有电流输出的状态。空载时，由于电路没有电流，所以有

$$I = 0, \quad U = U_s$$

即断路端钮两端的电压等于 U_s，成为开路端电压。利用开路的这个特点，可以帮助人们查找电路中开路的故障点。如图 1-15 所示电路，发现电路不通时，将电路分成若干段。用电压表测量每两个点之间电压，结果测出 BC 两点间电压为 12V，则断点就发生在这两点之间。

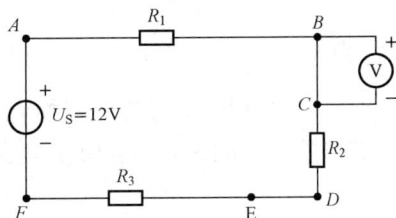

图 1-15　故障电路

2. 有载状态

图 1-11 所示电路，当开关 S 闭合时，就会有电流流过负载电阻 R。当电源确定时，电流的大小取决于负载电阻 R 的大小。R 越小电流越大，电源的负荷就越重。反之，电源的负荷就轻。

当电气设备在额定电压作用下工作，消耗的功率为额定功率，这种状态称为电路的额定状态。电气设备工作在额定状态下是经济、合理、安全的。

3. 短路状态

当电源两端被电阻近似为零的导线接通时，这种情况叫作电源被短路。当然电路中的其他元件也可能发生这样的短路事件。此时电路中的电流和电源的输出电压为

$$I = I_\mathrm{S} = \frac{U_\mathrm{S}}{R_\mathrm{i}}$$

$$U = 0$$

由于电源的内电阻一般很小，所以短路的电流将远远大于正常工作的电流，这是绝对不允许的。因此，为了避免恶性事故的发生，电路中都要加装保护装置（如熔体等）。

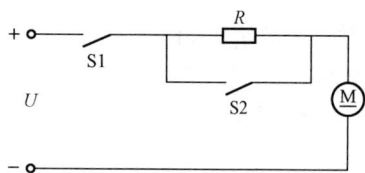

图 1-16　短接一部分电路

在实际工作中，有时需要用电阻极小的导线把电路中的某一部分短接。如图 1-16 所示，M 是一个直流电动机，当 M 启动时，线路中有一个瞬时冲击电流，为了避免启动电流对电路及其他设备的影响，启动时，电动机串联一个电阻以限制电流，启动完毕后，开关 S2 闭合，使电阻短接，电动机正常运转。

练　习

1-5-1　如图 1-17 所示，当 $U_\mathrm{S}=6\mathrm{V}$，$I=1\mathrm{A}$，$U_{ab}=5.8\mathrm{V}$ 时，求电压源模型电路的内电阻 R_i；若 $I=2、4、6\mathrm{A}$ 时，画出它的伏安特性。

1-5-2　若实际电源的伏安特性如图 1-18 所示，求电压源模型电路。

1-5-3　若实际电源的伏安特性如图 1-19 所示，求电流源模型电路。

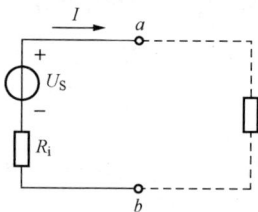
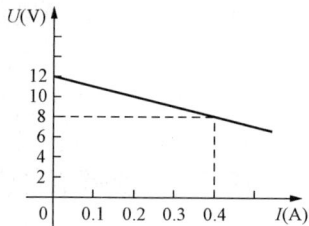
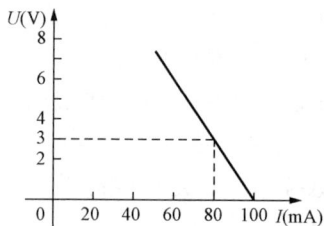

图 1-17　题 1-5-1 图　　　　图 1-18　题 1-5-2 图　　　　图 1-19　题 1-5-3 图

1-5-4　利用电源等效互换将图 1-20 所示电路变换至最简电压源和电流源两种模型。

1-5-5　求图 1-21 所示电路通过电压源的电流与电流源上的电压，并求各电源的功率。

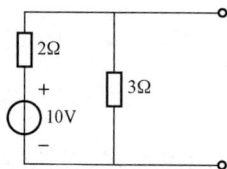
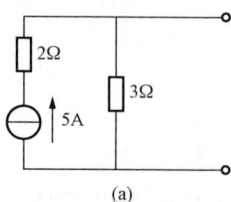
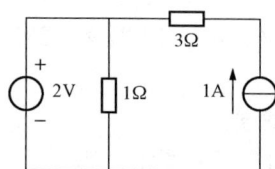

(a)　　　　　　　(b)

图 1-20　题 1-5-4 图　　　　　图 1-21　题 1-5-5 图

第六节 基尔霍夫定律

欧姆定律反映了电阻元件上电压和电流的约束关系。电路中还有另一类约束，即元件的连接给支路电压和电流带来的约束。1874 年基尔霍夫首先阐述了电路中电流与电压的两条定律，明确了这一类约束关系。

一、电路网络基本名词

（1）支路：电路中通过同一个电流并含有一个以上元件的分支叫作支路。

（2）结点：三条或三条以上支路连接点叫结点。

（3）回路：电路中任一闭合路径称为回路。

（4）网孔：中间不存在电流支路的回路称为网孔。

例如图 1-22 所示电路中有 3 条支路、2 个结点、3 个回路、2 个网孔。

二、基尔霍夫电流定律（KCL)

对于某二端元件，单位时间内从一个端钮流入的电流必然等于从另一端钮流出的电流，这一原理叫**电流连续性原理**。

将电流连续性原理推广到电路中的任一结点，就是基尔霍夫电流定律，即任一瞬间流入某一结点的电流之和必定等于流出该结点的电流之和。

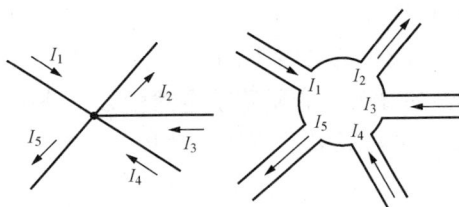

如图 1-23 所示的结点是五条支路汇集的点，I_1、I_3、I_4 流入结点，I_2、I_5 流出结点。因此有

$$I_1 + I_3 + I_4 = I_2 + I_5$$

即
$$I_1 - I_2 + I_3 + I_4 - I_5 = 0$$

所以基尔霍夫电流定律可改写为另一形式：任一瞬间流过某结点电流的代数和恒等于零，即

$$\Sigma I = 0 \tag{1-22}$$

对于变化的电流，则有

$$\Sigma i = 0 \tag{1-23}$$

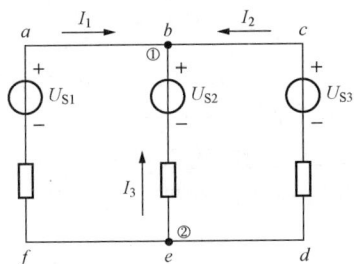

图 1-22　电路网络　　　　　　　图 1-23　五条支路汇集

在电流代数和的表达式中，电流的正负可以自行规定。如流入为正，那么流出为负；或者流出为正，流入则为负值。并且这里正负的选择与电流的参考方向毫无关系，不要混淆。

例如，在图 1-22 所示电路中，如果选择流入结点的电流为正，则按照图中电流的参考方向，三条支路电流都流入结点①，则根据 KCL 有

$$I_1 + I_2 + I_3 = 0$$

而如果选择流出结点为正，则对于结点①，根据 KCL 有

$$-I_1 - I_2 - I_3 = 0$$

二者实际上是一样的。当然，三条支路实际的电流中至少有一个与所取参考方向相反。即解方程得结果时，I_1、I_2、I_3 中至少有一个是负值。对于结点②可列出与结点①完全相同的方程。

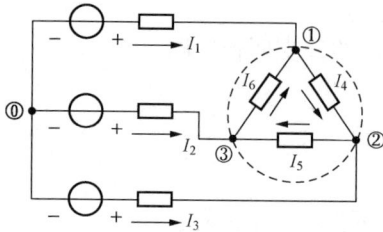

图 1-24 所示电路共有 4 个结点，6 条支路。设各支路电流的参考方向如图所示。根据 KCL 有：

结点 ①　　　　$I_1 - I_4 + I_6 = 0$　　　　　　　(1-24)

结点 ②　　　　$I_3 + I_4 - I_5 = 0$　　　　　　　(1-25)

结点 ③　　　　$I_2 + I_5 - I_6 = 0$　　　　　　　(1-26)

将式（1-24）～式（1-26）相加可得

图 1-24　有 4 个结点，6 条支路的电路

$$I_1 + I_2 + I_3 = 0 \qquad (1-27)$$

式（1-27）表明，基尔霍夫电流定律不仅适用于电路中任一结点，而且可以推广到电路中所取的一个任意封闭面（此封闭面被称为广义结点），即图 1-24 中虚线所示部分。它包围了一部分电路，不论被包围的电路结构如何，流过此封闭面的电流代数和恒等于零。

三、基尔霍夫电压定律（KVL）

基尔霍夫电压定律确定了电路中任一回路各段电压之间的关系。它指出：任一瞬间沿电路任一闭合回路，各段电压之代数和恒等于零，即

$$\sum U = 0 \qquad (1-28)$$

对于变化的电压，有

$$\sum u = 0 \qquad (1-29)$$

图 1-25 所示为取自某一电路的任一回路，方框代表任意元件，箭头是"观察"电路的绕行方向。因为

$$U_{ab} + U_{bc} + U_{cd} + U_{da}$$

$$= (V_a - V_b) + (V_b - V_c) + (V_c - V_d) + (V_d - V_a) = 0$$

它说明不论 a、b、c、d 各点电位的实际大小如何，各段电压之和恒等于零。很明显，电路中，不论沿哪条路径，两结点间的电压值是相同的。

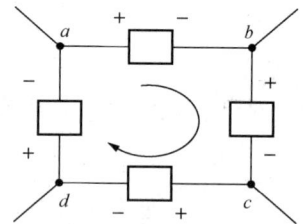

图 1-25　某电路的任一回路

KCL、KVL 是电路中的两条普遍规律，线性电路均遵循，与元件的性质无关。它阐明了电路中各支路电压和支路电流之间的约束关系。

KVL 还可写成以下两种表达形式：在线性电阻与电源组成的回路（即直流电阻电路）中，有

$$\sum RI = \sum U_S \qquad (1-30)$$

对于变化的电流和电压，有

$$\sum Ri = \sum u \qquad (1-31)$$

应用式（1-30）列回路电压方程时应注意：①先规定回路绕行方向和电流的参考方向；②沿回路绕行方向顺次求电阻上的电压降，当电流参考方向与回路绕行方向一致时取正号，否则取负号；③等号右边的电压则应以电源电流方向（电位升高）与回路绕行方向一致时取

正号，否则取负号。

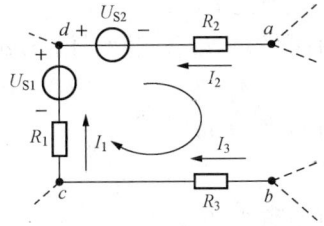

图 1-26　电网络中的部分电路

基尔霍夫电压定律不仅可以用在网络中任一闭合回路，还可推广到任一不闭合的电路中。图 1-26 所示是电网络中的部分电路，在 a、b 两结点处没有闭合，沿着 $abcd$ 方向绕行，则可知

$$U_{ab} + R_3 I_3 + R_1 I_1 - R_2 I_2 = U_{S1} - U_{S2}$$

【例 1-6】　如图 1-27 所示，某电路四条支路汇集的一个结点 a，指定的电流参考方向如图所示。(1) 列出结点电流方程；(2) 已知 $I_1 = 5A$，$I_2 = 2A$，$I_3 = -3A$，求 I_4。

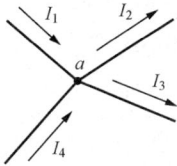

图 1-27　[例 1-6] 图

解　(1) 根据 KCL，以流入结点电流为正，流出为负，对于结点 a 有

$$I_1 - I_2 - I_3 + I_4 = 0$$

(2) 将已知电流值代入

$$5 - 2 - (-3) + I_4 = 0$$

得

$$I_4 = 6A$$

注意 I_2 前的负号是因它的参考方向是自结点流出的，而 $I_3 = -3A$ 中的负号是由于它的实际方向与参考方向相反。计算这类问题时，只需按参考方向列方程，再将代数值代入即可求得。不要任意去改动参考方向，以免引起混乱。

【例 1-7】　在图 1-28 所示电路中，各电流参考方向已标明。已知 $I_1 = -2A$，$I_2 = 2A$，$I_b = -6A$，$I_c = 1A$，$U_{S2} = 6V$，$U_{S4} = 10V$，$R_1 = 5\Omega$，$R_2 = 1\Omega$，$R_4 = 1\Omega$。求 R_3 与各支路电压 U_{ab}、U_{bc}、U_{cd}、U_{da}。

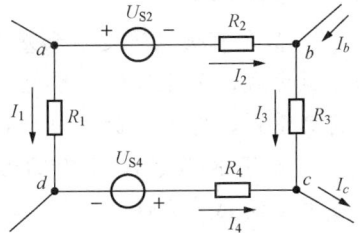

图 1-28　[例 1-7] 图

解　根据 KVL 沿回路 $abcda$，列方程

$$R_2 I_2 + R_3 I_3 - R_4 I_4 - R_1 I_1 = -U_{S2} - U_{S4}$$

根据 KCL，对结点 b、c 列电流方程，即

$$I_2 + I_b - I_3 = 0$$
$$I_3 + I_4 - I_C = 0$$

代入已知条件，得

$$I_3 = -4A,\quad I_4 = 5A,\quad R_3 = -5.75\Omega$$

所以

$$U_{ab} = U_{S2} + R_2 I_2 = 6 + 1 \times 2 = 8(V)$$
$$U_{bc} = R_3 I_3 = 5.75 \times (-4) = -23(V)$$
$$U_{cd} = U_{S4} - R_4 I_4 = 10 - 1 \times 5 = 5(V)$$
$$U_{da} = -R_1 I_1 = -5 \times (-2) = 10(V)$$

验证

$$U_{ab} + U_{bc} + U_{cd} + U_{da} = 8 - 23 + 5 + 10 = 0$$

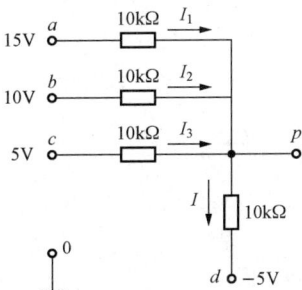

图 1-29　[例 1-8] 图

【例 1-8】　列出图 1-29 所示电路中回路电压与结点电流方程，求 p 点电位。

解　(1) 此例图是电子线路的习惯画法，四个电源均未画出，可以假想 15V、10V、5V 的三个电源的负极与 -5V 的电源的正极接在 0 点，并以 0 点为参考点。

根据 KCL

沿回路 $apda$（实际是沿 $apdoa$）

$$10\ 000I_1 + 10\ 000I = 5 + 15 = 20(\text{V})$$

沿回路 $bpdb$

$$10\ 000I_2 + 10\ 000I = 5 + 10 = 15(\text{V})$$

沿回路 $cpdc$

$$10\ 000I_3 + 10\ 000I = 5 + 5 = 10(\text{V})$$

根据 KCL，p 点电流方程

$$I_1 + I_2 + I_3 - I = 0$$

（2）根据上面所列的方程，可以求出

$$I = 1.125\text{mA}, \ I_1 = 0.875\text{mA}, \ I_2 = 0.375\text{mA}, \ I_3 = -0.125\text{mA}$$

$$V_p = U_{p0} = U_{pd} + U_{d0} \ \text{或} \ V_p = U_{p0} = U_{pc} + U_{c0}\cdots$$

将已知量代入上面任一表达式，得

$$V_p = 10\ 000 \times 1.125 - 5 = 6.25(\text{V})$$

注意：在列方程时要按指定参考方向正确使用正负号，计算时还要区分物理量本身的正负值，对此应该熟练掌握。

本节小结

1. 基尔霍夫电流定律和基尔霍夫电压定律是电路的两个基本定律，它们只取决于电路的连接方式，与元件的性质无关。前者反映电流连续性原理，后者反映电压与路径无关，以后将会看到，它们不仅适用于直流电路，也适用于交流电路。

2. 应用 KCL、KVL 列方程时，必须注意电压、电流的参考方向。由此可进一步理解掌握参考方向的重要性。

练 习

1-6-1　在图 1-30 中标出了电流和电压的参考方向，试判断电压和电流的实际方向。

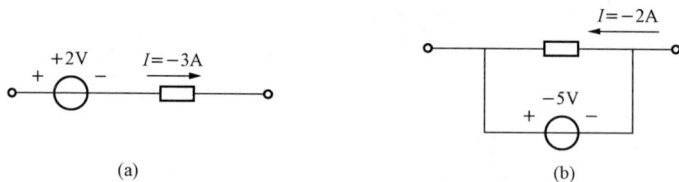

图 1-30　题 1-6-1 图

1-6-2　计算图 1-31 所示电路中的 V_a、V_b、U_{ab}。

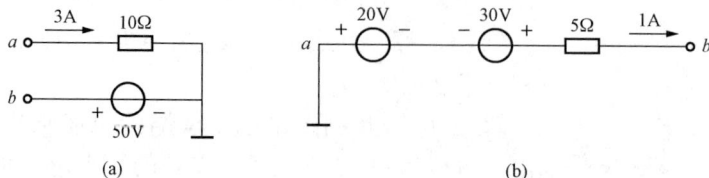

图 1-31　题 1-6-2 图

1-6-3 观察下面图1-32所示电路中有几个结点？几条支路？几个回路？几个网孔？列出结点电流方程和网孔电压方程。

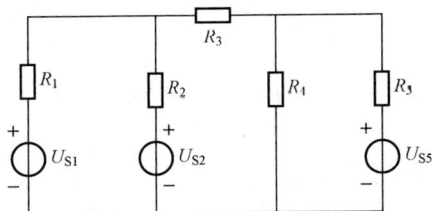

图1-32 题1-6-3图

1-6-4 求图1-33中的未知电流。

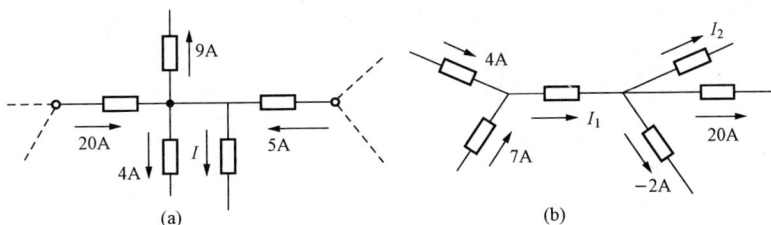

图1-33 题1-6-4图

1-6-5 如图1-34所示，（1）已知电路中的 $I_1=3A$，$I_2=2A$，求 I_3；（2）已知 $U_1=1V$，$U_2=-3V$，$U_3=8V$，$U_5=7V$，求 U_4 和 U_6；（3）求元件上的功率，判断哪个元件是耗能元件，哪个是供能元件。用电池和电阻符号画出电路模型。

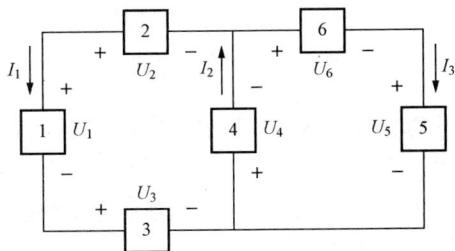

图1-34 题1-6-5图

本 章 小 结

电工技术中很大部分是电路问题，本章从比较简单的直流电路入手，研究电路的基本概念与基本规律。

研究的方法是将电路中的电气设备用理想元件替代，直流电路的理想元件是理想电源（电压源或电流源）和电阻，由理想元件构成电路模型。

电路中的三个基本物理量是电压、电流和功率。

欧姆定律确定电阻元件上电压和电流的约束关系。KCL、KVL两条定律确定支路电流之间约束关系和回路中支路电压之间的约束关系，这两条定律是分析电路的重要定律。根据定律由电路模型建立数学方程，求解电路中未知的电流或电压。其中假定电流和电压的参考方向是非常重要的。

习　　题

1-1　求图 1-35 所示各电路中的 U_{AB}。

1-2　如图 1-36 所示电路中，当选择 O 点和 A 点为参考点时，求各点的电位。

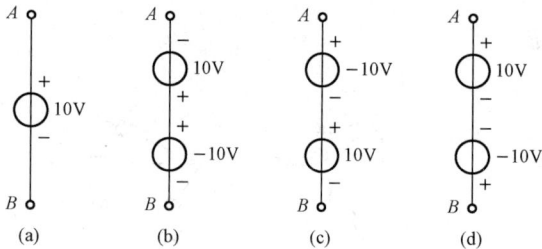

图 1-35　题 1-1 图

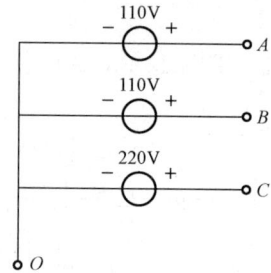

图 1-36　题 1-2 图

1-3　计算图 1-37 所示电路接受或发出的功率。

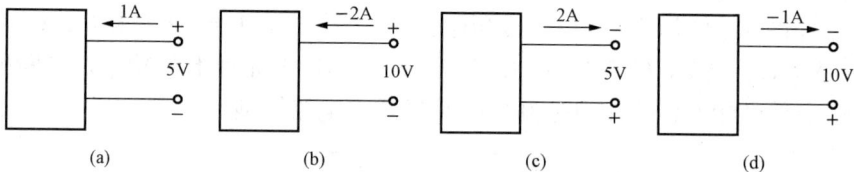

图 1-37　题 1-3 图

1-4　某 220V、100W 的灯泡 100 只，平均每天使用 3h，每月（按 30 天计算）消耗多少电能？

1-5　有一可变电阻器，允许通过的最大电流为 0.3A，电阻值为 2kΩ，求电阻器两端允许加的最大电压。此时消耗的功率为多少？

1-6　一个标明 220V、25W 的灯泡，如果把它接在 110V 的电源上，这时它消耗的功率是多少（假定灯泡的电阻是线性的）？

1-7　电路如图 1-38 所示，已知 $U_{AB}=110V$，求 I 和 R。

1-8　求图 1-39 所示电路中各元件的电流、电压和功率。

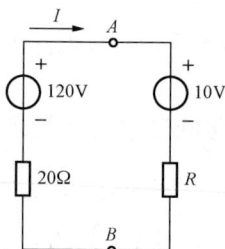

图 1-38　题 1-7 图

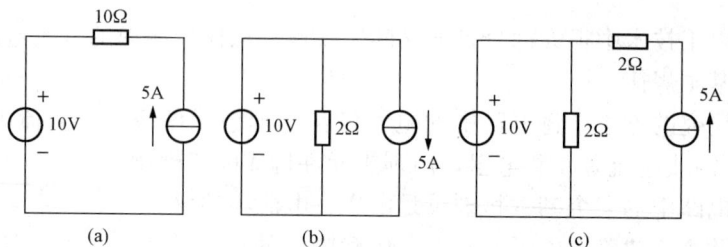

图 1-39　题 1-8 图

1-9 图1-40所示电路元件上的电流和电压取关联参考方向。（1）已知$U_1=1V$，$U_3=2V$，$U_4=4V$，$U_S=8V$，求U_2，U_5，U_6。（2）已知$I_1=10A$，$I_2=4A$，$I_5=6A$，求I_3，I_4，I_6。

1-10 试求图1-41所示电路中的V_a。

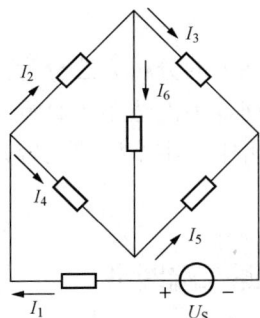

图1-40 题1-9图

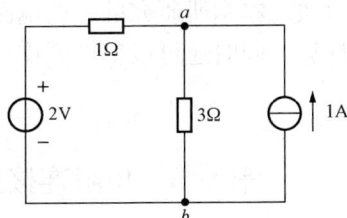

图1-41 题1-10图

1-11 试求图1-42所示电路中的U_{ab}。

1-12 图1-43所示电路中，要使U_S所在支路电流为零，U_S应为多少？

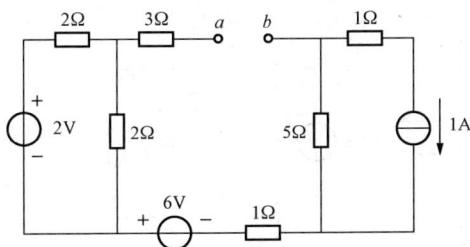

图1-42 题1-11图

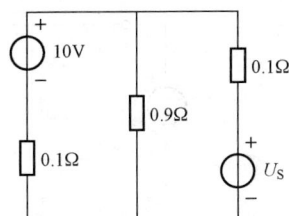

图1-43 题1-12图

1-13 求图1-44所示电路中各支路的电流。

1-14 图1-45所示电路中，已知$U_1=1V$，试求电阻R。

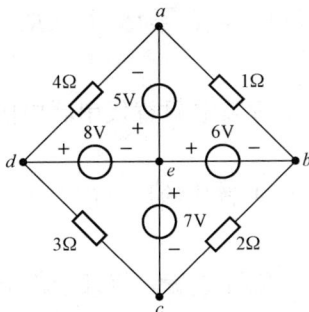

图1-44 题1-13图

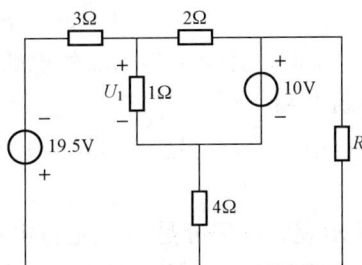

图1-45 题1-14图

第 二 章

直流电阻电路的分析

由线性电阻和直流电源组成的直流线性电阻电路，其基本的分析方法分为两类：①等效法；②方程求解法。本章所研究的一些电路基本概念和定理，不但适用于直流线性电阻电路的分析及求解计算，同时还可以推广到交流线性电路的分析中。本章所述内容是电路分析的基础。

第一节 电阻连接与等效电阻无源二端网络

电工技术中，总有许多电阻连接在一起使用，连接的方式也多种多样，但最常用的是串联、并联和串并联的组合。

一、电阻的串联

如图 2-1 所示，根据基尔霍夫定律，电阻串联电路有下列特点：

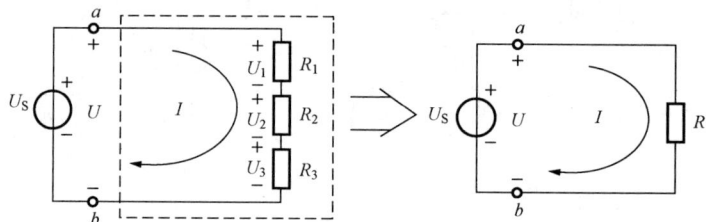

图 2-1　电阻的串联

（1）通过各串联电阻的电流为同一电流。

（2）外加电压等于各电阻上电压降之和，串联电阻具有分压作用，即

$$U = U_1 + U_2 + U_3 = R_1 I + R_2 I + R_3 I = (R_1 + R_2 + R_3) I = RI \tag{2-1}$$

其中
$$R = R_1 + R_2 + R_3 \tag{2-2}$$

式（2-2）说明，几个电阻串联的电路，可以用一个等效电阻替代串联电阻。等效电阻等于各串联电阻之和。

在电路分析中"等效"是一个非常重要的概念。它要求替代前后，端口上的伏安特性完全一致。

图 2-1 所示虚线框部分是一个完整电路的一部分，有两个端钮与其余部分相连，这一部分电路称为二端网络。如果二端网络只由电阻组成，不含电源，称为无源二端网络。

各电阻上分得的电压为

$$U_1 = R_1 I = \frac{R_1}{R} U \quad U_2 = R_2 I = \frac{R_2}{R} U \quad U_3 = R_3 I = \frac{R_3}{R} U \tag{2-3}$$

（3）各电阻上消耗的功率之和等于等效电阻消耗的功率，即

$$P = UI = U_1 I + U_2 I + U_3 I = R_1 I^2 + R_2 I^2 + R_3 I^2 = R I^2 \tag{2-4}$$

二、电阻的并联

如图 2-2 所示，电阻并联具有以下特点：

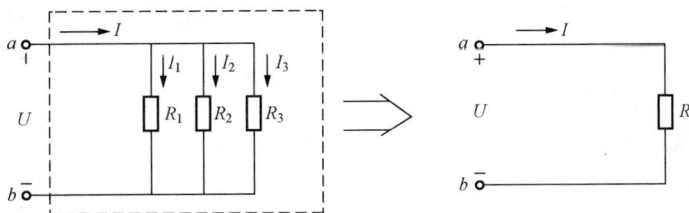

图 2-2 电阻的并联

(1) 各电阻上的电压是相同的。

(2) 干路上的电流等于并联的各支路电流之和，并联电阻具有分流作用，即

$$I = I_1 + I_2 + I_3 = U\left(\frac{1}{R_1} + \frac{1}{R_2} + \frac{1}{R_3}\right) = U\frac{1}{R} = U(G_1 + G_2 + G_3) = UG \tag{2-5}$$

(3) 电源供给的功率等于各电阻上消耗的功率之和，即

$$\left. \begin{aligned} P = UI = UI_1 + UI_2 + UI_3 = \frac{U^2}{R_1} + \frac{U^2}{R_2} + \frac{U^2}{R_3} = \frac{U^2}{R} \\ P = U^2(G_1 + G_2 + G_3) = U^2 G \end{aligned} \right\} \tag{2-6}$$

几个并联电阻组成的二端网络也可以用一个等效电阻来替代，即

$$\frac{1}{R} = \frac{1}{R_1} + \frac{1}{R_2} + \frac{1}{R_3} \tag{2-7}$$

或等效电导
$$G = G_1 + G_2 + G_3 \tag{2-8}$$

通过各个并联电阻的电流为

$$\left. \begin{aligned} I_1 = \frac{U}{R_1} = \frac{R}{R_1} I = \frac{G_1}{G} I \\ I_2 = \frac{U}{R_2} = \frac{R}{R_2} I = \frac{G_2}{G} I \\ I_3 = \frac{U}{R_3} = \frac{R}{R_3} I = \frac{G_3}{G} I \end{aligned} \right\} \tag{2-9}$$

即，并联电阻各支路电流正比与该支路的电导，或者说反比于各支路的电阻。

在电工技术中，电阻的并联经常用到，例如各种负载（电炉、电灯、电烙铁、电动机等）都是并联在电网上。在并联电路中，所谓的负载增加，意思是并联的电阻多了，这意味着等效电阻的减少，电源供给功率的增加。

【例 2-1】 有三盏电灯并联接在 110V 电源上，其额定值分别为 110V、100W，110V、60W，110V、40W，求总功率 P，总电流 I，通过各灯泡的电流、等效电阻和各灯泡电阻。

解 (1) 因外接的电源电压符合各灯泡的额定值，各灯发光正常，所以
$$P = P_1 + P_2 + P_3 = 100 + 60 + 40 = 200(\text{W})$$

(2) 总电流与各灯泡电流为
$$I = \frac{P}{U} = \frac{200}{110} = 1.82(\text{A}) \quad I_1 = \frac{P_1}{U} = \frac{100}{110} = 0.909(\text{A})$$

$$I_2 = \frac{P_2}{U} = \frac{60}{110} = 0.545(\text{A}) \quad I_3 = \frac{P_3}{U} = \frac{40}{110} = 0.364(\text{A})$$

（3）等效电阻与各灯泡电阻为

$$R = \frac{U}{I} = \frac{110}{1.82} = 60.4(\Omega) \quad R_1 = \frac{U}{I_1} = \frac{110}{0.909} = 121(\Omega)$$

$$R_2 = \frac{U}{I_2} = \frac{110}{0.545} = 201(\Omega) \quad R_3 = \frac{U}{I_3} = \frac{110}{0.364} = 302(\Omega)$$

三、电阻的混联及电位器

1. 电阻的混联

在实际电路中经常遇到许多电阻组合在一起，既有串联又有并联，这种电路称为混联电路。

一般情况下，电阻混联电路组成的无源二端网络，总可以分别将电路中的串联、并联部分利用等效概念逐步化简，最后化简为一个等效电阻。这样的电路，无论有多少电阻，结构多复杂，都称为简单电路。对于混联的简单电路，只需要经过电路的改画（见图2-3），正确确定各电阻间的串、并联关系，就可以利用前面的知识完成相关电流、电压、功率的分析运算。

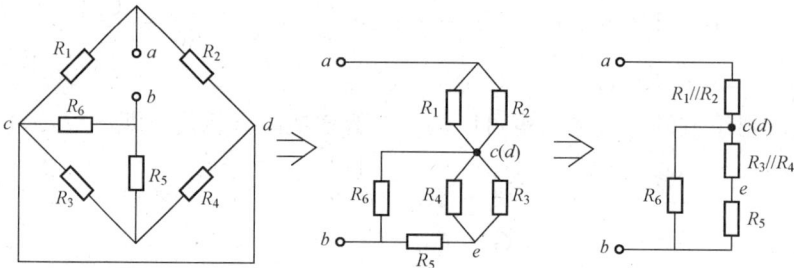

图2-3 电阻的混联

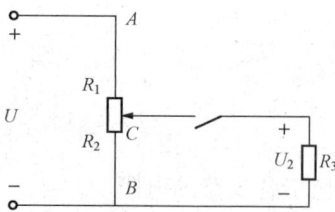

图2-4 分压电路

2. 分压电路（电位器）

如图2-4所示是一分压电路。电阻 R 为滑线电阻，它有两个固定端头和一个滑动触头。固定端头 A 和 B 接在电源上，滑动触头 C 接负载 R_3，负载的另一端接在 A 或 B 上。移动滑动触头 C 可以改变 R_3 上的电压，因而称为分压器。或者说滑动触头位置的改变，使触头处的电位发生了改变，因而改变了 R_3 两端的电位差，所以又称为电位器。

四、电阻的三角形联结与星形联结的等效变换

在电路中，有些电阻的连接既不是串联也不是并联，不能用串、并联的方法化简为一个等效电阻。如图2-5（a）所示，图中 R_A、R_B、R_C 三个电阻的联结，称其为星形联结（Y形），如果能用图2-5（a）虚线所示的三角形联结（△形）的 R_{AB}、R_{BC}、R_{CA} 代替，变化为图2-5（b），便可以利用串、并联的方法，简化为一个等效电阻了。

在图2-6（a）中 R_A、R_B、R_C 三个电阻联结成星形，图2-6（b）中 R_{AB}、R_{BC}、R_{CA} 联结成三角形。可以看出，星形电阻网络与三角形电阻网络都是通过三个端点与外部连接的。它们之间的等效变换要求外部电路在变换前后一致，即进入或流出 A、B、

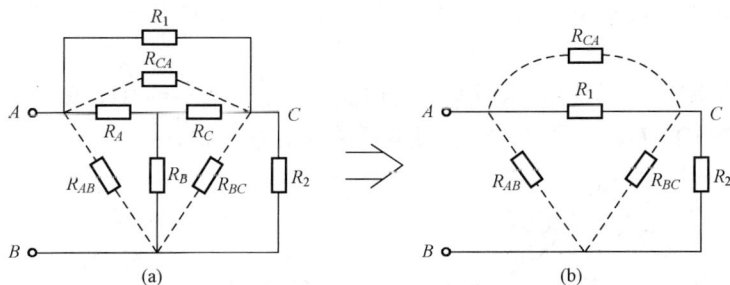

图 2-5 电阻的三角形联结与星形联结的等效变换

(a) 电阻的星形联结 (b) 等效电阻

C 各端点的电流、端点之间的电压必须完全相同，AB、BC、CA 各端点间的电阻也必须相同。

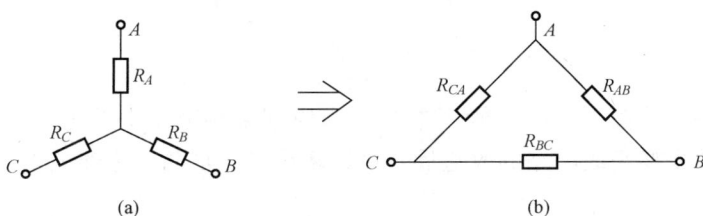

图 2-6 星形电阻网络与三角形电阻网络

(a) 电阻的星形联结；(b) 电阻的三角形联结

列出方程可以得到前后变换的电阻关系如下。

（1）已知星形联结的电阻 R_A、R_B、R_C，求：三角形联结的电阻 R_{AB}、R_{BC}、R_{CA}，即

$$R_{AB} = \frac{R_A R_B + R_B R_C + R_C R_A}{R_C}$$

$$R_{BC} = \frac{R_A R_B + R_B R_C + R_C R_A}{R_A} \quad\quad (2-10)$$

$$R_{CA} = \frac{R_A R_B + R_B R_C + R_C R_A}{R_B}$$

（2）已知三角形联结的电阻 R_{AB}、R_{BC}、R_{CA}，求：星形联结的电阻 R_A、R_B、R_C，即

$$R_A = \frac{R_{AB} R_{CA}}{R_{AB} + R_{BC} + R_{CA}}$$

$$R_B = \frac{R_{BC} R_{AB}}{R_{AB} + R_{BC} + R_{CA}} \quad\quad (2-11)$$

$$R_C = \frac{R_{CA} R_{BC}}{R_{AB} + R_{BC} + R_{CA}}$$

为了加深对电阻这种变换的记忆，可以将变换的公式"归纳"如下：

$\triangle \rightarrow Y$ Y 电阻 $= \dfrac{\triangle \text{形相邻两电阻的乘积}}{\triangle \text{形三个电阻之和}}$

$Y \rightarrow \triangle$ $\triangle$ 电阻 $= \dfrac{Y \text{形电阻两两相乘之和}}{\text{对面的} Y \text{形电阻}}$

从变换的公式中不难看出，当三个相等的电阻在星形联结和三角形联结间变换，有如下规律 $R_\triangle = 3R_Y$。

【例 2 - 2】 如图 2 - 7 所示为惠斯通电桥电路。已知：$R_1 = 30\Omega$，$R_2 = 50\Omega$，$R_3 = 294\Omega$，$R_g = 20\Omega$，$R_x = 290\Omega$，$U_S = 3.3V$，求通过电桥检流计的电流。

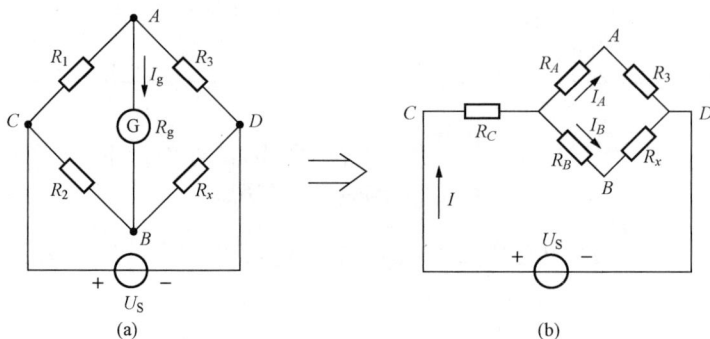

图 2 - 7 ［例 2 - 2］图

解 因为电桥不平衡，所以不能用电桥平衡原理来判断 I_g，当利用电阻的星形联结与三角形联结的等效变换完成电路的改造后，可以求出 A、B 两点之间的电压，进而求出流过桥支路的电流 I_g。

如图 2 - 7 所示，先完成电阻的 $\triangle \to Y$ 的变换和变换后电阻的计算，即

$$R_A = \frac{R_1 R_g}{R_1 + R_2 + R_g} = \frac{50 \times 20}{30 + 50 + 20} = 6(\Omega)$$

$$R_B = \frac{R_g R_2}{R_1 + R_2 + R_g} = \frac{20 \times 50}{30 + 50 + 20} = 10(\Omega)$$

$$R_C = \frac{R_2 R_1}{R_1 + R_2 + R_g} = \frac{30 \times 50}{30 + 50 + 20} = 15(\Omega)$$

则，电路的总等效电阻为 $R = R_C + (R_A + R_3) /\!/ (R_B + R_x) = 15 + 150 = 165(\Omega)$

电路的总电流为 $I = \dfrac{U}{R} = \dfrac{3.3}{165} = 0.02(A)$

由分流公式可得 $I_A = I_B = \dfrac{I}{2} = 0.01(A)$

设电路中 D 点电位为 0，则

$$U_{AB} = V_A - V_B = (I_A R_3) - (I_B R_x) = 2.94 - 2.9 = 0.04(V)$$

流过桥支路的电流为 $I_g = \dfrac{U_{AB}}{R_g} = \dfrac{0.04}{20} = 0.002(A)$

本节小结

1. 无源二端网络是整体网络的一部分，有两个端钮与电路的其余部分相接，它的内部没有电源，总可以化简为一个等效电阻。

2. 无源二端网络在不能利用串并联的方式化简为一个等效电阻时，有时可以将其中的一部分利用 $\triangle$—Y 变换后计算。

3. $\triangle$—Y 互相转换必须遵循等效原则。

练习

2-1-1 现有额定值为 110V、60W 和 110V、100W 的两只灯泡串联在 220V 电源上，求各自承受的电压、消耗的功率；考虑能否这样使用？

2-1-2 现有一只内电阻为 500kΩ 满量程为 5V 的电压表，先要求能测量 75V 的电压，应串联多大的分压电阻？

2-1-3 求图 2-8 所示电路中的各电流和 a、b 两端钮的等效电阻。

2-1-4 有 $R_1=10$kΩ、$R_2=20$kΩ、$R_3=5$kΩ，问三只电阻能配成几种的电阻值？

2-1-5 求图 2-9 所示电路中，开关 S 打开和闭合时 a、b 两端钮的等效电阻。

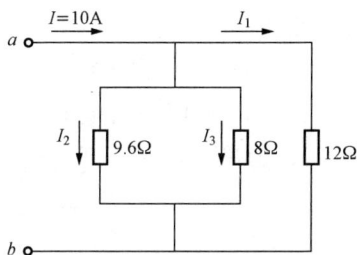

图 2-8 题 2-1-3 图

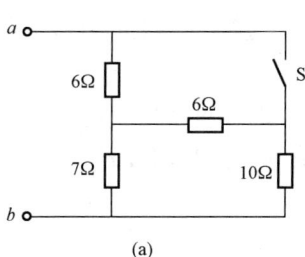

(a)

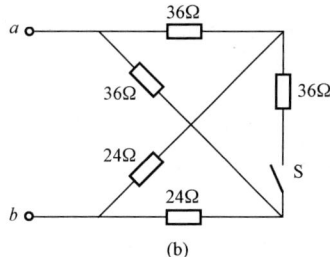

(b)

图 2-9 题 2-1-5 图

第二节 电能输送与负载获得的最大功率

供电电路中的负载都是并联的，用 R_L 表示等效负载电阻，从电源到负载的输电线路上的电阻与电源的电阻是串联的，用等效电阻 R_i 表示，电源看成是理想的电压源，电压用 U_S 表示，电路模型如图 2-10 所示。

在电源的电压 U_S 和电阻 R_i 不变的情况下，随着负载电阻 R_L 的变化，电路中的电流 I 发生着变化，进而负载上的电压 U_L，R_i 上的电压降 U_i，电源的总功率（电源的输入功率）P_S，负载上的功率（电源的输出功率）P_L，R_i 上的功率损耗 P_i 都随着电流 I 的变化而发生着变化。图 2-11 所示为 U_L、P_S、P_L、P_i 随电流 I 变化的曲线。

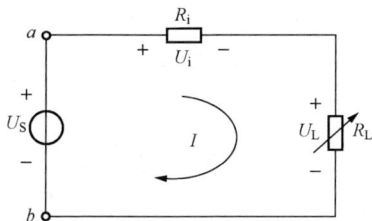

图 2-10 供电电路的电路模型

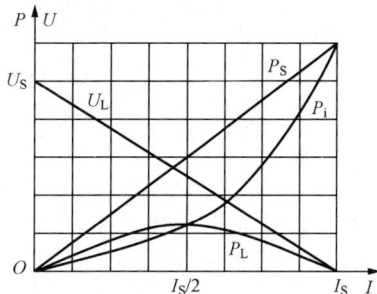

图 2-11 U_L、P_S、P_L、P_i
随电流 I 变化的曲线

下面分析各物理量的变化规律。

一、电路中的电压、功率

1. R_i 上的电压

将 R_i 看成是电源的内电阻，R_i 上的电压就是内电阻上的压降。

由于 $U_i=R_iI$，而 R_i 不变，所以，U_i 与电流 I 成正比关系，所以其伏安特性曲线应是一条过原点的直线（图 2-11 中未画出）。因电流 $I=U_S/(R_i+R_L)$ 随负载电阻 R_L 的变小而增大，在 $R_L=0$（短路）时，短路电流为 $I_S=U_S/R_i$，是电路中电流最大值。此时 R_i 上的电压最大为 U_S。

2. 负载 R_L 的端电压

负载的端电压 $U_L=U_S-U_i=U_S-R_iI$，它的伏安特性曲线是一条斜率为 $-R_i$ 的直线，当 $I=0$（空载或断路）时，$U_L=U_S$。这就是广义的电源的外特性曲线。

3. 电源的总功率

电源的总功率 $P_S=U_SI$ 是一条过原点的直线，即电源向电路提供的总功率与电流成正比关系。当电路中的电流达到最大值（短路）时，$P_S=U_SI_S=U_S^2/R_i$ 为最大，并全部消耗在 R_i 上。

4. R_i 消耗的功率

R_i 消耗的功率为 $P_i=R_iI^2$，所以在图 2-11 中 P_i 是一条开口向上的抛物线。随着电流的增大，P_i 急剧增加。当电流出现短路电流 $I=I_S$ 时，$P_i=R_iI_S^2=U_S^2/R_i$ 为最大，即电源的总功率全部消耗在 R_i 上。

5. 负载消耗功率（电源输入功率）

负载消耗功率为 $P_L=P_S-P_i=U_SI-R_iI^2$，不难看出，它的曲线应该是一条开口向下的抛物线。在 $I=0$（断路），$I=I_S$（短路）时，P_L 均等于 0。

二、在电工技术中，常需要分析的问题

1. 负载获得的最大功率

由于 $P_L=P_S-P_i=U_SI-R_iI^2$，在 U_S 和 R_i 恒定时，当 $\dfrac{dP_L}{dI}=0$ 时，P_L 有最大值可取。

而 $\dfrac{dP_L}{dI}=\dfrac{d}{dI}(U_SI-R_iI^2)=U_S-2R_iI=0$，即 $I=\dfrac{U_S}{2R_i}=\dfrac{1}{2}I_S$。

所以 $I=\dfrac{U_S}{2R_i}=\dfrac{1}{2}I_S$ 时，P_L 为最大值。

又因为 $\qquad\qquad I=\dfrac{U_S}{R_i+R_L}\quad$ 和 $\quad I_S=\dfrac{U_S}{R_i}$

所以，当 $I=\dfrac{1}{2}I_S$ 时 $\qquad\qquad R_L=R_i$

即：在负载电阻等于电源内电阻时，负载获得最大功率。负载最大功率为 $P_{Lmax}=R_LI^2=\dfrac{U_S^2}{4R_i}$。

负载最大功率公式的指导意义在于：对于传输功率较小的线路，例如电子线路，它的主要功能是处理信号，电路传输的功率不大，人们总希望负载上获得较强的信号，这时效率问题放在了次要的地位。例如扩音机的负载是扬声器，人们希望扬声器获得最大功率，应该选择扬声器的电阻与扩音机的内电阻相等，这种状态叫作电阻匹配。

但是对于传输功率较大的线路，如输电线路，负载匹配时的效率只有 50%，电源的总功率有一半消耗在了 R_i 上，当然非常不经济，所以是不允许这样工作的。

2. 电压调整率

在前面的叙述中已经知道，负载端电压 U_L 会随着负载电流 I 的增加而下降。空载时，U_L 最高，等于电源的电压 U_S。有载时的负载端电压与空载时电压的差值与空载电压的百分比称为电压调整率，用 ε 表示，即

$$\varepsilon = \frac{U_S - U_L}{U_S} \times 100\%$$

对于输电线路，为了保证用户在满载时获得额定电压，电源的额定电压必须要高于用电设备的额定电压，输电线路的电压降在满载时应不大于额定电压的 5%。选择输电线路时除应在考虑安全流量外，还应满足此要求。

3. 传输效率

电路中电源的输出功率与总功率的百分比叫传输效率，用 η 表示，即

$$\eta = \frac{P_L}{P_S} \times 100\% = \frac{U_L}{U_S} \times 100\%$$

输电线路中要求 η 高、ε 小，一般情况 R_i 远小于 R_L。当 ε 为 5% 时，η 约为 95%。

【例 2 - 3】 有一台 40W 的扩音机，其输出电阻为 8Ω，现有 8Ω、10W 低音扬声器两只，16Ω、20W 高音扬声器一只。应该如何连接？扬声器为什么不能像灯泡一样全部并联？

解 近似将扩音机看成是电压源模型电路，即一个电压源与一个内电阻串联。

（1）先根据扬声器的额定值将扬声器如图 2 - 12 （a）所示方式连接。

等效负载电阻为 $\quad R_L = \dfrac{(8+8) \times 16}{(8+8)+16} = 8(\Omega)$

电路中的电流为 $\quad I = \sqrt{\dfrac{P_i}{R_i}} = \sqrt{\dfrac{40}{8}} = \sqrt{5} = 2.24(A)$

电压源的电压为 $U_S = (R_i + R_L)I = (8+8) \times 2.24 = 35.78(V)$

在负载匹配的条件下 $\quad P_L = 40W, P_i = 40W, P_S = 80W$。

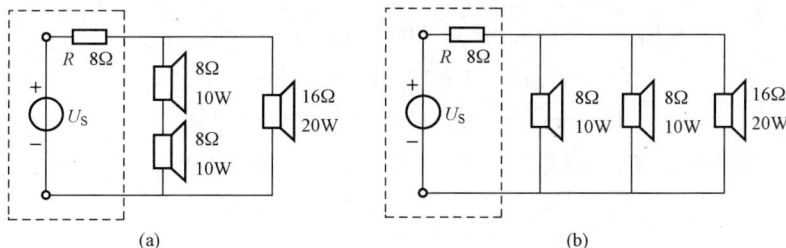

图 2 - 12 ［例 2 - 3］图

（2）如图 2 - 12 （b）所示，如果三个扬声器并联，则

$$R'_L = \frac{1}{\dfrac{1}{8} + \dfrac{1}{8} + \dfrac{1}{16}} = 3.2(\Omega) < R_L$$

电流为 $\qquad I' = \dfrac{U_S}{R_i + R'_L} = \dfrac{35.78}{8+3.2} = 3.2(\text{A}) > I$

负载消耗的功率为 $\qquad P'_L = R'_L I'^2 = 3.2 \times 3.2^2 = 32.6(\text{W}) < 40(\text{W})$

这时每只 8Ω 扬声器上的功率为

$$P'_8 = R_8 I'^2_8 = R_8 \left(\frac{R'_L I'}{R_8}\right)^2 = 8 \times \left(\frac{3.2 \times 3.2}{8}\right)^2 = 13.1(\text{W})$$

16Ω 扬声器上的功率 $P'_{16} = R_{16} I'^2_{16} = R_{16}\left(\dfrac{R'_L I'}{R_{16}}\right)^2 = 16 \times \left(\dfrac{3.2 \times 3.2}{16}\right)^2 = 6.54(\text{W})$

电源的总功率 $\qquad P'_s = \dfrac{U_S^2}{R_i + R'_L} = \dfrac{35.78^2}{8+3.2} = 114(\text{W})$

可以看出，在这种连接方式下，有些扬声器功率达不到额定功率，而有些却超过了额定功率，可能烧毁。负载获得的功率降低，但是电源提供的总功率升高。这时扩音机也可能烧毁，后果是严重的。

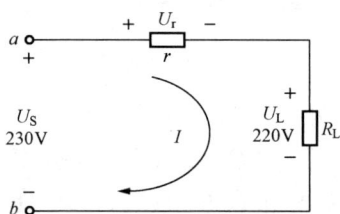

图 2-13 ［例 2-4］图

【例 2-4】 已知负载的额定值为 220V、10kW，发电机的电压为 230V，电源的内阻不计，输电距离为 0.5km，如要求 ε≤10%，求铜质输电线的截面积、负载电流、负载电压、线路电压降、负载消耗的功率、线路损失的功率和传输的效率。

解 该电路的电路图如图 2-13 所示，已知 $P_{LN}=$ 10kW，$U_{LN}=220\text{V}$，$U_S=230\text{V}$，$\rho=0.0175\Omega/\text{m}$，$l=2\times$ 0.5km=1000m。

因为 $\qquad\qquad\qquad\qquad ε \leqslant 10\%$

所以 $\qquad\qquad\qquad\qquad U_r \leqslant 0.1 U_S = 0.1 \times 230 = 23\text{V}$

满载时，额定电流为 $I = P_L / U_L = 10\,000/220 = 45.45(\text{A})$

输电线的电阻 $\qquad r = U_r / I = 23/45.45 = 0.5(\Omega)$

输电线的截面 $\quad A = \rho \dfrac{l}{r} = 0.0175 \times \dfrac{1000}{0.5} = 36 \times 10^{-6}(\text{m}^2) = 36\text{mm}^2$

负载电流 $\quad I = \dfrac{U_S}{r+R_L} = \dfrac{U_S}{r+U_L^2/P_L} = \dfrac{230}{0.5+220^2/10\,000} = 43.1(\text{A})$

负载电压 $\qquad U_L = R_L I = 4.84 \times 43.1 = 208.6(\text{V})$

线路电压 $\qquad U_r = rI = 0.5 \times 43.1 = 21.55(\text{V})$

负载功率 $\qquad P_L = U_L I = 208.6 \times 43.1 = 8990(\text{W})$

线路的损耗 $\qquad P_r = U_r I = 21.55 \times 43.1 = 928(\text{W})$

传输效率

$$\eta = \frac{P_L}{P_S} \times 100\% = \frac{P_L}{P_L + P_r} \times 100\% = \frac{8990}{8990+928} \times 100\% = 90.7\%$$

练 习

2-2-1 现有一台 12W 扩音机，要求匹配电阻为 8Ω，现有一 4Ω、3W 的扬声器，采用串联电阻的方式来达到匹配的目的。求串联电阻的阻值和功率。

第三节 支 路 电 流 法

在本章的第一节中，遇到的是直流的复杂电路，其复杂表现在无源二端网络上，不能通过简单的串并联规律对其化简，用一个等效电阻替代。直流复杂电路还有一种常见的形式是多电源，电路也不能用串并联的规律进行化简，下面几节内容就针对这一问题，介绍几种常用的方法。

本节介绍支路电流法。

一、支路电流法的概念

在具有多结点、多支路的电路中，当电路中的所有电源和电阻参数均已知，需要求出各支路电流时，可以根据基尔霍夫定律列出方程组求解。这种分析方法叫支路电流法。

二、支路电流法的应用步骤

下面通过图 2-14 所示电路来说明支路电流法的求解思路。

（1）第一步：对电路中的结点，各支路上的元件进行编号，编号原则简单明了。

（2）第二步：标明每条支路上的电流参考方向，电流的参考方向可以任意选取。

（3）第三步：根据 KCL 列出结点的电流方程。注意：规定电流正负（如流入结点为正，则流出为负）。独立的电流方程的个数比结点数少一个。

结点① $\qquad -I_1 + I_3 + I_4 = 0 \qquad$ （2-12）

结点② $\qquad I_1 + I_2 - I_5 = 0 \qquad$ （2-13）

结点③ $\qquad -I_2 - I_3 + I_6 = 0 \qquad$ （2-14）

图 2-14 支路电流法

（4）第四步：根据 KVL，沿回路列出电压方程。独立电压方程的个数等于网孔个数。

注意：要使电压方程独立，所取各回路中必须有一段支路是在考虑其他的回路中没有涉及的支路。沿顺时针方向，列出以下各支路构成的回路的电压方程。

回路 $I_1 I_5 I_4$ $\qquad -R_1 I_1 - R_5 I_5 - R_4 I_4 - U_{S4} + U_{S1} = 0 \qquad$ （2-15）

回路 $I_2 I_6 I_5$ $\qquad R_2 I_2 + R_6 I_6 + R_5 I_5 - U_{S2} = 0 \qquad$ （2-16）

回路 $I_4 I_6 I_3$ $\qquad R_4 I_4 - R_6 I_6 - R_3 I_3 + U_{S3} + U_{S4} = 0 \qquad$ （2-17）

（5）第五步：将上面的六个方程式［式（2-12）～式（2-17）］联立，解方程组可以求得各支路的电流。

【例 2-5】 两个实际电压源并联后给负载 R_3 供电。如图 2-15 所示，已知 $U_{S1} = 130\text{V}$，$U_{S2} = 117\text{V}$，$R_1 = 1\Omega$，$R_2 = 0.6\Omega$，$R_3 = 24\Omega$，求各支路的电流、各元件的功率和结点间电压。

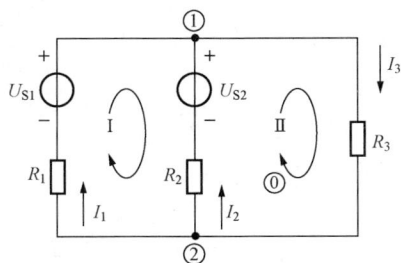

解 根据支路电流法标出结点、支路电流、网孔，如图 2-15 所示。

（1）支路电流的计算。列出结点①的电流方程以及网孔Ⅰ、Ⅱ的电压方程，即

$$I_1 + I_2 - I_3 = 0$$

$$-R_1 I_1 + R_2 I_2 + U_{S1} - U_{S2} = 0$$

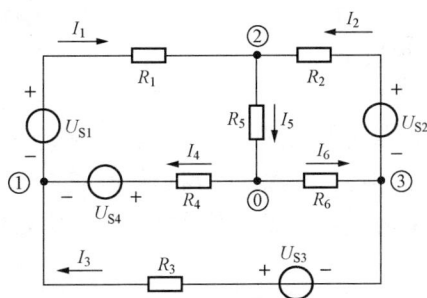

图 2-15 ［例 2-5］图

$$-R_2 I_2 - R_3 I_3 + U_{S2} = 0$$

化简并代入已知量得

$$I_1 + I_2 - I_3 = 0, \quad I_1 - 0.6 I_2 = 13, \quad 0.6 I_2 + 24 I_3 = 117$$

解方程得 $\qquad\qquad I_1 = 10\text{A}, \quad I_2 = -5\text{A}, \quad I_3 = 5\text{A}$

电流计算结果为负数,说明实际的电流方向与标定的相反。

（2）结点间电压的计算。结点①、②间的电压计算,可以从结点②出发沿任意路径到达结点①,沿选择路径各元件上电压改变值得代数和。图 2-15 所示电路中,有 3 条路经,则结点①、②间电压为

$$U_{12} = -R_1 I_1 + U_{S1} = -I_2 R_2 + U_{S2} = I_3 R_3 = 120\text{V}$$

（3）功率的计算。在电路中涉及的元件有 5 个,功率的计算如下:

U_{S1} 的功率 $\qquad\qquad P_{S1} = -U_{S1} I_1 = -130 \times 10 = -1300(\text{W})$

R_1 的功率 $\qquad\qquad P_{R1} = R_1 I_1^2 = 1 \times 10^2 = 100(\text{W})$

U_{S2} 的功率 $\qquad\qquad P_{S2} = -U_{S2} I_2 = -117 \times (-5) = 585(\text{W})$

R_2 的功率 $\qquad\qquad P_{R2} = R_2 I_2^2 = 0.6 \times (-5)^2 = 15(\text{W})$

R_3 的功率 $\qquad\qquad P_{R3} = R_3 I_3^2 = 24 \times 5^2 = 1600(\text{W})$

在功率计算时注意,对于理想电压源,当电流的方向与电压方向一致时,电源内的非静电力作功,电源向电路提供电能。表示时用负号将其与电路中的耗能元件区别开。如果计算结果为正,说明它不再是电源,而是作为负载使用。

练 习

2-3-1　在图 2-16 中,用支路电流法求解各支路电流和理想电流源上的端电压。

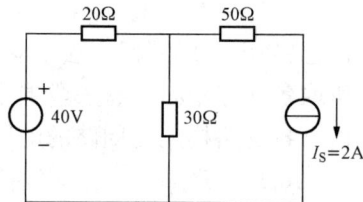

图 2-16　题 2-3-1图

*第四节　网 孔 电 流 法

支路电流法是利用 KCL 和 KVL 来分析求解复杂电路的基本方法,但在求解中可以感受到,当电路中支路较多时,需要列出的独立方程也越多,计算很不方便。本节的方法可以帮助我们在求解时,减少独立方程数目。

一、网孔电流法的概念

如图 2-17（a）所示,利用支路电流法时所列方程如下:

结点电流、网孔电压方程为

$$I_4 = I_1 - I_3, \quad I_5 = I_1 - I_2, \quad I_6 = I_2 - I_3 \qquad\qquad (2\text{-}18)$$

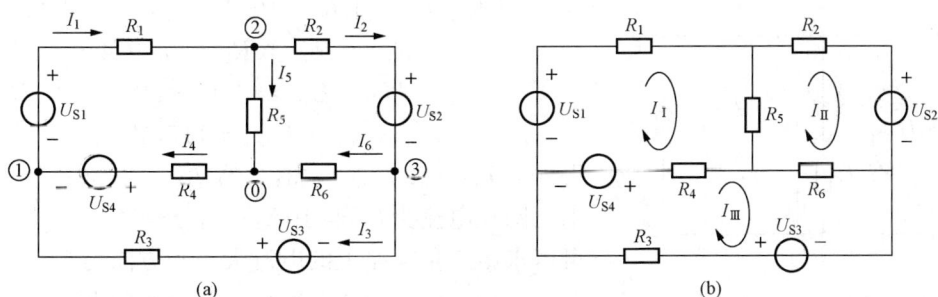

图 2-17　网孔电流法

(a) 利用支路电流法计算；(b) 网孔电流

$$\left.\begin{array}{l} R_1 I_1 + R_5 I_5 + R_4 I_4 = U_{S1} - U_{S4} \\ R_2 I_2 + R_6 I_6 - R_5 I_5 = -U_{S2} \\ R_3 I_3 - R_4 I_4 - R_6 I_6 = U_{S3} + U_{S4} \end{array}\right\} \qquad (2-19)$$

将式（2-18）代入式（2-19）时，得

$$(R_1 + R_5 + R_4)I_1 - R_5 I_2 - R_4 I_3 = U_{S1} - U_{S4}$$
$$(R_2 + R_6 + R_5)I_2 - R_5 I_1 - R_6 I_3 = -U_{S2}$$
$$(R_3 + R_4 + R_6)I_3 - R_4 I_1 - R_6 I_2 = U_{S3} + U_{S4}$$

很显然，变化后的方程组只剩下了三个未知量，求解要方便很多。那么，能不能直接列出这三个方程呢？

假定在电路的每一个网孔中有一个假想的网孔电流，如图 2-17（b）所示，电流沿着网孔边界流动（假定网孔电流的方向均是顺时针），网孔电流对任一结点都自动满足 KCL。当利用 KVL 列出网孔电流的电压方程时，不难发现这就是前面寻求的利用支路电流法消去三个电流后的三个方程，即

$$(R_1 + R_5 + R_4)I_{\text{I}} - R_5 I_{\text{II}} - R_4 I_{\text{III}} = U_{S1} - U_{S4}$$
$$(R_2 + R_6 + R_5)I_{\text{II}} - R_5 I_{\text{I}} - R_6 I_{\text{III}} = -U_{S2}$$
$$(R_3 + R_4 + R_6)I_{\text{III}} - R_4 I_{\text{I}} - R_6 I_{\text{II}} = U_{S3} + U_{S4}$$

网孔电流法：是以假想的网孔电流为对象，只用 KVL 列出独立的网孔方程求解的方法。

三个网孔的标准方程式为

$$\left.\begin{array}{l} R_{11} I_{\text{I}} - R_{12} I_{\text{II}} - R_{13} I_{\text{III}} = U_{S11} \\ R_{22} I_{\text{II}} - R_{21} I_{\text{I}} - R_{23} I_{\text{III}} = U_{S22} \\ R_{33} I_{\text{III}} - R_{31} I_{\text{I}} - R_{32} I_{\text{II}} = U_{S33} \end{array}\right\} \qquad (2-20)$$

式中：R_{11}，R_{22}，R_{33} 为网孔中的总电阻，叫网孔自由阻。而 R_{12}、R_{21} 等表示两个网孔（网孔Ⅰ和网孔Ⅱ）共用支路的电阻，叫互电阻，当然 $R_{12} = R_{21}$。U_{S11} 等是各网孔的电源引起的电压升值的代数和。当解方程求出网孔电流后，很容易求出各支路电流。如图 2-17 所示，$I_1 = I_{\text{I}}$，$I_2 = I_{\text{II}}$，$I_3 = I_{\text{III}}$，$I_4 = I_{\text{I}} - I_{\text{III}}$，$I_5 = I_{\text{I}} - I_{\text{II}}$，$I_6 = I_{\text{II}} - I_{\text{III}}$。

【例 2-6】 用网孔电流法求解 [例 2-5]。

解　已知 $U_{S1} = 130\text{V}$，$U_{S2} = 117\text{V}$，$R_1 = 1\Omega$，$R_2 = 0.6\Omega$，$R_3 = 24\Omega$，此电路只有两个网孔，网孔电流分别用 I_{I} 和 I_{II} 表示，则

$$R_{11} = R_1 + R_2 = 1 + 0.6 = 1.6(\Omega)$$

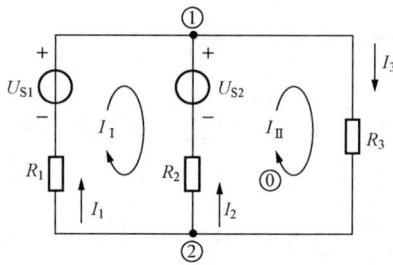

图 2-18　[例 2-6]图

$$R_{22} = R_2 + R_3 = 0.6 + 24 = 24.6(\Omega)$$
$$R_{12} = R_{21} = R_2 = 0.6(\Omega)$$
$$U_{S11} = U_{S1} - U_{S2} = 130 - 117 = 13(V)$$
$$U_{S22} = U_{S2} = 117(V)$$

得　$1.6I_{I} - 0.6I_{II} = 13$，　$24.6I_{II} - 0.6I_{I} = 117$

求出网孔电流为 $I_{I} = 10A$，　$I_{II} = 5A$

可以求出三条支路上的电流大小和方向为

$$I_1 = I_{I} = 10A \quad 方向向上$$
$$I_2 = I_{I} - I_{II} = 10 - 5 = 5(A) \quad 方向向下$$
$$I_3 = I_{II} = 5A \quad 方向向下$$

二、利用网孔电流法的基本步骤

（1）给电路中的网孔编号，选定网孔电流的方向。

（2）求出网孔的自由阻、网孔间的互电阻、网孔电源电压升值的代数和。

（3）解方程组，求出网孔电流。

（4）求出支路电流。

网孔电路在求解支路电流中只是一个中间变量。

练　习

2-4-1　如图 2-19 所示，用网孔法求各支路的电流和各部分的功率。已知 $U_{S1} = U_{S2} = 115V$，$R_1 = R_2 = R_3 = 0.02\Omega$，$R_4 = R_5 = R_6 = 50\Omega$。

2-4-2　用网孔电流法列出图 2-20 所示电路的网孔电流方程。

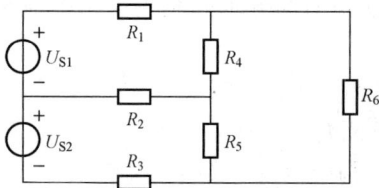

图 2-19　题 2-4-1 图

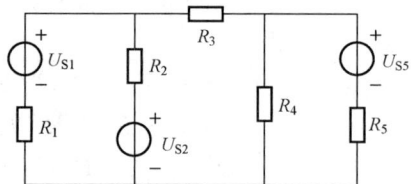

图 2-20　题 2-4-2 图

第五节　结 点 电 压 法

从形式上看，网孔电流法只应用了 KVL 便列出了求解的方程组，自然会问能否只利用 KCL 列出结点的电压方程来求解，答案是肯定的。

一、结点电压法的概念

结点电压法是以电路中各个结点对参考结点的电压（结点电压）为未知量，根据 KCL 列写结点的电流方程；然后解方程求得结点电压，再根据结点电压来求解支路电压、电流。

在这里要注意，所有支路的电压都需要用结点电压表示。

下面通过图 2-21 所示电路列写结点电压方程的过程来阐明它的分析求解方法。

（1）确定电路中的结点，并选择参考结点，在图 2-21 中选择结点⓪为参考结点。并以结点对参考结点的电压 U_{10}，U_{20}，U_{30} 为未知量。

（2）根据 KCL 列出结点的电流方程：

结点① $\qquad -I_1 + I_3 + I_4 = 0$

结点② $\qquad I_1 + I_2 - I_5 = 0$

结点③ $\qquad -I_2 - I_3 + I_6 = 0$

（3）根据电路欧姆定律和 KVL 列写支路电流和结点电压的关系式，并把所有的支路电流用结点电压来表示。注意先用电流表示出支路电压，然后再用结点电压来表示支路电流。

图 2-21　结点电压法

由 $\qquad U_{10} = -U_{S4} - R_4 I_4$

$$U_{20} = R_5 I_5$$

$$U_{30} = -R_6 I_6$$

$$U_{21} = U_{20} - U_{10} = U_{S1} - R_1 I_1$$

$$U_{23} = U_{20} - U_{30} = U_{S2} - R_2 I_2$$

$$U_{13} = U_{10} - U_{30} = U_{S3} - R_3 I_3$$

解得

$$I_1 = G_1(U_{S1} + U_{10} - U_{20})$$
$$I_2 = G_2(U_{S2} + U_{30} - U_{20})$$
$$I_3 = G_3(U_{S3} + U_{30} - U_{10})$$
$$I_4 = G_4(-U_{S1} - U_{10})$$
$$I_5 = G_5 U_{20}$$
$$I_6 = G_6(-U_{30})$$

$$(2\text{-}21)$$

将支路电流表达式 ［式（2-21）］ 代入结点电流方程中，并整理得

$$\left.\begin{array}{l} G_{11}U_{10} + G_{12}U_{20} + G_{13}U_{30} = I_{S11} \\ G_{22}U_{20} + G_{21}U_{10} + G_{23}U_{30} = I_{S22} \\ G_{33}U_{30} + G_{31}U_{10} + G_{32}U_{20} = I_{S33} \end{array}\right\}$$

$$(2\text{-}22)$$

其中

$$G_{11} = G_1 + G_3 + G_4, \quad G_{12} = G_{21} = G_1, \quad I_{S11} = -I_{S1} + I_{S3} - I_{S4}$$

$$G_{22} = G_1 + G_2 + G_5, \quad G_{23} = G_{32} = G_2, \quad I_{S22} = I_{S1} + I_{S2}$$

$$G_{33} = G_2 + G_3 + G_6, \quad G_{31} = G_{13} = G_3, \quad I_{S11} = -I_{S2} - I_{S3}$$

对于三个及三个以上结点的电路，G_{jj} 称为第 j 个结点的自导，等于与第 j 个结点相连的各支路电导之和。G_{jk} 称为第 j 个结点与第 k 个结点之间的互导，等于 j，k 两个结点间各支路的电导之和，且 $G_{jk} = G_{kj}$。I_{sjj} 是流入第 j 个结点的各支路电流源电流的代数和。注意：如果有某支路上是几个电阻串联，则该支路上的电导为 $G = 1/\Sigma R$。

当电路中的电源和电阻的参数均为已知量时，由式（2-22）可以求出各结点对参考结点的电压，进而可计算出任意两个结点之间的电压和各支路上的电流。

结点电压法与网孔电流法一样，所设未知量少，所以列出的求解方程少，公式的规律性强，便于记忆，同时对于极其复杂的网络还可以借助计算机编程来辅助完成计算。

当网络中虽然支路多但结点只有两个时，用结点电压法列出的结点电压方程只有一个，

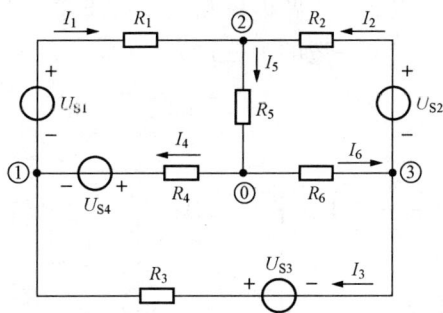

就可以完成支路电压和电流的计算,非常简便。这一特殊情况下的结点电压法,称为弥尔曼定理,其一般的表达式为

$$U_{10} = \frac{I_{S11}}{G_{11}} \qquad\qquad (2\text{-}23)$$

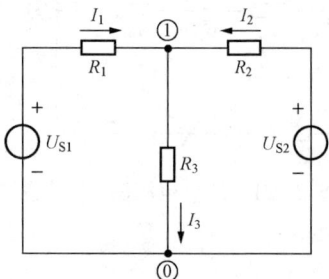

【例 2-7】 用结点电压法求图 2-22 所示电路中各支路的电流。已知 $R_1 = 5\Omega$,$R_2 = 10\Omega$,$R_3 = 20\Omega$,$U_{S1} = 20V$,$U_{S2} = 10V$。

解 由于电路中只有两个结点,可用弥尔曼定理。
由式(2-23),有

$$U_{10} = \frac{I_{S11}}{G_{11}}$$

图 2-22 [例 2-7] 图

因 $\quad I_{S11} = I_{S1} + I_{S2} = \dfrac{U_{S1}}{R_1} + \dfrac{U_{S2}}{R_2} = \dfrac{20}{5} + \dfrac{10}{10} = 5(\text{A})$

$$G_{11} = G_1 + G_2 + G_3 = \frac{1}{5} + \frac{1}{20} + \frac{1}{10} = 0.35(\text{S})$$

所以

$$U_{10} = \frac{I_{S11}}{G_{11}} = \frac{5}{0.35} = 14.3(\text{V})$$

电路各支路上的电流参考方向如图 2-22 所示。

$$I_1 = \frac{U_{S1} - U_{10}}{R_1} = \frac{20 - 14.3}{5} = 1.14(\text{A})$$

$$I_2 = \frac{U_{S2} - U_{10}}{R_2} = \frac{10 - 14.3}{10} = -0.43(\text{A})$$

$$I_3 = \frac{U_{10}}{R_3} = \frac{14.3}{20} = 0.715(\text{A})$$

二、利用结点电压法的基本步骤

(1) 给电路中的结点编号,选定参考结点。
(2) 求出结点的自由导、结点间的互导、流入结点各支路电流源的代数和。
(3) 列出并求解方程组,得出结点电压。
(4) 求出支路电压、电流。

结点电压在求解支路电流中只是一个中间变量。

练 习

2-5-1 求图 2-23 所示电路中开关 S 断开与闭合两种情况下的结点电压和支路电流。

2-5-2 用结点电压法列出练习 2-4-2 的结点电压方程。

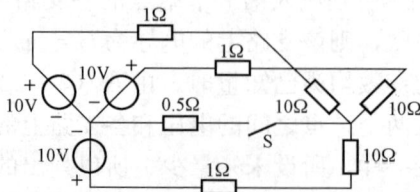

图 2-23 题 2-5-1 图

第六节 戴 维 南 定 理

在电路中，不含电源的二端网络称为无源二端网络，用符号 N_P 表示，一个无源二端网络总可以用一个等效电阻建立的模型电路来替代，如图 2-24（a）所示。当二端网络中含有电源则称为有源二端网络，用符号 N_A 表示。1883 年戴维南阐明任何线性的有源二端网络可以用一个电压源模型电路等效替代，如图 2-24（b）所示。

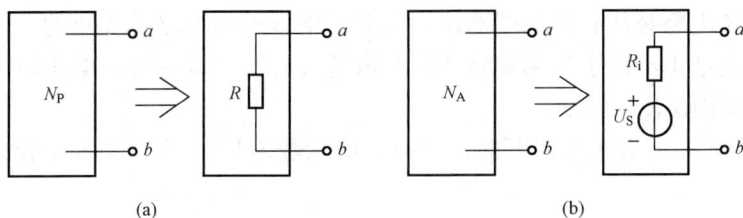

图 2-24 戴维南定理
（a）无源二端网络用一个等效电阻模型电路替代；
（b）线性的有源二端网络用一个电压源模型电路替代

戴维南定理：任何线性的有源二端网络，可以用一个电压源模型电路来替代，且模型电路中的理想电压源的电压等于二端网络断路时的端电压；模型电路中串联电阻等于网络中所有电源置零，而电阻不变时，网络两端的等效电阻。

先看一个简单的例子，图 2-25 中，电路中两个电源并联给负载供电。可以认为并联的两个电源支路组成了一个有源二端网络，该网络可以用一个电压源模型电路来替代，如图 2-26所示。

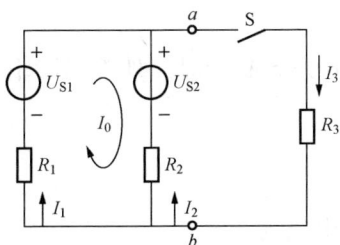

图 2-25 两个电源并联给负载供电　　图 2-26 用电压源模型电路来替代图 2-25 电路

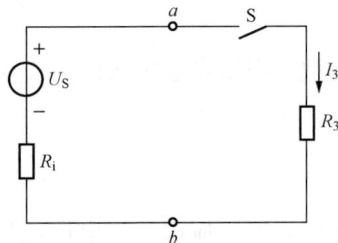

下面计算一下有源二端网络的电压源模型电路的电压源电压 U_S 和串联的电阻 R_i。

当开关 S 断开时，电路通过 R_1 和 R_2 形成环路，环路电流设为 I_0，如图 2-25 所示。a，b 端点间的电压为

$$U_{ab} = U_{S1} - R_1 I_0 = U_{S1} - R_1 \frac{U_{S1} - U_{S2}}{R_1 + R_2} = \frac{U_{S1} R_2 + U_{S2} R_1}{R_1 + R_2}$$

而开关 S 断开时，有源二端网络内的电源置零，是指网络中的电压源短路，而电流源开路，对图 2-25 来说，有源二端网络所有电源置零后就剩下了 R_1 和 R_2 并联，网络的等效电阻当然等于

$$R_{ab} = \frac{R_1 R_2}{R_1 + R_2}$$

根据戴维南定理，替代有源二端网络的电压源模型电路中的理想电压源的电压和串联的电阻为

$$U_S = U_{ab} = \frac{U_{S1}R_2 + U_{S2}R_1}{R_1 + R_2}$$

$$R_i = \frac{R_1 R_2}{R_1 + R_2}$$

用电压源模型电路替代有源二端网络，只对网络以外的电路是等效的。

当然戴维南定理也给出了利用实验方法获取替代有源二端网络的电压源模型电路的电压源电压 U_S 和串联电阻 R_i 的方法。

如图 2-27 所示，当开关 S 断开时，电压表的示数为 U_1，当开关 S 闭合时，电压表的示数 U_2，则

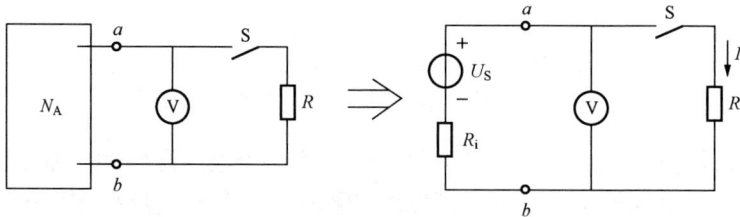

图 2-27 用实验方法获取替代有源二端网络的
电压源模型电路的 U_S 和 R_i

$$U_1 = U_S$$

$$R_i = \left(\frac{U_1}{U_2} - 1\right)R \qquad (2-24)$$

戴维南定理可用结点电压法证明。在图 2-27 中，当开关 S 断开时，计算出网络开路时的端电压为

$$U_{ab} = \frac{U_{S1}R_2 + U_{S2}R_1}{R_1 + R_2}$$

当开关 S 闭合时，应用结点电压法计算出外电路中的电流为

$$I_3 = \frac{U_{ab}}{R_3 + \frac{R_1 R_2}{R_1 + R_2}} \qquad (2-25)$$

图 2-25 的等效电路图 2-26 中的开路电压，即

$$U_{ab} = U_S$$

当开关 S 闭合时，电路中的电流

$$I_3 = \frac{U_S}{R_3 + R_i} \qquad (2-26)$$

若图 2-25 与图 2-26 等效，那么式（2-25）与式（2-26）也必须一致，则

$$U_S = U_{ab} = \frac{U_{S1}R_2 + U_{S2}R_1}{R_1 + R_2}$$

$$R_i = \frac{R_1 R_2}{R_1 + R_2}$$

戴维南定理是成立的。

【例2-8】 用戴维南定理求图 2-28 所示电路中 R_3 上的电流、电压与功率。已知 $U_{S1}=130\text{V}$，$U_{S2}=117\text{V}$，$R_1=1\Omega$，$R_2=0.6\Omega$，$R_3=24\Omega$。

解 首先将端点 a，b 左侧的电路看成是一个有源二端网络。根据戴维南定理，该网络可以等效为一个电压源模型电路。该等效电路的电压源电压 U_S 为 a，b 端点右侧断路时的端电压。等效电路的串联电阻 R_i 为端点 a，b 右侧断路，且电源 U_{S1} 和 U_{S2} 短路时，端点 a，b 间的等效电阻。

图 2-28 ［例 2-8］图

因

$$I_0 = \frac{U_{S1} - U_{S2}}{R_1 + R_2} = \frac{130 - 117}{1 + 0.6} \approx 8.1(\text{A})$$

所以

$$U_S = U_{S1} - R_1 I_0 = 130 - 1 \times 8.13 = 121.9(\text{V})$$

$$R_i = \frac{R_1 R_2}{R_1 + R_2} = \frac{1 \times 0.6}{1 + 0.6} = 0.38(\Omega)$$

R_3 的电流、电压、功率为

$$I_3 = \frac{U_S}{R_3 + R_i} = \frac{121.9}{24 + 0.38} = 5(\text{A})$$

$$U_{ab} = U_3 = R_3 I_3 = 24 \times 5 = 120(\text{V})$$

$$P = U_3 I_3 = 120 \times 5 = 600(\text{W})$$

由于实际电源的电压源模型电路与电流源模型电路可以等效变换，所以，一个有源二端网络也可以等效变换为一个电流源模型电路，这就是诺顿定理。

练 习

2-6-1 如图 2-29 所示电路，已知 $R_1=R_2=20\Omega$，$R_3=380\Omega$，$R_4=381\Omega$，$U_S=2\text{V}$，$R_g=12\Omega$。试用戴维南定理求 I_g（参考方向见图 2-29）。

2-6-2 用戴维南定理求图 2-30 所示电路中的 U_{ab}。

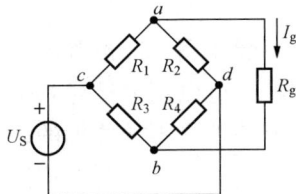

图 2-29 题 2-6-1 图

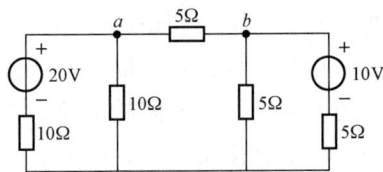

图 2-30 题 2-6-2 图

第七节 叠 加 定 理

具有几个电源的线性电阻电路，每一条支路上的电流和电压都是所有电源共同作用的结果，这就是叠加定理。

如图 2-31 所示，两个电源并联供电的电路。

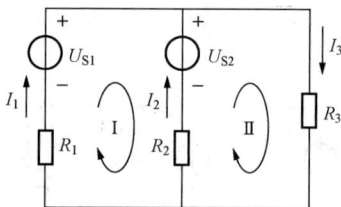

图 2-31 叠加定理

叠加定理的证明如下：

如图 2-31 所示，应用网孔电流法，即

$$R_{11}I_{\mathrm{I}} - R_{12}I_{\mathrm{II}} = U_{S11}$$

$$R_{22}I_{\mathrm{II}} - R_{21}I_{\mathrm{I}} = U_{S22}$$

得

$$(R_1 + R_2)I_{\mathrm{I}} - R_2 I_{\mathrm{II}} = U_{S1} - U_{S2}$$

$$(R_2 + R_3)I_{\mathrm{II}} - R_2 I_{\mathrm{I}} = U_{S2}$$

解方程得

$$I_{\mathrm{I}} = \frac{R_2 + R_3}{R_1 R_2 + R_2 R_3 + R_3 R_1}U_{S1} + \frac{-R_3}{R_1 R_2 + R_2 R_3 + R_3 R_1}U_{S2}$$

$$I_{\mathrm{II}} = \frac{R_2}{R_1 R_2 + R_2 R_3 + R_3 R_1}U_{S1} + \frac{R_1}{R_1 R_2 + R_2 R_3 + R_3 R_1}U_{S2}$$

求出各支路

$$I_1 = I_{\mathrm{I}}$$

$$= \frac{R_2 + R_3}{R_1 R_2 + R_2 R_3 + R_3 R_1}U_{S1} + \frac{-R_3}{R_1 R_2 + R_2 R_3 + R_3 R_1}U_{S2}$$

$$= I_1' + I_1''$$

$$I_2 = I_{\mathrm{II}} - I_{\mathrm{I}}$$

$$= \frac{-R_3}{R_1 R_2 + R_2 R_3 + R_3 R_1}U_{S1} + \frac{R_1 + R_3}{R_1 R_2 + R_2 R_3 + R_3 R_1}U_{S2}$$

$$= I_2' + I_2''$$

$$I_3 = I_{\mathrm{II}}$$

$$= \frac{R_2}{R_1 R_2 + R_2 R_3 + R_3 R_1}U_{S1} + \frac{R_1}{R_1 R_2 + R_2 R_3 + R_3 R_1}U_{S2}$$

$$= I_3' + I_3''$$

可以看出，各支路的电流都是两个部分叠加组成的，第一部分是电源 U_{S1} 单独作用产生的电流 I_1'、I_2'、I_3'，而另一部分是电源 U_{S2} 单独作用产生的电流 I_1''、I_2''、I_3''。

叠加定理：在具有几个电源的线性电路中，各支路的电流或电压等于各电源单独作用所产生的电流或电压的代数和。

应该注意，所谓一个电源单独作用，是指其他的电源不起作用，即被置零。另外叠加定理是线性电路的重要定理，它有助于对线性电路性质的理解，可以用来推导其他的定理，简化处理更复杂的电路。线性电阻的电流、电压可以叠加，但功率是不能叠加的。

一般叠加定理不直接用作解题的方法，除一些特殊的情况外，用网孔电流法或结点电压法往往都比叠加定理简便些。

【例 2-9】 用叠加定理求图 2-32（a）所示电路各支路电流与电流源端电压 U_{32}，已知 $U_S = 10\mathrm{V}$，$I_S = 2\mathrm{A}$，$R_1 = 5\Omega$，$R_2 = R_3 = 3\Omega$，$R_4 = 2\Omega$。

解 选取电路中电流的参考方向如图 2-32（a）所示。

（1）当电压源单独作用时，当然电流源开路，如图 2-32（b）所示，有

$$I_1' = I_2' = \frac{U_S}{R_1 + R_2} = \frac{10}{8} = 1.25(\mathrm{A})$$

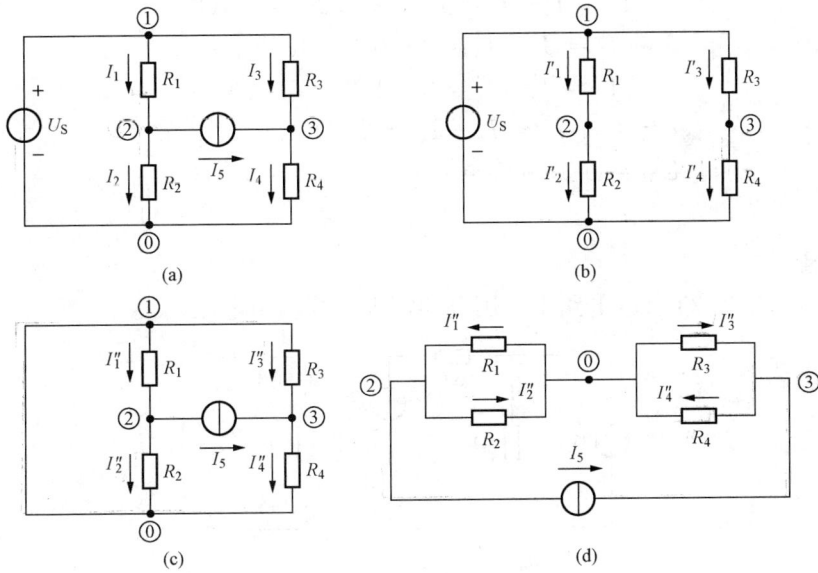

图 2-32　[例 2-9] 图

$$I'_3 = I'_4 = \frac{U_S}{R_3 + R_4} = \frac{10}{5} = 2(\text{A})$$

$$U'_{32} = U'_{30} - U'_{20} = R_4 I'_4 - R_2 I'_2 = 2 \times 2 - 3 \times 1.25 = 0.25(\text{V})$$

（2）当电流源单独作用时，这时电压源短路，如图 2-32（c）所示。

这时电路中的 4 个电阻的关系是 R_1 与 R_2 并联，R_3 与 R_4 并联，然后串联，等效电路如图 2-32（d）所示。

R_1 与 R_2 并联的电阻为

$$R_1 /\!/ R_2 = \frac{R_2 R_3}{R_2 + R_3} = \frac{5 \times 3}{5 + 3} \approx 1.88(\Omega)$$

R_3 与 R_4 并联的电阻为

$$R_3 /\!/ R_4 = \frac{R_3 R_4}{R_3 + R_4} = \frac{2 \times 3}{2 + 3} = 1.2(\Omega)$$

所以

$$U''_{20} = -(R_1 /\!/ R_2)I_S = -1.88 \times 2 = -3.76(\text{V})$$

$$U''_{30} = (R_3 /\!/ R_4)I_S = 1.2 \times 2 = 2.4(\text{V})$$

$$U''_{32} = U''_{30} - U''_{20} = 2.4 - (-3.76) = 6.16(\text{V})$$

$$I''_1 = \frac{U''_{02}}{R_1} = \frac{3.76}{5} = 0.75(\text{A})$$

$$I''_2 = \frac{U''_{20}}{R_2} = \frac{-3.76}{3} = -1.25(\text{A})$$

$$I''_3 = \frac{U''_{03}}{R_3} = \frac{-2.4}{3} = -0.8(\text{A})$$

$$I''_4 = \frac{U''_{30}}{R_4} = \frac{2.4}{2} = 1.2(\text{A})$$

（3）根据叠加定理，有

$$I_1 = I'_1 + I''_1 = 1.25 + 0.75 = 2(\text{A})$$

$$I_2 = I_2' + I_2'' = 1.25 - 1.25 = 0(\text{A})$$
$$I_3 = I_3' + I_3'' = 2 - 0.8 = 1.2(\text{A})$$
$$I_4 = I_4' + I_4'' = 2 + 1.2 = 3.2(\text{A})$$
$$I = I_1 + I_3 = I_2 + I_4 = 2 + 1.2 = 3.2(\text{A})$$
$$U_{32} = U_{32}' + U_{32}'' = 0.25 + 6.16 = 6.41(\text{V})$$

练 习

2-7-1 在图 2-33 所示电路中，用叠加定理计算输出电压。

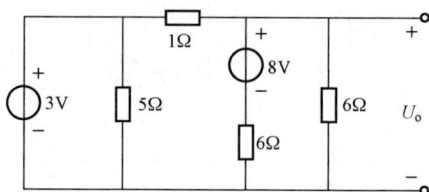

图 2-33 题 2-7-1图

*第八节 非线性电阻电路

线性电阻是参数 R 为常数的电阻，它的伏安特性曲线为一条过原点的直线。但事实上绝对的线性电阻是不存在的。前面讲过绝大多数金属导体的电阻都随着温度的升高而增大，当电流通过金属导体时，电流的热效应会使其温度升高，电阻就不再是常数了。这样的电阻的伏安特性曲线是一条曲线，如图 2-34 所示，这样的电阻称为非线性电阻。

一、双向性非线性电阻

有一类非线性电阻元件的伏安特性与电流的方向无关，当电压的方向相反时，电流也反向，伏安特性不变，这样的电阻元件称为**双向性非线性电阻**，也叫**对称非线性电阻**。例如：常用的避雷器由氧化锌压敏电阻制成，它是双向性非线性元件，其伏安特性如图 2-35 所示。它的电阻是电压的函数，当外加电压不大时，其电阻很大，电流仅有微安级；当电压升高到某一数值时（即遭受过电压），电阻急剧下降，电流增加很快（瞬间可达数千安）。当电压降低后，它的电阻仍能恢复到很大的数值。根据这一特点，常与一气隙串联制成避雷器并联在电网上起保护作用。

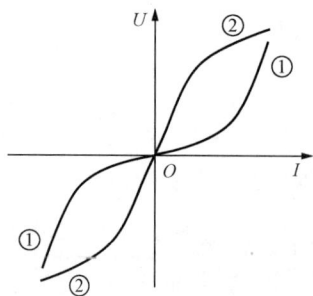

图 2-34 非线性电阻的伏安特性　　　图 2-35 双向性非线性电阻的伏安特性

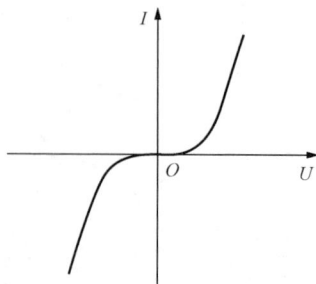

二、单向性非线性电阻

如果非线性电阻元件的伏安特性与电流方向有关，当电压方向改变时，伏安特性变化，这样的电阻元件称为**单向性电阻元件**或**不对称性电阻元件**。如：半导体二极管就是一种单向性非线性电阻元件，它的伏安特性如图 2 - 36 所示。非线性电阻图形符号如图 2 - 37 所示。

图 2 - 36　单向性非线性电阻元件的伏安特性

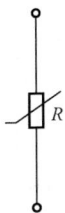

三、非线性电阻电路的分析计算

当电路中含有非线性电阻元件时〔见图 2 - 38 (a)〕，因为电阻 R 不是常数，不能用欧姆定律直接计算。主要是通过非线性元件的伏安特性，用图解的方法来分析计算。

设非线性电阻的伏安特性如图 2 - 38 (b) 所示，从曲线上可以看出，电阻上的电压为 U_a 时，对应的电流为 I_a，曲线上的 a 点称为工作点。工作点上的电压与电流之比称为该点的静态电阻 $R_a = \dfrac{U_a}{I_a}$，对于不同的工作点，有不同的静态电阻。

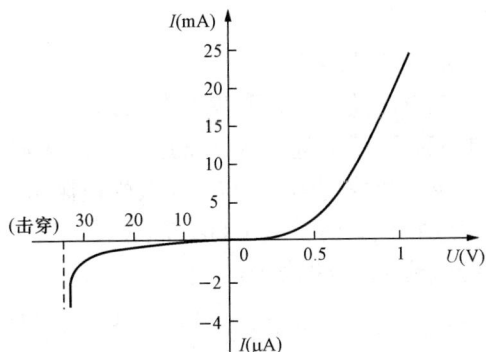

图 2 - 37　非线性电阻图形符号

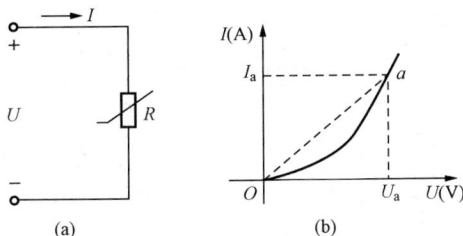

图 2 - 38　非线性电阻的电路图和伏安特性
(a) 电路图；(b) 伏安特性

当电路中有一个非线性的电阻存在时，无论它是与线性的还是非线性的电阻串联、并联或混联组成电路，其等效电阻一定是非线性的。虽然这个非线性的等效电阻不能直接计算求出，但在已知各电阻的伏安特性的情况下，可以求出此等效电阻的复合伏安特性，然后进行求解。

1. 曲线相加法

两个非线性的电阻 R_1、R_2 串联，如图 2 - 39 (a) 所示。已知两电阻的伏安特性如图 2 - 39 (b) 所示的曲线①、②，求等效电阻的伏安特性及电源电压为 U_S 时的电流。根据 KVL，有

$$U_S = U_1 + U_2$$

由于串联电阻中流过的电流相同，因而在曲线①、②的基础上，可以找出与任意电流（纵坐标）相对应的两个电阻上的电压（横坐标），将其相加得到的是等效电阻的电压。这样便得到了表示电路等效电阻伏安特性的曲线③。在曲线③上不难找出在电路电压为 U_S 时的电流 I。

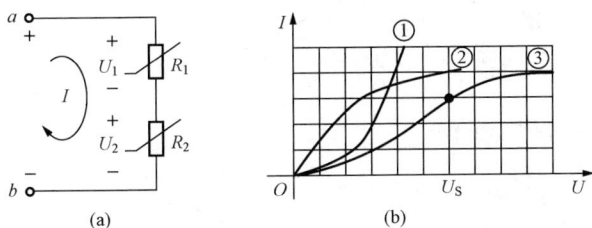

图 2 - 39　曲线相加法
(a) 电路图；(b) 电阻的伏安特性

这种先求综合特性的方法称为曲线

相加法。

2. 曲线相交法

在电工技术中，常仅需要求出在某一电压作用下对应的电流值，而对其他的电压及对应的电流并不感兴趣。因此常用另一种图解法，称为曲线相交法。

设一线性电阻 R_1 与一非线性电阻 R_2 串联，外加电压为 U_S，如图 2-40（a）所示，R_2 的伏安特性见图 2-40（b）曲线②。如果已知 R_2 上的端电压 U_{ab}，通过曲线②便可知电路中的电流 I。根据 KVL，有

$$U_{ab} = U_S - U_1 = U_S - R_1 I$$

而

$$U_{ab} = U_2 = U_2(I)$$

如果 $U_2 = U_2(I)$ 的数学解析式已知，则可通过解方程组求出电流 I。但 $U_2(I)$ 是非线性的，只知道伏安特性（曲线②），在此情况下，如能在同一坐标系中画出 $U_{ab} = U_S - R_1 I$（直线①），则两线交点坐标便是所求的解，所以这种方法称为曲线相交法。

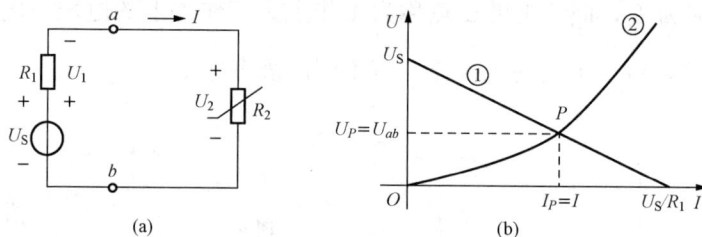

图 2-40 曲线相交法

（a）电路图；（b）伏安特性

因为 R_1 是线性的，$U_{ab} = U_S - R_1 I$ 是一条直线，如图 2-40（b）所示直线①，该直线在横纵坐标轴上的截距分别为 U_S/R 和 U_S。直线①和曲线②的交点 P 便是所求的解。当 U_S 和 R_1 取不同的数值时，便得到不同的直线与曲线②相交的不同点，即不同的解。

【例 2-10】 如图 2-41（a）所示是晶体三极管的电路，图 2-41（b）所示是三极管 $I_C = f(U_{CE})$ 的伏安特性。注意在不同的 I_B 时有不同的伏安特性。已知 $R_C = 6k\Omega$，$U_S = 20V$，求 $I_B = 40\mu A$ 时的 I_C 和 U_{CE}。

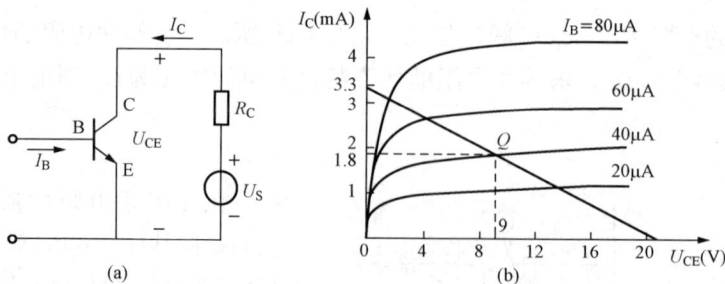

图 2-41 ［例 2-9］图

解 由图 2-41（a）可知

$$U_{CE} = U_S - R_C I_C$$

当 $I_C = 0$ 时 $U_{CE} = U_S = 20V$ （直线 $U_{CE} = U_S - R_C I_C$ 的横截距）

而 $U_{CE}=0$ 时 $I_C=U_S/R_C=20/6\times10^{-3}(A)=3.33mA$(直线 $U_{CE}=U_S-R_CI_C$ 的纵截距)

画出直线 $U_{CE}=U_S-R_CI_C$ 如图所示,与 $I_C=f(U_{CE})$ 的伏安特性中 $I_B=40\mu A$ 时曲线的交点 Q 的坐标就是本问题的解。该点的坐标是 $I_C=1.8mA$,$U_{CE}=9V$。

本节小结

1. 非线性电阻的阻值不是常数,表示它的电流与电压关系的伏安特性是一条曲线,一般不能用解析式来表示。

2. 直流非线性电阻电路的计算主要用图解法;图解法有曲线相加法和曲线相交法。

本 章 小 结

本章研究了分析计算直流线性网络的三种方法和三条重要的定理,三条定理都对网络的性质进行了讨论,使人们对复杂网络有更清晰的认识。

本章强调了电路模型和等效的概念,并研究了有源二端网络的等效电路和无源二端网络的等效电阻。对于电阻性的网络,所有实际电气元件均可用理想的电阻元件、理想电压源、理想电流源替代组成电路模型。无源二端网络可用等效电阻替代,替代之后对网络的内部与外部都是等效的。有源二端网络可用电源模型电路(电压源模型或电流源模型)替代,但只对网络外部是等效的。

非线性电阻电路一般用已知的伏安特性作图求解。

习 题

2-1 如图 2-42 所示,一只万用表表头全偏转电流为 $50\mu A$,内电阻为 2800Ω,串联电阻为 $0.2k\Omega$。如要求测量 2.5、10、50、250、500V 各挡直流电压,求所需串联的各挡电阻 R_1、R_2、R_3、R_4、R_5。

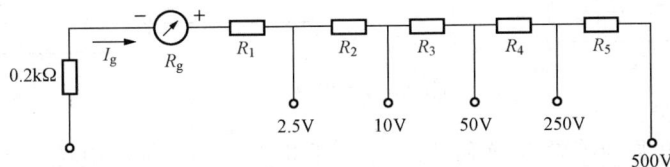

图 2-42 题 2-1 图

2-2 求图 2-43 所示电路中 ab 两端钮的等效电阻。

(1)图 2-43(a)中 S 打开,S 闭合。

(2)图 2-43(b)中 S1 闭合、S2 打开;S1、S2 均打开;S1、S2 均闭合。

2-3 已知图 2-44 所示电源的端电压为 $U_1=230V$ 内阻忽略,负载离电源 50m,输电线 $A=10mm^2$,为铜质导线($\rho=0.0175\times10^{-6}\Omega\cdot m$)。负载额定电流为 50A,要求在满载时负载端电压 $U_L=220V$,求(1)线路允许电阻 r_1';(2)线路实际电阻 r_1;(3)负载的端电压 U_L;(4)电源供给功率 P_1;(5)负载消耗功率 P_L。

2-4 在图 2-45 所示的电路中,求电流 I。

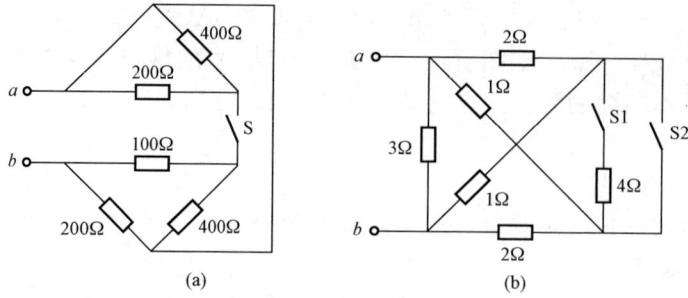

图 2-43 题 2-2 图

2-5 分别用网孔电流法及结点电压法求图 2-46 所示电路中各支路电流。

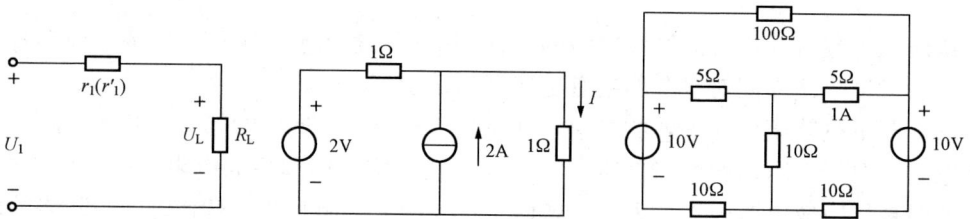

图 2-44 题 2-3 图   图 2-45 题 2-4 图   图 2-46 题 2-5 图

2-6 分别用网孔电流法及结点电压法求图 2-47 所示电路各电源上的功率，并分析其供电或耗能的性质。

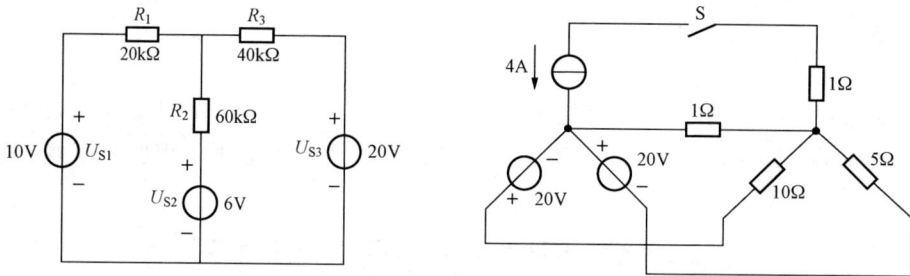

图 2-47 题 2-6 图

2-7 分别用电源的等效变换和戴维南定理求图 2-48 所示电路中流过 10Ω 电阻的电流，若 10Ω 电阻是可变的，则当 R 为何值时，其消耗的功率最大，且最大值为多少？

2-8 用叠加定理及戴维南定理求图 2-49 所示电路中 12V 电池中的电流。

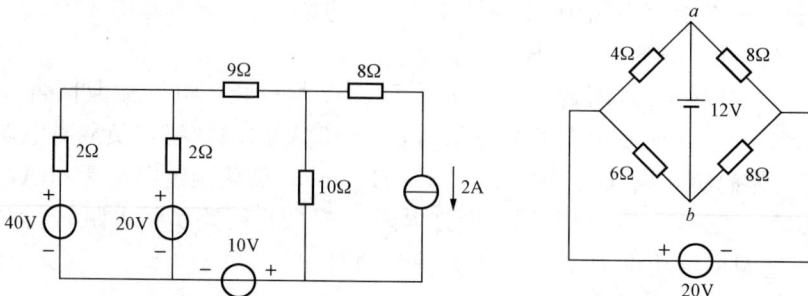

图 2-48 题 2-7 图   图 2-49 题 2-8 图

2-9 图 2-50 所示为非线性电阻的伏安特性，与一线性电阻 R 串联，如外加电压为 $U=500\text{V}$，若要电流为 0.4mA，需要串联多大的电阻？

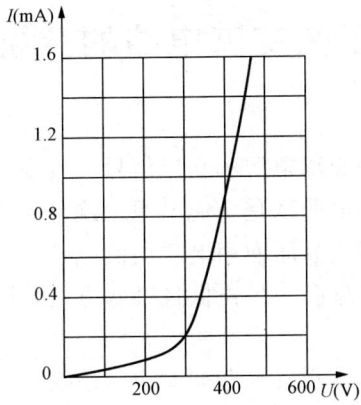

图 2-50 题 2-9 图

第 三 章

正弦交流电路的分析

电力、电子技术中广泛应用交流电源和交流信号，其中正弦交流电源和信号应用最为广泛。目前，发电厂为用户提供的电源都是交流电源。这是因为交流电可以用变压器方便地升压和降压，解决了远距离输电需用高压而用电需用低压的矛盾。同时，一般情况下，交流电动机比直流电动机结构简单、效率高、价格低且维修方便，因此学习交流电路的理论具有重要意义。

正弦交流电路中的电流和电压不仅要考虑大小，还要考虑频率、相位等特性；电路中的元件不仅要考虑耗能的电阻元件，还要考虑储能元件电感、电容。因此，正弦交流电路的分析比直流电路要复杂，但是正弦交流电路的基本规律与直流电路的基本规律本质是一样的。形式上也很相似，所以与直流电路经常对比学习，会加深对两种电路的理解。

本章首先介绍交流电的基本概念和表示方法，电路中电阻、电感、电容元件的电压、电流的关系及功率的分析，然后讨论一般交流电路的分析方法，简明扼要阐述有关谐振电路和非正弦周期电流电路的问题。

相量和相量图是分析正弦电路的重要工具，尤其是复数的引用，不仅使分析过程大为简化，也使正弦电路的理论更系统化。

第一节　正弦交流电的基本概念

一、周期电流

随时间做周期性变化的电流称为周期电流。周期电流在某一时刻的值称为瞬时值。周期电流瞬时值的表达式是时间的函数，它应满足下列条件

$$i = f(t) = f(t+T)$$

这就是说经过一定的时间 T，电流的变化完成一次循环，这种变化周而复始。把电流变化一次循环所需的时间称为电流的周期，用 T 表示，SI 单位为秒（s）。

图 3-1 所示为几种常见的周期电流。单位时间内电流变化所完成的循环次数成为频率，用 f 表示，SI 单位为赫兹（Hz），周期与频率的关系

$$f = \frac{1}{T}$$

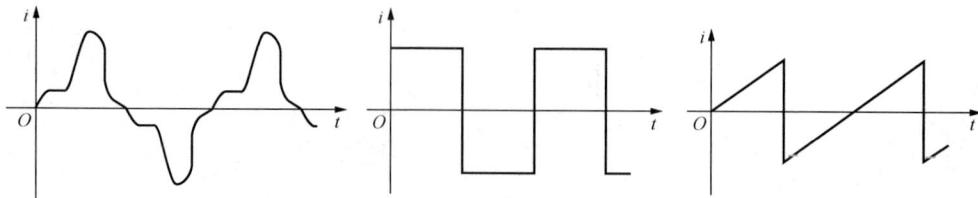

图 3-1　几种常见的周期电流

在一个周期内平均值等于零的周期电流称为交变电流。图 3 - 1 所示的每个周期电流均为交变电流。

以上关于周期、频率的说明，也适用于电压、电动势、磁通量等电路中周期变化的物理量。

二、正弦交流电

大小、方向随时间按正弦规律变化的电流称为正弦交变电流，简称交流（AC）。在电力和电子技术中普遍使用。

正弦交流理想电压源就是输出正弦电压的电源。图 3 - 2（a）所示为其图形符号，图 3 - 2（b）所示是电压 u_S 随时间变化的曲线，称为波形。而 $u_S(t)$ 的函数式为

$$u_S(t) = U_m\sin(\omega t + \psi) \qquad (3-1)$$

式中：U_m、ω、ψ 为正弦量的三要素。将在下一个问题中讨论。

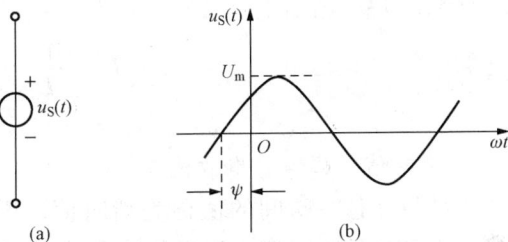

图 3 - 2　正弦交流理想电压源的图形符号和波形
（a）图形符号；（b）波形

实际电路中提供正弦交流电压的是交流发电机，它是通过线圈在磁场中切割磁感线而产生正弦交变感应电动势的设备。另一类正弦交流电源是电子线路中的正弦波振荡器。

实际电压源还应考虑电阻和电感对输出电压的影响，电源有载电压比空载电压低。这些性质与直流电路一样。

三、正弦量的三要素

正弦交流电路中，按正弦规律变化的电动势、电压、电流统称为正弦量。由于正弦量的大小、方向是随时间变化的，因此选定正方向（参考方向）十分重要。选好后，标志在电路图中。电路中各正弦量的瞬时值方向都以它为参考。

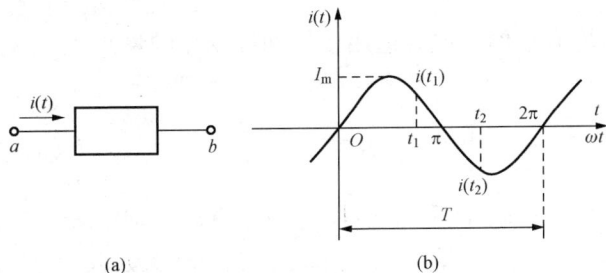

图 3 - 3　正弦量的三要素
（a）二端元件；（b）电流的正弦波形

图 3 - 3（a）所示为一个二端元件，电流参考方向为 a 指向 b。图 3 - 3（b）所示为电流的正弦波形。不难看出 t_1 时刻的电流是从 a 流向 b 的，而 t_2 时刻的电流从 b 流向 a。而图 3 - 3（b）所示的电流波形的函数式

$$i(t) = I_m\sin\omega t \qquad (3-2)$$

正弦量的特征表现在变化快慢、幅值大小和初始位置，所以频率（角频率）、幅值、初相位被称为确定正弦量的三要素。

1. 周期、频率、角频率

正弦量变化的快慢除用周期（T）和频率（f）表示外，还可以用角频率 ω 来表示。角频率 ω 表示正弦量在单位时间内变化的弧度数，因为正弦交流电一周内经历 2π 弧度，所以

$$\omega = \frac{2\pi}{T} = 2\pi f \qquad (3-3)$$

角频率的 SI 单位是弧度/秒（rad/s）。

角频率（或频率）是正弦量三要素之一。

我国电力系统中提供的正弦交流电频率为 50Hz，因为主要用于工业系统，故称为"工频"。少数特殊用途的中频发电机供电电压为几千赫。其他各种不同的技术领域内使用着各种不同频率的正弦交流电。例如，高频炉的工作频率是 200～300kHz；中频炉的工作频率为 500～8000Hz；高速电动机的工作频率为 150～2000Hz；无线电技术采用的频率一般为 100kHz～3000MHz。

【例 3-1】 已知正弦量的频率为 $f=50$Hz，试求该正弦量的周期和角频率。

解
$$T = \frac{1}{f} = \frac{1}{50} = 0.02(\text{s})$$
$$\omega = 2\pi f = 2 \times 3.14 \times 50 = 314(\text{rad/s})$$

2. 瞬时值、幅值、有效值

正弦量在任一瞬间的值称为瞬时值，用小写字母来表示。如 i、u 和 e 分别表示电流、电压、电动势的瞬时值。瞬时值中最大的值称为幅值或最大值。用大写字母加小写下标 m 来表示。如 I_m、U_m 和 E_m 分别表示电流、电压和电动势的最大值。

实际应用中，正弦交流电路中的正弦量的测量往往得到的不是瞬时值、最大值而是有效值。**正弦量的有效值是指在一个周期内与其热效应等价的直流量**。某一个周期交流电流 i 通过电阻 R 和另一个直流电流 I 通过同样的电阻在相等时间内产生的热量相等，那么这个周期性变化的电流 i 的有效值在数值上就等于这个直流电流 I。

正弦量电流、电压和电动势的有效值分别用 I、U 和 E 表示，和直流电路中各量的表示符号完全一样。

根据上面的定义，周期电流 i 的有效值

$$I = \sqrt{\frac{1}{T}\int_0^T i^2 \mathrm{d}t} \tag{3-4}$$

式（3-4）表示的周期电流的有效值也叫均方根值，但只适用于周期性变化的量。

当周期电流为正弦量，即式（3-2）时，有

$$I = \sqrt{\frac{1}{T}\int_0^T I_m^2 \sin^2\omega t \mathrm{d}t} = \frac{I_m}{\sqrt{2}} = 0.707 I_m \tag{3-5}$$

同理，当周期电压、电动势也是正弦量时，即 $u=U_m\sin\omega t$、$e=E_m\sin\omega t$，则

$$U = \frac{U_m}{\sqrt{2}} = 0.707 U_m, \quad E = \frac{E_m}{\sqrt{2}} = 0.707 U_m \tag{3-6}$$

一般所讲的正弦交流电压或电流的大小，如交流电压 380V 或 220V，都是指它的有效值。通常交流电流表、交流电压表的刻度也是根据有效值来标定的。

最大值是正弦量三要素的另一要素。由于正弦量的有效值和最大值有固定的 $\sqrt{2}$ 倍数关系，所以也可用有效值代替最大值作为正弦量的一个要素。

【例 3-2】 已知 $u=310\sin(100\pi t)$V，试求有效值 U 和 $t=0.1$s 时的瞬时值。

解
$$U = \frac{U_m}{\sqrt{2}} = \frac{310}{\sqrt{2}} = 220(\text{V})$$
$$u = U_m\sin\omega t = 310\sin(100\pi \times 0.1) = 0$$

3. 相位、初相位

正弦量是随时间变化的量，要确定一个正弦量还必须考虑计时起点。计时起点不同，正弦量的初始值就不同，到达最大值或某一特定值所需的时间也不同。

正弦量用式（3-2）表示时，其波形如图3-3（b）所示，它的初始值 $i_0 = 0$。正弦量用式（3-1）表示时，其波形如图3-2（b）所示，这种情况下，初始值 $i_0 - I_m \sin\psi$，不等于零。式（3-2）和式（3-1）中的角度 ωt 和 $\omega t + \psi$ 称为正弦量的相位角或相位，SI 单位是弧度（rad）。

$t=0$ 时的相位角称为初相位角或初相位简称初相。一般用 ψ 表示，SI 单位是弧度（rad）。初相为正弦量三要素的另一要素。

在一个正弦交流电路中，电压 u 和电流 i 的频率是相同的，但初相位不一定相同，如图3-4所示，它们的初相位分别为 ψ_1 和 ψ_2。两个同频率的正弦量的相位之差或初相之差称为二者间的相位差同，用 φ 表示，SI 单位为弧度（rad）。

$$\varphi_{12} = (\omega t + \psi_1) - (\omega t + \psi_2) = \psi_1 - \psi_2$$
$$(3-7)$$

相位差的大小反映了两个正弦量变化进程的差异，它能定量地判别哪个正弦量先到达零值点或最大值点。以角频率 ω 除式（3-7）等式两边，得

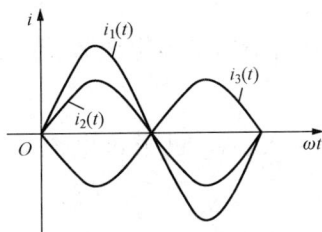

图 3-4 初相位

$$t_{12} = \frac{\psi_1 - \psi_2}{\omega} = \frac{\psi_1}{\omega} - \frac{\psi_2}{\omega} = t_1 - t_2 \qquad (3-8)$$

从式（3-8）可知，相位差的实质反映了两个正弦量变化进程的时间差。如果 $\varphi_{ui} > 0$，则电压**超前**电流，也可以说电流**滞后**电压。

当 $\psi_1 = \psi_2$ 时，$\varphi_{12} = 0$，两个同频率的正弦量**同相**；而如果 $\varphi_{12} = \pi$，则称它们**反相**。在图3-5中 $i_1(t)$ 和 $i_2(t)$ 同相，$i_1(t)$ 和 $i_3(t)$ 反相。

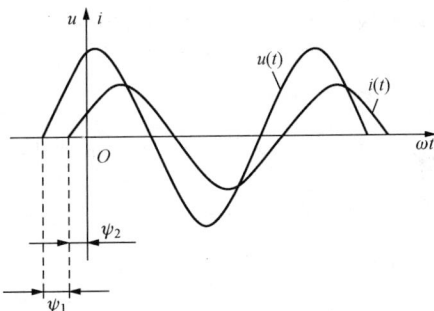

图 3-5 同相和反相

正弦交流电源作用于线性电路时，电路中的电压、电流均为与电源同频率的正弦量，它们之间有一定的相位差。在分析电路时，可以适当选取计时起点，使分析的某一正弦量的初相位为零，即初始值为零，来作为比较其他正弦量初相位的基准。初相位为零的正弦量可以称为参考正弦量。

此外相位差 φ 也可能大于 π。为了防止混乱，对于超前和滞后的角度，规定其绝对值小于等于 π，就不容易混淆了。

【例3-3】 已知 $u_1(t) = 311\sin(314t + 60°)V$，$u_2(t) = 141.4\sin(314t - 30°)V$，求 $u_1(t)$ 与 $u_2(t)$ 的相位差与时间差。

解 相位差 $\varphi_{12} = 60° - (-30°) = 90° > 0$
即电压 $u_1(t)$ 超前电压 $u_2(t)$，因为 $\omega = 314 \text{rad/s}$，所以时间差

$$t_{12} = \frac{\varphi_{12}}{\omega} = \frac{\pi/2}{2\pi \times 50} = 1/200 = 0.005(\text{s})$$

本节小结

1. 输出正弦交流电压的理想电源是正弦交流电源，一般正弦交流电源是交流发电机和电子振荡电路。

2. 振幅、角频率（频率）、初相位是正弦量的三要素。振幅是正弦量的最大值，是衡量正弦量大小的量；频率是反映正弦量的变化快慢的量，初相位是 $t=0$ 时的相位，不仅与计时的起点有关，还与正弦量的参考方向有关。

3. 两个正弦量的相位差等于二者的初相差，实质上反映的是二者之间的时间差，它与计时的起点无关。

4. 超前、滞后、同相、反相都是两个同频率的正弦量变化进程的比较，不同频率的正弦量无从比较。

练 习

3 - 1 - 1 已知 $u(t)=-|4|\sin(1000t+270°)\text{V}$，$U_\text{m}=$＿＿＿＿＿，$\omega=$＿＿＿＿＿，$\psi=$＿＿＿＿＿，$T=$＿＿＿＿＿，$f=$＿＿＿＿＿，$t=\dfrac{T}{12}$时，$u(t)=$＿＿＿＿＿＿＿＿。

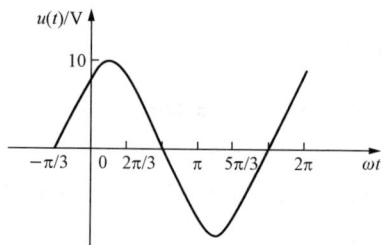

图 3 - 6 题 3 - 1 - 2 图

3 - 1 - 2 已知某正弦量的波形如图 3 - 6 所示。试写出该正弦量的瞬时值函数式 $u(t)=$＿＿＿＿＿＿＿，若纵坐标右移 $\dfrac{2\pi}{3}$，初相位 $\psi=$＿＿＿＿。

3 - 1 - 3 三个正弦量 $u_1(t)$，$u_2(t)$，$u_3(t)$ 彼此相位差为 $\varphi_{12}=45°$，$\varphi_{13}=\pi$，$\varphi_{23}=135°$，若以 $u_1(t)$ 为参考正弦量时，它们的初相位为 $\psi_1=$＿＿＿＿，$\psi_2=$＿＿＿＿，$\psi_3=$＿＿＿＿。

3 - 1 - 4 已知 $i_1(t)=5\sin\left(314t+\dfrac{\pi}{2}\right)\text{A}$，$i_2(t)$ 与 $i_1(t)$ 具有相同的频率和振幅，且 $i_2(t)$ 滞后 $i_1(t)-45°$，试写出 $i_2(t)$ 的函数式，画出它的波形图。

3 - 1 - 5 正弦电流 $i(t)=0.707\sin(314t+30°)\text{A}$，串联在电路中的交流电流表读数是＿＿＿＿＿ A。

3 - 1 - 6 一个正弦电流的初相位 $\psi=15°$，$t=\dfrac{T}{4}$时，$i(t)=0.5\text{A}$，试求该电流的有效值。

第二节 正弦量的表示方法

在线性正弦交流电路中，各支路上的电压、电流都与电源的电动势是同频率的正弦量。这些正弦量的加减运算，可以归纳为同频率的正弦量加减的问题。那么，正弦量在什么样的表示方式下才便于完成相关的运算呢？

一个正弦量具有最大值（有效值）、角频率（频率）、初相位三个要素量，正弦量的每种表达方式中当然都应包含这三个要素。正弦量常用的表示方法有解析式法、波形图法、旋转矢量图法和相量法。

一、正弦量的解析式

用三角函数的形式表示正弦量，称为正弦量的解析式，这是正弦量的基本表示法。例如两个同频率的正弦交流电流可表示为

$$i_1(t) = I_{1m}\sin(\omega t + \psi_1)$$
$$i_2(t) - I_{2m}\sin(\omega t + \psi_2)$$

这样可以一目了然地知道正弦量的三要素。

在这种表达方式下，求它们的和，即 $i(t) = i_1(t) + i_2(t)$ 在数学上是可以完成的，但运算过程较为复杂（略），得

$$i(t) = I_m\sin(\omega t + \psi) \tag{3-9}$$

其中

$$I_m = \sqrt{(I_{1m}\cos\psi_1 + I_{2m}\cos\psi_2)^2 + (I_{1m}\sin\psi_1 + I_{2m}\sin\psi_2)^2}$$
$$\psi = \arctan\frac{I_{1m}\sin\psi_1 + I_{2m}\sin\psi_2}{I_{1m}\cos\psi_1 + I_{2m}\cos\psi_2} \tag{3-10}$$

从式（3-10）可知，两个同频率的正弦量之和仍是一个同频率的正弦量。其最大值，初相均不是相加的两个正弦量的最大值和初相简单相加的结果。不难看出，建立在解析式基础上的正弦量的相加运算很烦琐。

二、正弦量的波形图

正弦量的第二种表示方法是波形图。如图 3-7 所示，在同一坐标系中按比例画出了两个同频率的正弦电流 $i_1(t)$、$i_2(t)$ 的波形。在图中可以方便地得到该正弦量的三要素。但要在这种表达方式下完成二者相加的运算 $i(t) = i_1(t) + i_2(t)$，就必须逐点相加（曲线相加法），然后才能得到相加的结果 $i(t)$。

显然，这种表示方法也同样不便于正弦量的运算。

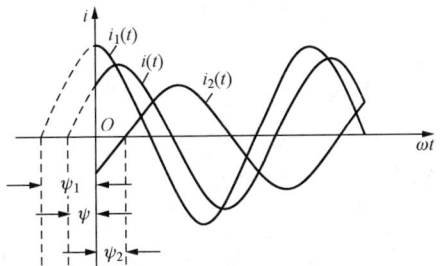

图 3-7　正弦量的波形图

三、正弦量的旋转矢量图（相量图）和相量

在电工技术中用旋转矢量表示正弦量，其目的是为了简化电路中的运算过程。用旋转矢量表示正弦量的方法如下：

设一个正弦电流 $i(t)$ 为

$$i(t) = I_m\sin(\omega t + \psi)$$

在复平面上作一个矢量 **OP**，在 $t=0$ 时，**OP** 与横轴夹角为 ψ，令其以角速度 ω 逆时针方向旋转，如图 3-8 所示。旋转矢量 **OP** 具有了正弦量的三个要素。

（1）矢量的长度 $|OP|$ 按比例等于电流的最大值（或有效值）。

（2）矢量的旋转速度等于正弦量的角频率。

（3）矢量 **OP** 与横轴间的夹角等于正弦量的初相位。

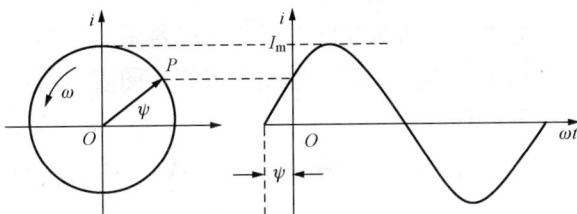

图 3-8　正弦量的旋转矢量图和相量

写出旋转矢量在纵轴上的投影长度

的表达式，为 $i(t) = I_m \sin(\omega t + \psi)$，它实质就是一个正弦量。因此，复平面上的旋转矢量能完整地表达一个正弦量。当把需要进行加减运算的几个正弦量用旋转矢量表示在同一复平面上时，可利用平行四边形法则完成矢量的求和（或求差）的运算，求和时，所得平行四边形的对角线矢量正是相加正弦量的和的旋转矢量。

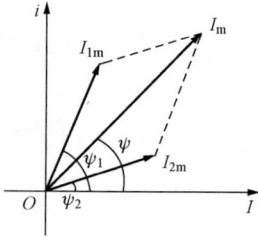

例如，已知两个同频率正弦量 $i_1(t) = I_{1m} \sin(\omega t + \psi_1)$ A，$i_2(t) = I_{2m} \sin(\omega t + \psi_2)$ A；求它们的和 $i(t)$。在数学上知道 $i(t)$ 与 $i_1(t)$、$i_2(t)$ 是同频率的正弦量，即 $i(t) = i_1(t) + i_2(t) = I_m \sin(\omega t + \psi)$。用旋转矢量表示 $i(t)$ 与 $i_1(t)$、$i_2(t)$ 的关系如图 3-9 所示。

图 3-9　同频率的
两正弦量的求和

复平面上的矢量与复数相对应，因此可以用复数来表示同频率的正弦量，称为**相量**。这种用复数表示正弦量的方法叫**相量法**。

一个正弦量的三要素是最大值（有效值）、角频率、初相位，对已知频率的正弦量来说要素只剩最大值（有效值）、初相位两个。因此，用相量表示正弦量时，只考虑这两个要素即可。

复数 $A = a + jb$ 可以有多种表达方式：

代数形式（三角形式）

$$A = |A|\cos\psi + j|A|\sin\psi$$

极坐标形式

$$A = |A| \angle \psi$$

指数形式

$$A = |A| e^{j\psi}$$

表达式中的 $|A|$ 为复数的模，ψ 为其幅角。各种表达形式之间可以相互转换。在表示正弦量时为了与一般的复数区别，在大写的字母上打"·"，相量的模为正弦量的最大值（或有效值）、幅角为正弦量的初相角。一般参考正弦量的初相角为 0，所以参考正弦量的相量的幅角为 0，称为参考相量。选择哪种相量形式表达，取决于将来要完成的运算。

例如，表示正弦量 $i(t) = I_m \sin(\omega t + \psi)$ 的相量可以表示为

$$\dot{I}_m = I_m\cos\psi + jI_m\sin\psi, \quad \dot{I}_m = I_m \angle \psi, \quad \dot{I}_m = I_m e^{j\psi} \qquad (3-11)$$

或

$$\dot{I} = I\cos\psi + jI\sin\psi, \quad \dot{I} = I \angle \psi, \quad \dot{I} = I e^{j\psi} \qquad (3-12)$$

式（3-11）是正弦量的最大值相量，式（3-12）是有效值相量。

将一些相同频率的正弦量的相量画在同一复平面上所构成的图形称为**相量图**。当然，通过上面的讨论可知相量图就是正弦量的旋转矢量图。当把正弦量用相量或相量图表示后，可以利用复数或矢量运算规则来完成正弦量的相关运算。

【例 3-4】 已知 $i(t) = 5\sqrt{2}\sin(\omega t + 45°)$ A，$u(t) = 220\sqrt{2}\sin(\omega t - 45°)$ V。试写出电压、电流的有效值相量，画相量图，找相位差。

解　根据式（3-12）可知

$\dot{I}=5\angle45°$，$\dot{U}=220\angle-45°$，$\varphi_{iu}=45°-(-45°)=90°$

即电流超前电压 90°，相量图如图 3-10 所示。

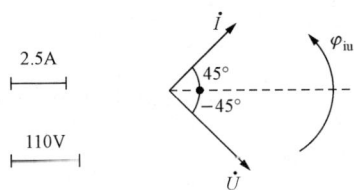

图 3-10　［例 3-4］图

【例 3-5】 已知 $u_1(t)=141\sin\left(\omega t+\dfrac{\pi}{3}\right)$V，$u_2(t)=70.7\sin\left(\omega t-\dfrac{\pi}{4}\right)$V。试求（1）相量 $\dot{U}_1$、$\dot{U}_2$；（2）两电压之和的瞬时值；（3）相量图。

解　（1）　　　$\dot{U}_1=\dfrac{141}{\sqrt{2}}\angle\dfrac{\pi}{3}\text{V}=100\angle60°\text{V}=(50+\text{j}86.6)\text{V}$

$$\dot{U}_2=\dfrac{70.7}{\sqrt{2}}\angle-\dfrac{\pi}{4}\text{V}=50\angle-45°\text{V}=(35.35-\text{j}35.35)\text{V}$$

（2）根据矢量运算规则，在完成加法运算时，将复数表示为代数形式最方便。

$$\dot{U}=\dot{U}_1+\dot{U}_2$$
$$=(50+\text{j}86.6)\text{V}+(35.35-\text{j}35.35)\text{V}$$
$$=(85.35+\text{j}51.25)\text{V}=99.55\angle31°$$

所以

$$u(t)=99.55\sqrt{2}\sin(\omega t+31°)\text{V}$$

（3）相量图如图 3-11 所示。

从例题分析中不难看出，当相加的两个同频率的正弦量的相位差等于 $\dfrac{\pi}{2}$，它们和的相量的模可用勾股定理直接计算得出。

比较正弦量的各种表示方法，借助于相量图和相量法两种表示方法便于完成正弦量的加减运算。

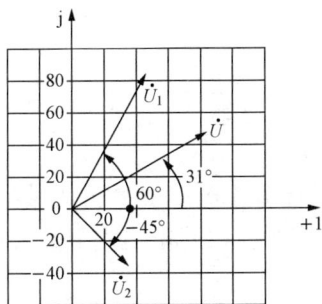

图 3-11　［例 3-5］图

本节小结

1. 正弦量有四种表示方式：解析式、波形图、旋转矢量图、相量。

2. 正弦量的相量是复数及与复数相对应的复平面的矢量，虽然只表征了正弦量的有效值和初相位两个要素，但由于在线性电路中，电流、电压都是同频率的正弦量，所以它是正弦电路分析的重要工具。电工技术中常采用复数运算与作相量图相结合的方法分析正弦电路。解析式、波形图是正弦量的基本表示形式，在正弦电路的分析中不直接求解正弦量的解析式及波形图，而是借助于正弦量的相量。因此三种表示形式的相互对应关系要记熟。

3. 参考正弦量的相量称为参考相量，在同一相量图上只有一个参考相量，以参考相量为基准，向逆时针方向旋转的幅角为正值，反之为负值。

练习

3-2-1　已知 $e(t)=-311\cos314t$ V，写出它的对应相量 $\dot{E}$。

3-2-2　将下列表达式中，相互有对应关系的式子用箭线连起来。

$$u(t) = -220\sqrt{2}\sin(\omega t - 60°) \text{ V} \qquad \dot{U} = 220\angle\frac{\pi}{2}$$

$$u(t) = 311\cos\omega t \text{ V} \qquad\qquad \dot{U}_\text{m} = 311\angle\frac{2\pi}{3}$$

$$u(t) = 14.14\sin(\omega t - 45°) \text{ V} \qquad \dot{U} = 10\text{e}^{\text{j}\frac{\pi}{6}}$$

$$u(t) = 10\sqrt{2}\sin(\omega t + 30°) \text{ V} \qquad \dot{U}_\text{m} = 14.14\angle -\frac{\pi}{4}$$

3 - 2 - 3　已知 $u_1(t) = 7\sqrt{2}\sin\omega t$ V，$u_2(t) = 6\sqrt{2}\sin\left(\omega t + \dfrac{\pi}{3}\right)$ V，求（1）写出 $u_1(t)$，$u_2(t)$ 的相量式；（2）$u_1(t) - u_2(t)$；（3）画相量图。

3 - 2 - 4　已知 $u_1(t) = 220\sqrt{2}\sin\omega t$ V，$u_2(t) = 220\sqrt{2}\sin\left(\omega t - \dfrac{2\pi}{3}\right)$ V，$u_1(t) = 220\sqrt{2}\sin\left(\omega t + \dfrac{2\pi}{3}\right)$ V，试用相量图证明 $u_1(t) + u_2(t) + u_3(t) = 0$。

3 - 2 - 5　已知 $\dot{I}_1 = (8 + \text{j}6)$ A，$\dot{I}_2 = (8 - \text{j}6)$ A，求 $i_1(t)$，$i_2(t)$，$i_1(t) + i_2(t)$；画相量图。

3 - 2 - 6　如图 3 - 12 所示，$u_1(t) = 10\sin\omega t$ V，$u_2(t) = 5\sin3\omega t$ V，$u_3(t) = 4\cos\omega t$ V，将下列表达式中正确的填在括号内（　　）。

（1）$U = U_1 + U_2 + U_3$；（2）$u(t) = u_1(t) + u_2(t) + u_3(t)$；（3）$U_\text{m} = U_{1\text{m}} + U_{2\text{m}} + U_{3\text{m}}$；（4）$\dot{U} = \dot{U}_1 + \dot{U}_2 + \dot{U}_3$。

3 - 2 - 7　在图 3 - 13 中，$i_1(t)$，$i_2(t)$ 是同频率的电流，电流表 PA1、PA2 的示数为 3A 和 4A。试问在以下几种情况下 $i_1(t)$ 与 $i_2(t)$ 的相位差 φ_{12} 为多少？（1）电流表 PA 的示数为 5A；（2）电流表 PA 的示数为 7A；（3）电流表 PA 的示数为 1A。

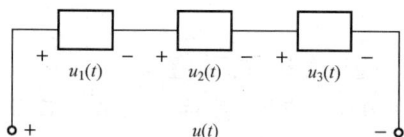

图 3 - 12　题 3 - 2 - 6 图

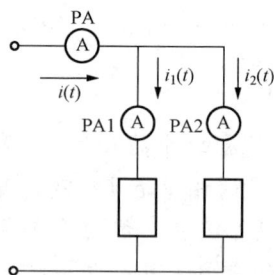

图 3 - 13　题 3 - 2 - 7 图

第三节　相量形式的基尔霍夫定律

在直流电路中，基尔霍夫电流定律（KCL）是电流连续性原理的体现，基尔霍夫电压定律（KVL）是能量守恒的体现。它是电路连接时必须遵循的基本规律，故称为电路结构的约束，它与电路元件无关。

如图 3 - 14 所示，与结点 A 相连的三条支路，电流为 $i_1(t)$，$i_2(t)$，$i_3(t)$，参考方向如图。由于任意时刻电流都是连续的。因此，基尔霍夫电流定律在任意瞬间均成立，即

$$i_1(t)+i_2(t)=i_3(t) \quad 或 \quad \sum i(t)=0 \qquad (3-13)$$

在正弦交流电路中，各支路电流都是与电源同频率的正弦量。根据上一节的内容不难得出结论：同频率正弦量之和的相量等于各正弦量的相量之和。式（3-13）可以表示为

$$\dot{I}_1+\dot{I}_2=\dot{I}_3 \quad 或 \quad \sum \dot{I}=0 \qquad (3-14)$$

图 3-14 相量形式的基尔霍夫定律

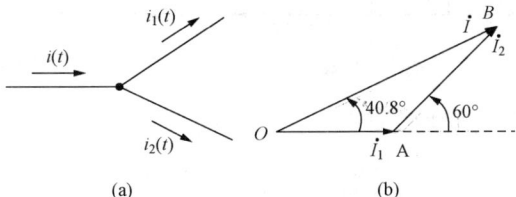

式（3-14）表明，**流入结点的各支路电流相量的代数和等于零，这就是基尔霍夫电流定律的相量形式。**

同理，**在正弦交流电路中，沿任意回路各段电压相量的代数和恒等于零**，即

$$\sum \dot{U}=0 \qquad (3-15)$$

式（3-15）称为**基尔霍夫电压定律的相量形式**。

必须指出，在一般情况下，各支路电流的初相位并不相等，所以流入结点和流出结点的正弦电流有效值（最大值）的代数和并不一定相等（即 $\sum I \neq 0$）；同理，沿任意回路正弦电压的相位也并不相等，所以它们有效值（最大值）的代数和也并不一定为零（即 $\sum U \neq 0$）。切不可混淆。如果采用复平面上的矢量来表示正弦量的相量，应用矢量平移原理，KCL、KVL 的相量形式可用多边形的几何图形来表示。

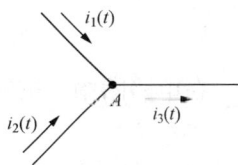

（a）　　　　　（b）

图 3-15 ［例 3-6］图

【例 3-6】 在图 3-15（a）所示的电路中的结点，流出该结点的电流 $i_1(t)=5\sqrt{2}\sin\omega t$ A，$i_2(t)=10\sqrt{2}\sin(\omega t+60°)$ A，求（1）流入该结点的电流 $i(t)$；（2）画相量图。

解 （1）流出结点的电流 $i_1(t)$ 与 $i_2(t)$ 的相量为

$$\dot{I}_1=5\angle 0°=(5+j0) \text{ A}$$

$$\dot{I}_2=10\angle 60°=(5+j5\sqrt{3}) \text{ A}$$

流入结点的电流相量

$$\dot{I}=\dot{I}_1+\dot{I}_2$$
$$=(5+j0)+(5+j5\sqrt{3})$$
$$=10+j5\sqrt{3}=13.2\angle 40.8°$$

则

$$i(t)=13.2\sqrt{2}\sin(\omega t+40.8°) \text{ A}$$

（2）相量图如图 3-15（b）所示。从图中可以看出，矢量 $\dot{I}_1$、$\dot{I}_2$、$\dot{I}$ 的模组成三角形 OAB。

【例 3-7】 如图 3-16 所示，已知 $u_{ab}(t)=100\sin\omega t$ V，$u_{bc}(t)=50\cos\omega t$ V，电压源 $u_S(t)=30\sin(\omega t+45°)$V。求（1）电流源两端的电压 $u_x(t)$；（2）画相量图。

解 （1）

$$\dot{U}_{ab}=\frac{100}{\sqrt{2}}\angle 0°=\left(\frac{100}{\sqrt{2}}+j0\right) \text{ V}$$

$$\dot{U}_{bc}=\frac{50}{\sqrt{2}}\angle 90°=\left(0+j\frac{50}{\sqrt{2}}\right) \text{ V}$$

$$\dot{U}_{\mathrm{S}} = \frac{30}{\sqrt{2}} \angle 45° = (15 + \mathrm{j}15) \text{ V}$$

在电路图中，按顺时针方向运用 KVL 的相量式，得

$$\dot{U}_x = \dot{U}_{ab} + \dot{U}_{bc} + (-\dot{U}_{\mathrm{S}})$$

$$= \left(\frac{100}{\sqrt{2}} + \mathrm{j}\frac{50}{\sqrt{2}} - 15 - \mathrm{j}15 \right)$$

$$= (55.7 + \mathrm{j}20.35) \text{ V}$$

$$= 59.3 \angle 20.1° \text{V}$$

所以

$$u_x = 59.3\sqrt{2} \sin(\omega t + 20.1°) \text{ V}$$

（2）相量图如图 3-16（b）所示。

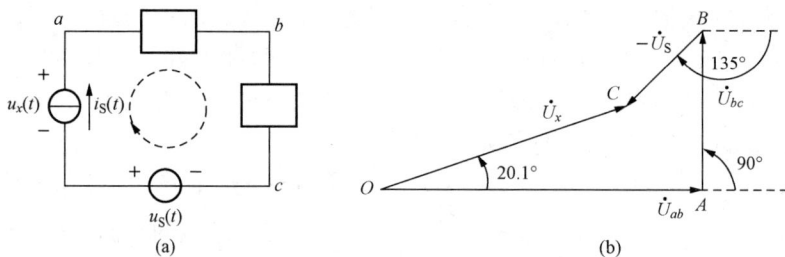

图 3-16　［例 3-7］图

练 习

3-3-1　根据图 3-17 所示电路，选择正确的表达式。将正确的编号填写在空格内（　　）。

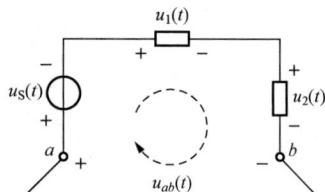

图 3-17　题 3-3-1 图

（1）$u_1(t) + u_2(t) - u_{ab}(t) = u_{\mathrm{S}}(t)$；

（2）$\dot{U}_1 + \dot{U}_2 - \dot{U}_{ab} + \dot{U}_{\mathrm{S}} = 0$；

（3）$U_1 + U_2 - U_{ab} + U_{\mathrm{S}} = 0$；

（4）$u_1(t) + u_2(t) - u_{ab}(t) = -u_{\mathrm{S}}(t)$。

3-3-2　在题 3-3-1 中，如果 $u_1(t) = 100 \sin 314t$ V，$u_2(t) = -100 \sin(314t - 120°)$ V，$u_{\mathrm{S}}(t) = 100 \sin(314t + 120°)$ V。求（1）开路电压 $u_{ab}(t)$；（2）画出相量图。

第四节　理想元件交流电路的伏安关系

正弦交流电路的物理现象要比直流电路复杂，电路中工作的基本元件也不同于直流电路，电感元件、电容元件、电阻元件一起并称为交流电路的三种基本元件。因此，在交流电路中，不仅要讨论电阻元件的伏安关系，还要讨论电感元件、电容元件的伏安关系。

一、电阻元件的电流与电压的关系

在图 3-18 所示的纯电阻电路中，电流、电压关联的参考方向已标志在电路中。设通过

电阻的正弦交流电流 $i_R(t) = I_{Rm}\sin(\omega t + \psi_i)$，根据欧姆定律，有

$$u_R(t) = Ri_R(t) \tag{3-16}$$

令

$$u_R(t) = U_{Rm}\sin(\omega t + \psi_u)$$

由于

$$u_R(t) = Ri_R(t) = RI_{Rm}\sin(\omega t + \psi_i)$$

则，得

图 3 - 18　纯电阻模型电路

$$U_{Rm} = RI_{Rm} \quad (\text{或 } U_R = RI_R) \tag{3-17}$$

$$\psi_u = \psi_i \tag{3-18}$$

$u_R(t)$ 与 $i_R(t)$ 的相量关系可以写为

$$\dot{U}_R = R\dot{I}_R \tag{3-19}$$

$u_R(t)$ 与 $i_R(t)$ 的关系如图 3 - 19 和图 3 - 20 所示。

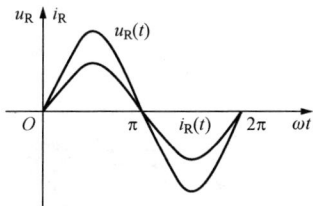

图 3 - 19　$u_R(t)$ 与 $i_R(t)$ 的波形关系　　图 3 - 20　$u_R(t)$ 与 $i_R(t)$ 的相量图和相量模型

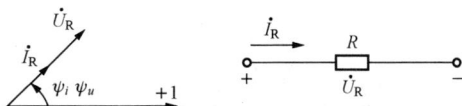

由此可得以下结论：

（1）电阻上的电压与电流是同频率的正弦量；

（2）瞬时电压值与瞬时电流值遵循欧姆定律；

（3）电压的有效值（最大值）与电流有效值（最大值）之比等于电阻阻值；

（4）电压与电流同相位；

（5）相量形式的欧姆定律 $\dot{U}_R = R\dot{I}_R$ 简捷地表达了上述的结论。

二、电感元件的电压与电流的关系

设电感元件的电感量为 L，在图 3 - 21 所示的电感元件交流电路中，交流电流与电压的关联参考方向已标在图中。由电磁感应定律可知，电感元件的伏安关系如下式

$$u_L(t) = -e_L(t) = L\frac{di_L(t)}{dt} \tag{3-20}$$

若流过电感的正弦交流电流为 $i_L(t) = I_{Lm}\sin(\omega t + \psi_i)$，则

$$u_L(t) = I_{Lm}\omega L\cos(\omega t + \psi_i)$$

$$= I_{Lm}\omega L\sin\left(\omega t + \psi_i + \frac{\pi}{2}\right)$$

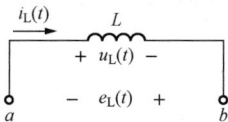

图 3 - 21　纯电感模型电路　令　　$u_L(t) = U_{Lm}\sin(\omega t + \psi_u)$

比较上面两式得

$$U_{Lm} = \omega L I_{Lm} \quad (\text{或 } U_L = \omega L I_L) \tag{3-21}$$

$$\psi_u = \psi_i + \frac{\pi}{2} \tag{3-22}$$

当电流、电压都用相量表示时，由于 $\dot{I}_L = I_L \angle \psi_i$，$\dot{U}_L = U_L \angle \psi_u$，而将 $U_L = \omega L I_L$，$\psi_u = \psi_i + \dfrac{\pi}{2}$ 代入相量关系式，得

$$\dot{U}_L = \mathrm{j}\omega L \dot{I}_L \tag{3-23}$$

式（3-23）称为电感元件电压与电流关系的相量式，既说明了电感元件上电压与电流的有效值的关系，也反映了二者之间的相位关系是电压超前电流 $90°$。

令 $\omega L = X_L$ 称为电感元件的**感抗**，SI 单位欧［姆］（Ω），它的大小和作用与电阻元件的电阻值是一样的。在电工学中感抗的倒数被称为**感纳**，用 B_L 表示，SI 单位是西［门子］（S）。即 $B_L = \dfrac{1}{X_L} = \dfrac{1}{\omega L}$，这样式（3-24）可改写为

$$\dot{I}_L = \frac{1}{\mathrm{j}\omega L}\dot{U}_L = -\mathrm{j}\frac{\dot{U}_L}{\omega L} = -\mathrm{j}B_L\dot{U}_L \tag{3-24}$$

$u_L(t)$ 与 $i_L(t)$ 的关系如图 3-22 和图 3-23 所示。

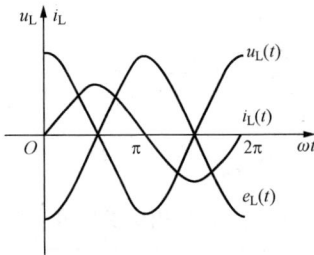

图 3-22　$u_L(t)$、$i_L(t)$、$e_L(t)$ 的波形关系　　　图 3-23　$u_L(t)$ 与 $i_L(t)$ 的相量图和相量模型

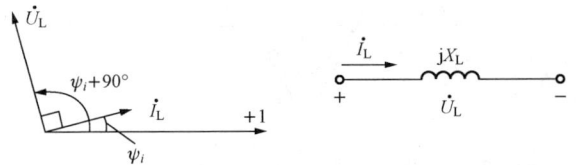

由此可得以下结论：

（1）电感元件上的电压与电流是同频率的正弦量。

（2）电压有效值（最大值）与电流有效值（最大值）之比等于电感元件的感抗。

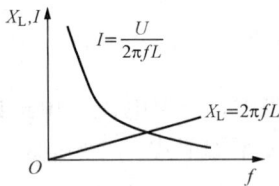

图 3-24　X_L 和 I 与频率 f 的关系

电感元件的感抗 $X_L = \omega L$ 反映了电感元件对交流电流的阻碍作用。在一定的电压下，交流电流的频率越高，电感元件的感抗越大，则电路中的电流越小。如图 3-24 所示是 X_L 和 I 与频率 f 的关系。在直流电路中，由于 $\omega = 2\pi f = 0$，电感元件的感抗为 $X_L = \omega L = 0$。因此，直流电路中的电感元件可视为短路。交流电路中的电感元件常被称为"低通元件"。在无线电技术中，可根据电感元件的这种特性组成高频扼流圈，来抑制高频电流通过。

（3）电压与电流之间的相位差为 $90°$，电压超前电流。

（4）电压与电流关系的相量形式为 $\dot{U}_L = \mathrm{j}\omega L \dot{I}_L = \mathrm{j}X_L \dot{I}_L$ 表达了上述全部关系。

三、电容元件的电压与电流的关系

设电容元件的电容量为 C。图 3-25 所示为电容元件的交流电路，交流电压与电流的关联参考方向已标在图中。由于电容在交流电路中不停地充电、放电，电路中的交流电流 $i_C(t)$ 与电容器极板上电荷量 Q 的关系是

$$i_C(t) = \frac{\mathrm{d}Q}{\mathrm{d}t}$$

因 $Q = Cu_C(t)$，所以

$$i_C(t) = C\frac{\mathrm{d}u_C(t)}{\mathrm{d}t} \qquad (3-25)$$

图 3-25 纯电容模型电路

设正弦交流电压为

$$u_C(t) = U_{Cm}\sin(\omega t + \psi_u)$$

则

$$i_C(t) = \omega C U_{Cm}\sin\left(\omega t + \psi_u + \frac{\pi}{2}\right)$$

可得

$$I_{Cm} = \omega C U_{Cm} \qquad \left(\text{或}\ U_C = \frac{1}{\omega C}I_C = X_C I_C\right) \qquad (3-26)$$

$$\psi_i = \psi_u + \frac{\pi}{2} \qquad (3-27)$$

当电流、电压都用相量表示时，$\dot{U}_C = U_C\angle\psi_u$，$\dot{I}_C = I_C\angle\psi_i$；将 $U_C = \frac{1}{\omega C}I_C$ 和 $\psi_i = \psi_u + \frac{\pi}{2}$ 代入相量式中，得

$$\dot{U}_C = -\mathrm{j}\frac{1}{\omega C}\dot{I}_C = \frac{\dot{I}_C}{\mathrm{j}\omega C} = -\mathrm{j}X_C\dot{I}_C \qquad (3-28)$$

式（3-28）称为电容元件电压与电流关系的相量式，既说明了电容元件上电压与电流的有效值的关系，也反映了二者之间的相位关系是电流超前电压 90°。

令 $X_C = \frac{1}{\omega C}$ 称为电容元件的**容抗**，SI 单位欧［姆］（Ω），它的大小反映了电容元件对交流电的阻碍作用的强弱。在电工学中容抗的倒数称为电容元件的**容纳**，用 B_C 表示，SI 单位为西［门子］（S），即 $B_C = \frac{1}{X_C} = \omega C$，这样电容元件的电压与电流的相量关系可以写为

$$\dot{I}_C = \mathrm{j}\omega C\dot{U}_C = \mathrm{j}B_C\dot{U}_C \qquad (3-29)$$

由此可以得到以下结论：

（1）电容元件上的电压和电流是同频率的正弦量。

（2）电压有效值（最大值）与电流有效值（最大值）之比等于电容元件的容抗，而电容元件的容抗大小与交流电流的频率呈反比关系。$X_C = \frac{1}{\omega C} = \frac{1}{2\pi f C}$，即频率越高，容抗越小。如图 3-26 所示是 X_C 和 I 与频率 f 的关系。所以，直流电压加在电容元件上，由于 $\omega = 2\pi f = 0$，所以 $X_C \rightarrow \infty$。此时，电容元件可视为开路。当频率趋于无限大时，电容元件的容抗为 0。虽然有电流流过，但电压为零。此时的电容元件可看成是短路。交流电路中的电容元件也常被称为"高通元件"。

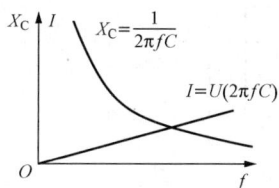

图 3-26 X_C 和 I 与频率 f 的关系

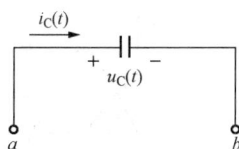

（3）电流超前电压相位角 90°。图 3-27 反映了 $u_C(t)$、$i_C(t)$ 的波形关系，图 3-28 所示为 $u_C(t)$ 与 $i_C(t)$ 的相量图和相量模型。

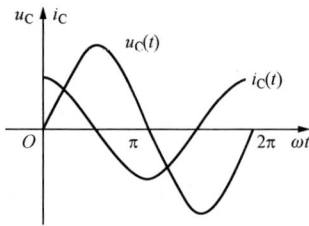

图 3-27 $u_C(t)$、$i_C(t)$ 的波形关系　　图 3-28 $u_C(t)$ 与 $i_C(t)$ 的相量图和相量模型

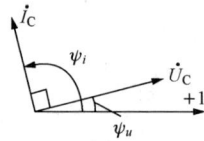

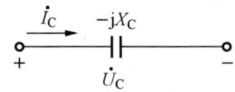

【例 3-8】 流过 50Ω 电阻的电流相量为 $\dot{I}_R=(30-j40)\,\text{mA}$，求电阻两端的电压相量 $\dot{U}_R$ 和 $t=1\text{ms}$ 时该电压的瞬时值。已知 $\omega=1000\text{rad/s}$，并设电压和电流取关联参考方向。

解 因为

$$\dot{U}_R=R\dot{I}_R=50\times50\angle-53.1°=2500\angle-53.1°\,\text{mV}=2.5\angle-53.1°\,\text{V}$$

所以

$$u_R(t)=2.5\sqrt{2}\sin(1000t-53.1°)\,\text{V}$$

当 $t=1\text{ms}$

$$u_R(t)=2.5\sqrt{2}\sin\left(1000\times10^{-3}\times\frac{360}{2\pi}-53.1°\right)=0.26(\text{V})$$

【例 3-9】 把一个 0.1H 的电感元件接到频率为 50Hz、电压有效值为 10V 的正弦电源上，问电流是多少？如保持电压值不变，电源的频率改为 5000Hz，这时电流将为多少？

解 (1) 当 $f=50\text{Hz}$ 时，有

$$X_L=2\pi fL=2\times3.14\times50\times0.1=31.4(\Omega)$$

$$I_L=\frac{U_L}{X_L}=\frac{10}{31.4}=0.318(\text{A})=318(\text{mA})$$

(2) 当 $f=5000\text{Hz}$ 时，有

$$X_L=2\pi fL=2\times3.14\times5000\times0.1=3140(\Omega)$$

$$I_L=\frac{U_L}{X_L}=\frac{10}{3140}=0.003\,18(\text{A})=3.18(\text{mA})$$

可见，在电压一定时，频率越高，则通过电感元件的电流有效值越小。

【例 3-10】 有一电感元件，$L=0.2\text{H}$，通过电流 $i_L(t)$ 的波形如图 3-29 所示，求电感元件中产生的自感电动势 $e_L(t)$ 和两端的电压 $u_L(t)$ 的波形。

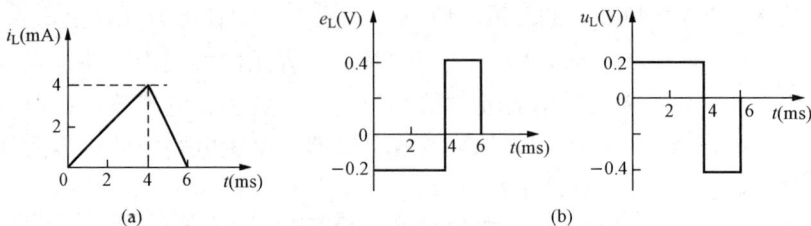

图 3-29 ［例 3-10］图

解　从电流的波形图中可以看出：

当 $0 \leqslant t \leqslant 4\text{ms}$ 时，$i_\text{L}(t) = t$ mA，所以

$$e_\text{L}(t) = -L\frac{\text{d}i_\text{L}(t)}{\text{d}t} = -0.2\text{V}$$

$$u_\text{L}(t) \ - \ = -e_\text{L}(t) = 0.2\text{V}$$

当 $4\text{ms} \leqslant t \leqslant 6\text{ms}$ 时，$i_\text{L}(t) = -2t$ mA，所以

$$e_\text{L}(t) = -L\frac{\text{d}i_\text{L}(t)}{\text{d}t} = -0.2 \times (-2) = 0.4(\text{V})$$

$$u_\text{L}(t) = -e_\text{L}(t) = -0.4\text{V}$$

自感电动势 $e_\text{L}(t)$ 和两端的电压 $u_\text{L}(t)$ 的波形图如图 3 - 29（b）所示。

【例 3 - 11】　加在 $25\mu\text{F}$ 电容元件上的正弦电压的有效值为 10V，在下面几种情况下求电流 $i_\text{C}(t)$，设电压与电流取关联参考方向。（1）频率为 50Hz，$\psi_u = 0$；（2）频率为 5000Hz，$\psi_u = 90°$；（3）直流。

解　（1）因为容抗

$$X_\text{C} = \frac{1}{2\pi fC} = \frac{1}{2 \times 3.14 \times 50 \times 25 \times 10^{-6}} = 127.4(\Omega)$$

所以

$$I_\text{C} = \frac{U_\text{C}}{X_\text{C}} = \frac{10}{127.4} = 0.078(\text{A}) = 78(\text{mA})$$

$$\psi_i = \psi_u + 90° = 90°$$

则

$$i_\text{C}(t) = 78\sqrt{2}\sin(314t + 90°) \text{ mA}$$

（2）采用相量法，因为

$$\dot{I}_\text{C} = \text{j}B_\text{C}\dot{U}_\text{C}$$

而

$$\dot{U}_\text{C} = 10\angle 90°$$

$$B_\text{C} = \frac{1}{X_\text{C}} = 2\pi fC = 2 \times 3.14 \times 5000 \times 25 \times 10^{-6} = 0.785(\text{S})$$

所以

$$\dot{I}_\text{C} = \text{j}B_\text{C}\dot{U}_\text{C} = \text{j}0.785 \times 10\angle 90° = 7.85\angle 180°$$

$$i_\text{C}(t) = 7.85\sqrt{2}\sin(314\,000t + 180°) \text{ A}$$

（3）直流电压时，容抗 $X_\text{C} \to \infty$，故 $I_\text{C} = 0\text{A}$。

【例 3 - 12】　电路如图 3 - 30（a）所示，已知 $R = 1\Omega$，$L = 1\text{H}$，$C = 2\text{F}$，$u_\text{S}(t) = \sqrt{2}\sin t$ V。求（1）总电流 $i(t)$；（2）画出相量图。

解　设电阻元件、电感元件、电容元件所在各支路的电流分别为 $i_\text{R}(t)$，$i_\text{L}(t)$，$i_\text{C}(t)$。如图 3 - 30（b）所示。

由于

$$\dot{U}_\text{S} = 1\angle 0°$$

所以

$$\dot{I}_R = G\dot{U}_S = \frac{1}{R}\dot{U}_S = 1\angle 0° \text{ A}$$

$$\dot{I}_L = -jB_L\dot{U}_S = -j\frac{1}{2\pi fL}\dot{U}_S = -j\frac{1}{1\times 1}\dot{U}_S = 1\angle -90° \text{ A}$$

$$\dot{I}_C = jB_C\dot{U}_S = j\omega C\dot{U}_S = j2\dot{U}_S = 2\angle 90° \text{ A}$$

$$\dot{I} = \dot{I}_R + \dot{I}_L + \dot{I}_C$$
$$= 1\angle 0° + 1\angle -90° + 2\angle 90°$$
$$= (1-j+j2) = (1+j) = \sqrt{2}\angle 45° \text{ A}$$
$$i(t) = 2\sin(t+45°) \text{ A}$$

相量如图 3 - 30（c）所示。

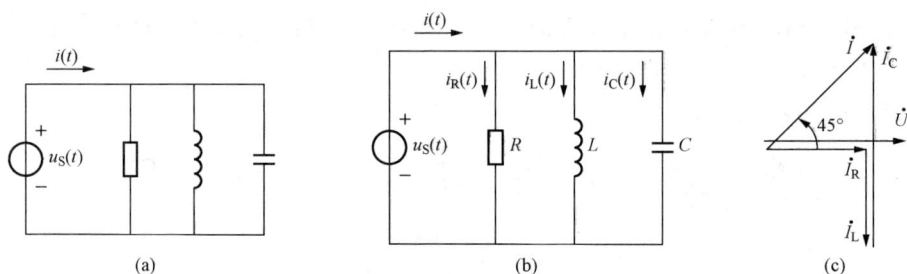

图 3 - 30 ［例 3 - 12］图

本节小结

1. 相量形式的基尔霍夫定律是分析正弦交流电路的基本规律。

2. R、L、C 是正弦交流电路的三种基本元件，它们的伏安特性见表 3 - 1。

表 3 - 1　　　　　　　　　　　　　　　R、L、C 的伏安特性

理想元件	一般情况下伏安特性关系	正弦交流电路				电阻或阻抗
		电压与电流的关系				
		有效值	相位	相量图及相量模型	波形图	
	$u_R = Ri_R$ 或 $i_R = Gu_R$	$U_R = RI_R$ 或 $I_R = GU_R$	$\psi_u = \psi_i$	$\dot{U}_R = R\dot{I}_R$		R 恒定不随频率变化
	$i_L = L\dfrac{du_C}{dt}$	$U_L = X_L I_L$ 或 $I_L = B_L I_L$	$\psi_u = \psi_i + \dfrac{\pi}{2}$	$\dot{U}_L = jX_L\dot{I}_L$		$X_L = 2\pi fL$ 感抗随频率的增加而增大

续表

理想元件	一般情况下伏安特性关系	正弦交流电路				电阻或阻抗
		电压与电流的关系				
		有效值	相位	相量图及相量模型	波形图	
	$i_C = C\dfrac{du_C}{dt}$	$U_C = X_C I_C$ 或 $I_C = B_C U_C$	$\psi_u = \psi_i - \dfrac{\pi}{2}$	$\dot{U}_C = -jX_C\dot{I}_C$		$X_C = \dfrac{1}{2\pi f C}$ 容抗随频率的增加而减少

练习

3-4-1 判断下列各式，正确的打"√"，错误的改正。

(1) 在正弦交流电路的电容元件上的伏安关系是

(a) $i_C(t) = \dfrac{U_C}{\omega C}$　　　　　　　　(d) $\dot{U}_C = j\dfrac{1}{\omega C}\dot{I}_C$

(b) $I_C = X_C U_C$　　　　　　　　　　(e) $\dot{I}_C = jB_C\dot{U}_C$

(c) $i_C(t) = U_C\omega C\sin\left(\omega t + \psi_u + \dfrac{\pi}{2}\right)\text{A}$　(f) $i_C(t) = \sqrt{2}U_C\omega C\sin\left(\omega t + \psi_u + \dfrac{\pi}{2}\right)\text{A}$

(2) 如果电感元件和电阻元件上的电压和电流都取关联参考方向，则

(a) $u_R(t) = -Ri_R(t)$　　　　　　　(d) $U_L = \dfrac{1}{\omega L}I_L$

(b) $I_L = \dfrac{U_L}{\omega L}$　　　　　　　　　(e) $\dot{U}_L = jX_L\dot{I}_L$

(c) $\dot{I}_L = j\omega L\dot{U}_L$　　　　　　　　(f) $U_R = RI_R$

(3) 正弦交流电路的中，表现电感元件的电流与电压的关系

(a) $\dfrac{u_L}{i_L} = X_L$　　　　　　　　　(d) $u_L = L\dfrac{di_L}{dt}$

(b) $\dfrac{U_L}{i_L} = j\omega L$　　　　　　　　(e) $\dot{I}_L = -j\dfrac{1}{\omega L}\dot{U}_L$

(c) $\dfrac{\dot{U}_L}{i_L} = X_L$　　　　　　　　(f) $\dot{I}_L = \dfrac{\dot{U}_L}{j\omega L}$

3-4-2 在图 3-31 中，$u(t) = 10\sqrt{2}\sin 1000t$ V，$C = 0.1\mu\text{F}$，试问电压表、电流表的读数。若电压的角频率为 5000rad/s，两表的读数又是多少？若改为 10V 的直流电压，表读数又如何？

3-4-3 在图 3-32 所示电路中，如果电源的频率升高，各电流表的读数如何变化？若电源的频率降低又如何变化？

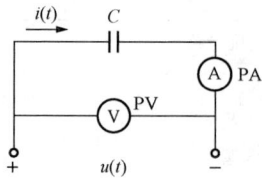

图 3-31 题 3-4-2 图

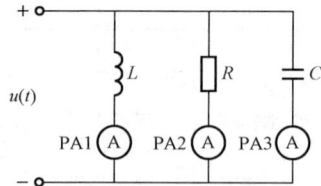

图 3-32 题 3-4-3 图

3-4-4 由图 3-33 指出元件的参数（$f=50\text{Hz}$），图中电压的单位是 V，电流的单位是 mA。

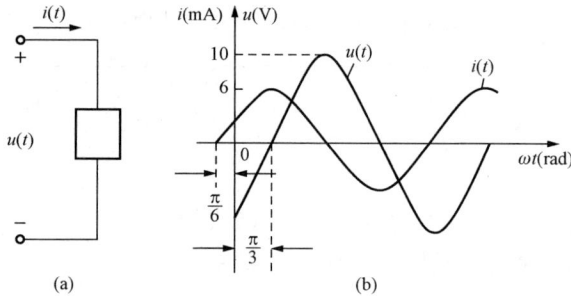

图 3-33 题 3-4-4 图

3-4-5 已知电感元件上电流为 $i(t)=10\sqrt{2}\sin(314t+45°)$，$L=50\text{mH}$。试求（1）$t=0.01\text{s}$ 时 $u_\text{L}(t)$ 的值；（2）画相量图，假定电流与电压取关联参考方向。

3-4-6 有一个电容元件，$C=63.6\mu\text{F}$，已知电流的有效值为 2A，$f=50\text{Hz}$，$\psi_i=45°$。求（1）电压的有效值及初相位；（2）画相量图。

第五节 RLC 串联交流电路及阻抗

电阻、电感、电容串联电路是典型的交流电路的模型电路，通过对这类电路的分析，可使大家掌握交流电路的一般分析方法，并引入阻抗的概念。

一、阻抗

RLC 串联模型电路如图 3-34 所示。当正弦交流电压 $u(t)$ 加在电路两端时，各元件上通过相同的电流 $i(t)$，各元件电压及电流的参考方向如图 3-34 所示，并设电流为 $i(t)=I_\text{m}\sin(\omega t+\psi_i)$，相对应的电流相量为 $\dot{I}=I\angle\psi_i$。

根据各元件的伏安关系的相量形式，将电路中各元件用相量模型表示如图 3-35 所示。

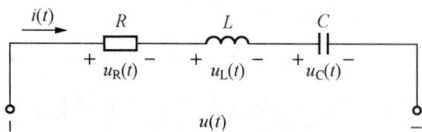

图 3-34 RLC 串联模型电路

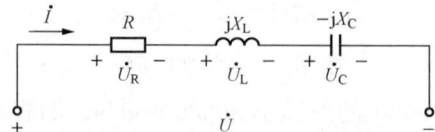

图 3-35 RLC 串联模型电路中
各元件的相量模型

由基尔霍夫电压定律的相量形式，可得

$$\dot{U} = \dot{U}_R + \dot{U}_L + \dot{U}_C = R\dot{I} + jX_L\dot{I} + (-jX_C\dot{I}) = [R + j(X_L - X_C)]\dot{I}$$

令

$$Z = R + j(X_L - X_C), \quad X = X_L - X_C$$

则

$$\dot{U} = Z\dot{I} \tag{3-30}$$

$$Z = R + jX = |Z|\angle\varphi \tag{3-31}$$

从式（3-30）可以看出，电压与电流关系的表达形式与直流电路中的欧姆定律的形式相同。被称为欧姆定律的相量形式。它表现了元件上电流与电压的基本关系，故称为**电路元件的基本约束**。

式（3-31）中的 Z 称为电路的**复阻抗**，简称阻抗。它的实部 R 是电路中的电阻值，而虚部 X 是电路中的电感元件的感抗与电容元件的容抗的差值，称为电路的**电抗**。**复阻抗 Z 更具普遍意义的定义是：电路端口电压相量与电流相量的比**。假定电压相量为 $\dot{U} = U\angle\psi_u$，电流相量为 $\dot{I} = I\angle\psi_i$，则

$$Z = \frac{\dot{U}}{\dot{I}} = \frac{U\angle\psi_u}{I\angle\psi_i} = \frac{U}{I}\angle\psi_u - \psi_i = \frac{U}{I}\angle\varphi \tag{3-32}$$

比较式（3-31）和式（3-32）可得

$$|Z| = \sqrt{R^2 + X^2} = \frac{U}{I}$$

$$\varphi = \arctan\frac{X}{R} = \psi_u - \psi_i \tag{3-33}$$

因此可知，复阻抗的模 $|Z|$ 是电压有效值与电流有效值的比值，它的幅角等于电压超前电流的相位角。复阻抗既反映了电路端口的总电压、电流的有效值关系，又表明了电压与电流的相位关系，它将电源与电路联系起来，是正弦交流电路中十分重要的概念。

此外，复阻抗只由电源的频率和电路中的元件的参数及连接的方式决定，而与电压相量、电流相量无关。犹如欧姆定律中的电阻 R 仅与电阻元件本身有关，而与施加的电压、电流无关一样。

为了方便，阻抗用 Z 表示，它不是正弦量。因此不能用加小圆点的方法 $\dot{Z}$ 表示。阻抗的模用 $|Z|$ 表示，φ 被称为阻抗角。阻抗的实部、虚部、模、阻抗角的关系如图 3-36 所示。这种关系被称为阻抗三角形。

$$Z = R + jX = |Z|\cos\varphi + j|Z|\sin\varphi$$

$$|Z| = \sqrt{R^2 + X^2}$$

$$X = X_L - X_C$$

$$\varphi = \arctan\frac{X}{R} = \arctan\frac{\omega L - \dfrac{1}{\omega C}}{R}$$

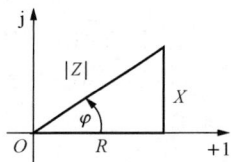

图 3-36　阻抗三角形

二、RLC 串联电路的电压与电流

根据图 3-37 中 RLC 串联电路相量模型中的电流与电压相量关系，并假设 $X>0$，并且

电流相量为 $\dot{I} = I\angle\psi_i$ 的条件下，作相量图表示各电压与电流的关系，如图 3 - 37 所示。

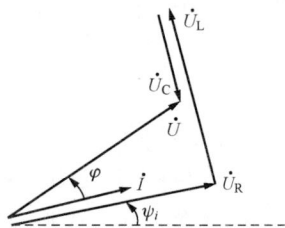

图 3 - 37　RLC 串联电路中
电压与电流的相量图

（1）在相量图中找出各元件上的电压、电流及总电压、总电流的关系。

电阻元件 $\dot{U}_R = R\dot{I}$，电压与电流同相；

电感元件 $\dot{U}_L = jX_L\dot{I}$，电压超前电流 90°相位；

电容元件 $\dot{U}_C = -jX_C\dot{I}$，电压滞后电流 90°相位；

总电压 $\dot{U} = \dot{U}_R + \dot{U}_L + \dot{U}_C = (R+jX)\dot{I}$；

总电压与总电流的相位差

$$\varphi = \arctan\frac{U_L-U_C}{U_R} = \arctan\frac{U_X}{U_R}$$

可以看出，图中 U_R、U_X、U 三者也组成直角三角形，称为电压三角形。电压三角形与阻抗三角形之间的关系，大家可自己思考获得。

（2）RLC 串联电路的三种情况。

1）若电路中的感抗大于容抗时，即 $X_L > X_C$。则电抗 $X > 0$，$U_L > U_C$，阻抗角 $\varphi > 0$。说明电路中的总电压 $u(t)$ 超前总电流 $i(t)$，电路呈现感性。电路中的电流与电压的相量关系如图 3 - 37 所示。

2）若电路中的感抗等于容抗时，即 $X_L = X_C$，则电抗 $X = 0$，$U_L = U_C$，阻抗角 $\varphi = 0$。说明电路中的总电压与总电流同相，电路呈现阻性，此情况也被称为**串联谐振**。电路中电压与电流的相量图如图 3 - 38 所示。

3）若电路中的感抗小于容抗时，即 $X_L < X_C$。则电抗 $X < 0$，$U_L < U_C$，阻抗角 $\varphi < 0$。说明电路中的总电压 $u(t)$ 滞后总电流 $i(t)$，电路呈现容性。电路中的电流与电压的相量关系如图 3 - 39 所示。

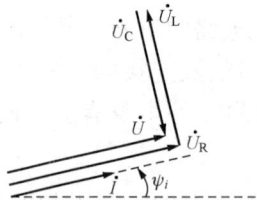

图 3 - 38　串联谐振时
电压、电流相量图

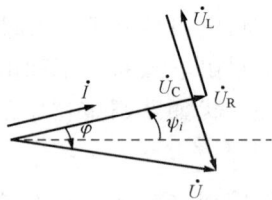

图 3 - 39　感抗小于容抗时
电流、电压相量图

具有两个元件串联的电路可以看成是 RLC 串联电路的特殊情况。

在 RLC 串联电路中，由于阻抗的实部不可能为负值，因此阻抗角的取值范围是 $-\pi/2 \leqslant \varphi \leqslant \pi/2$。

当 $\varphi = \dfrac{\pi}{2}$ 时，$R = 0$，$Z = jX_L$，电路为纯电感电路；

当 $\varphi = 0$ 时，$X = 0$，$Z = R$，电路为阻性电路；串联电路出现了谐振。

当 $\varphi = -\dfrac{\pi}{2}$ 时，$R = 0$，$Z = -jX_C$，电路为纯电容电路。

【例 3 - 13】 荧光灯电路可视为电感元件与电阻元件串联的模型电路，如图 3 - 40（a）

所示，如 $L=0.3$H，$R=165\Omega$，工频电源，电压为 220V。求（1）电感电压 U_L 及电阻电压 U_R；（2）写出 $i(t)$ 解析式；（3）画出电压、电流的相量图。

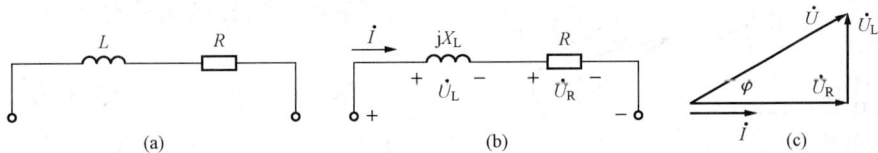

图 3 - 40　［例 3 - 13］图

解　画出电路的相量模型如图 3 - 40（b）所示。

（1）
$$X_L = \omega L = 2\pi fL = 2\times3.14\times50\times0.3 = 94.2(\Omega)$$

$$I = \frac{U}{|Z|} = \frac{U}{\sqrt{R^2+X_L^2}} = \frac{220}{\sqrt{165^2+94.2^2}} = 1.16(A)$$

$$U_R = RI = 165\times1.16 = 191.6(V)$$

$$U_L = X_L I = 94.2\times1.61 = 109.3(V)$$

（2）设电流的初相位 $\psi_i = 0$，所以 $i(t) = 1.61\sqrt{2}\sin314t$ A

（3）相量图如图 3 - 40（c）所示。

【例 3 - 14】　在 RLC 串联电路中，$R=5\Omega$，$L=8$mH，$C=200\mu$F。电源的频率为 $f=100$Hz，求电路的阻抗 Z。若电源的频率变为 $f=1000$Hz，电路的阻抗又是多少？

解　串联电路的阻抗

$$Z = R + j(X_L - X_C)$$

因为

$$R = 5\Omega$$

$$X_L = 2\pi fL = 2\times3.14\times100\times8\times10^{-3} = 5.02(\Omega)$$

$$X_C = \frac{1}{2\pi fC} = \frac{1}{2\times3.14\times100\times200\times10^{-6}} = 7.95(\Omega)$$

所以

$$Z = R + j(X_L - X_C) = (5-j2.93)\Omega = 5.79\angle-30.4°\Omega$$

若

$$f = 1000\text{Hz}$$

则

$$R = 5\Omega$$

$$X_L = 2\pi fL = 2\times3.14\times1000\times8\times10^{-3} = 50.2(\Omega)$$

$$X_C = \frac{1}{2\pi fC} = \frac{1}{2\times3.14\times1000\times200\times10^{-6}} = 0.795(\Omega)$$

所以

$$Z = R + j(X_L - X_C) = (5+j49.4)\Omega = 49.65\angle84.2°\Omega$$

从本题可以看出，当电路中的元件参数变化时，电路的阻抗、电压与电流间的相位关系、电路的性质均发生了变化，所以电路的阻抗是电源频率的函数。

【例 3 - 15】　电路相量模型如图 3 - 41（a）所示，$\dot{U}_R = 60\angle-23.1°$ V，$R=30\Omega$，$X_L =$

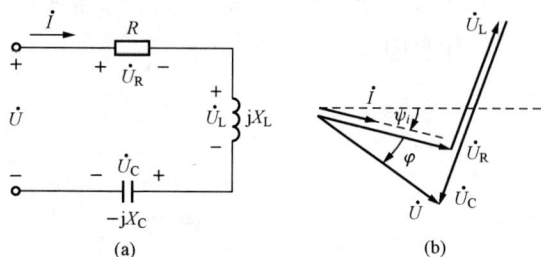

图 3 - 41 ［例 3 - 15］图

120Ω，$X_C=160\Omega$，电源频率 $f=50\mathrm{Hz}$。求 (1) 电流 $i(t)$ 和总阻抗 Z；（2）总电压、电感电压、电容电压的有效值；（3）画相量图。

解 （1）根据电路相量模型

$$\dot{I} = \frac{\dot{U}_R}{R} = \frac{60\angle-23.1°}{30} = 2\angle-23.1°\mathrm{A}$$

所以

$$i(t) = 2\sqrt{2}\sin(314t - 23.1°)\ \mathrm{A}$$

$$Z = R + \mathrm{j}(X_L - X_C) = (30 - \mathrm{j}40)\Omega$$

（2）

$$U = |Z|I = \sqrt{30^2 + 40^2} \times 2 = 100(\mathrm{V})$$

$$U_L = X_L I = 120 \times 2 = 240(\mathrm{V})$$

$$U_C = X_C I = 160 \times 2 = 320(\mathrm{V})$$

（3）相量图如图 3 - 41（b）所示。

【例 3 - 16】 电路如图 3 - 42（a）所示，是一个移相电路，$R=1\mathrm{k}\Omega$，$u_1(t)=\sqrt{2}\sin1000t$ V，欲使输入电压 $\dot{U}_1$ 滞后输出电压 $\dot{U}_2$ 60° 相位。求电感量 L 及输出电压 $u_2(t)$。

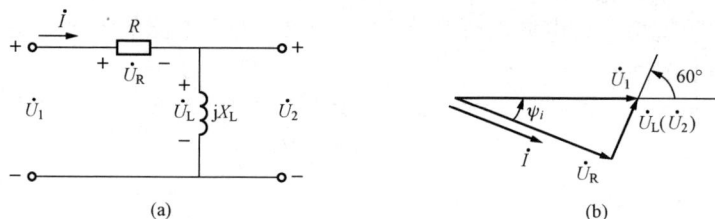

图 3 - 42 ［例 3 - 16］图

解 设电路中的电流 $i(t)$ 相量为 $\dot{I} = I\angle\psi_i$，输入电路为 RL 串联电路，电压 $\dot{U}_1$ 超前电流 $\dot{I}$。由于输入电压的初相位为 0，所以电流 $\dot{I}$ 滞后电压 $\dot{U}_1$ 相角 ψ_i。而输出电压为 $\dot{U}_2$，由于是电感上的电压，超前 $\dot{I}$ 90°，依题要求 $\dot{U}_2$ 满足超前 $\dot{U}$ 60° 相位。所以各电流、电压相量之间的关系如图 3 - 42（b）所示。

依据题意有

$$\psi_i = 90° - 60° = 30°$$

电路的阻抗

$$Z = R + \mathrm{j}\omega L = (1000 + \mathrm{j}1000L)\Omega$$

阻抗角

$$\varphi = \arctan\frac{\omega L}{R} = 30°$$

所以

$$L = \frac{R\tan30°}{\omega} = \frac{1000 \times 0.577}{1000} = 0.58(\mathrm{H})$$

在相量图中可以求出输出电压

$$U_2 = \frac{1}{2}U_1 = 0.5\text{V}$$

$$u_2(t) = 0.5\sqrt{2}\sin(1000t + 60°) \text{ V}$$

在本题的分析中可以看出借助于相量图可以使解题过程简明扼要，所以在电路分析中正确画出相量图很重要，有助于对问题的分析理解。

本节小结

1. 当电阻、电感、电容三种元件中任意两种以上元件串联，则组成阻抗。

2. 电路的阻抗是复数，但不是相量。

3. 相量形式的欧姆定律指正弦交流电路中元件约束的基本规律，它和基尔霍夫定律对电路的结构约束一起组成了分析交流电路的两大基本定律。

4. 阻抗中电阻、电抗、阻抗模组成了阻抗三角形，与此相对应的电阻电压、电抗电压、电路总电压组成了电压三角形。

练　习

3-5-1　在图3-43所示的电路中，电压表PV1、PV的读数分别为3V、5V，当元件为电阻时，PV2的读数是_____V；当元件为电感时，PV2的读数是_____V。

3-5-2　在图3-44中，判断下列等式正确与否，如果错误，请改正。

(a) $U = U_R + U_L + U_C$

(b) $U = |Z|I$

(c) $Z = \dfrac{U}{I}$

(d) $Z = \sqrt{R^2 + (L-C)^2}$

(e) $\varphi = \arctan\dfrac{\omega L - \dfrac{1}{\omega C}}{R}$

(f) $U = \sqrt{U_R^2 + (U_L + U_C)^2}$

(g) $Z = R + j\left(\omega L - \dfrac{1}{\omega C}\right)$

(h) $Z = R + j(X_L - X_C)$

(i) $\varphi = \arctan\dfrac{U_L - U_C}{R}$

(j) $i(t) = \dfrac{\sqrt{2}}{|Z|}u\sin(\omega t + \psi_u + \varphi)$

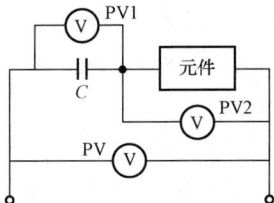

图 3-43　题 3-5-1图　　　　　　　　　图 3-44　题 3-5-2图

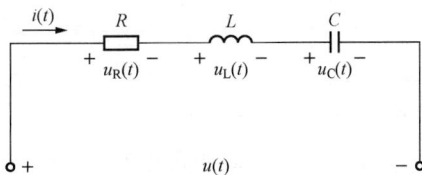

3-5-3　在图3-45所示的电路中，电压表PV的读数是10V，$R = 10\Omega$，$L = 100\text{mH}$，$C = 0.001\text{F}$，试问（1）若 $\omega = 100\text{rad/s}$，电路的阻抗 $Z = $_____；电流表 PA 的示数_____；电压表 PV1 的示数_____；电路的性质_____。（2）若 $\omega = 200\text{rad/s}$，电路的阻抗 $Z = $_____；电流表 PA 的示数_____；电压表 PV1 的示数_____；电路的性质_____。（3）若电压表 PV 为直流电压表，则电流表 PA 的示数_____；电压表 PV1

的示数_____。

3-5-4 电路如图 3-46 所示，$u_S(t) = 100\sqrt{2}\cos 10t$ V，求（1）$\dot{I}$、$\dot{U}_{ab}$、$\dot{U}_{bc}$、$\dot{U}_{cd}$；（2）画相量图；（3）电路的阻抗及阻抗角。

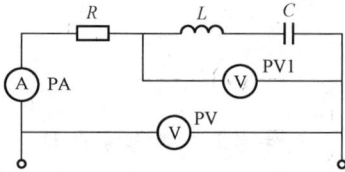

图 3-45 题 3-5-3 图   图 3-46 题 3-5-4 图

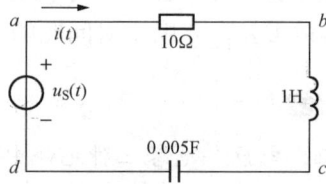

第六节 RLC 并联交流电路及导纳

如图 3-47 所示是电阻、电感、电容并联的电路，对这样的电路来说，利用导纳分析比较方便。

一、导纳

如图 3-48 所示是 RLC 并联电路的相量模型。电路中的电阻、感抗、容抗的倒数在前面的学习中已经定义过，分别叫电导、感纳、容纳，用 G、B_L、B_C 表示。设输入电压为 $u(t) = U_m \sin(\omega t + \psi_u)$，对应的电压相量为 $\dot{U} = U\angle\psi_u$。由于并联元件上的电压是相等的，根据 KCL 的相量形式不难得到

$$\begin{aligned}
\dot{I} &= \dot{I}_R + \dot{I}_L + \dot{I}_C \\
&= \frac{1}{R}\dot{U} + \frac{1}{jX_L}\dot{U} + \frac{1}{-jX_C}\dot{U} \\
&= (G - jB_L + jB_C)\dot{U} \\
&= [G + j(B_C - B_L)]\dot{U}
\end{aligned}$$

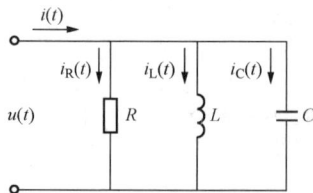

图 3-47 RLC 并联电路   图 3-48 RLC 并联电路的相量模型

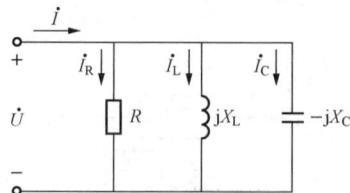

令

$$Y = G + j(B_C - B_L) = G + jB, \quad B = B_C - B_L \tag{3-34}$$

则

$$\dot{I} = Y\dot{U} \tag{3-35}$$

式（3-35）中的 Y 称为电路的**复导纳**，简称**导纳**，它的实部是电路的**电导**，虚部是 $B = B_C - B_L$ 称为**电纳**。由式（3-35）还可知，导纳可以表示为电路总电流相量与总电压相

量的比。设 $\dot{I} = I\angle\psi_i, \dot{U} = U\angle\psi_u$，则

$$Y = \frac{\dot{I}}{\dot{U}} = \frac{I\angle\psi_i}{U\angle\psi_u} = \frac{I}{U}\angle\psi_i - \psi_u \qquad (3-36)$$

由式（3-34）写出导纳的极坐标形式，即

$$Y = \sqrt{G^2 + B^2}\angle\arctan\frac{B}{G}$$

比较上述导纳的两个极坐标表达式可知复导纳的模和幅角，即

$$|Y| = \sqrt{G^2 + B^2} = \frac{I}{U} \qquad (3-37)$$

$$\varphi' = \arctan\frac{B}{G} = \psi_i - \psi_u \qquad (3-38)$$

式（3-38）中的 φ' 称为电路的**导纳角**，表示电路中的总电流超前总电压的相位角。

导纳的物理含义与阻抗相同，既反映了端口电压与电流的有效值的关系，又反映了二者之间的相位关系。然而与阻抗一样，导纳完全决定于电路中元件的参数、电路的结构、电源的频率，在元件参数、电路结构一定时，导纳可视为电源频率的函数。

二、RLC 并联交流电路的电压与电流

在图 3-48 所示是 RLC 并联电路的相量模型中，假设 $B_L > B_C$，总电压相量的初相位等于零。作相量图可以直观地帮助我们找出各元件电压、电流，电路总电压、总电流有效值之间的关系及各量的相位关系，如图 3-49 所示。

电阻元件支路的电流与电压同相；电感元件支路的电流滞后电压 90°；电容元件支路的电流超前电压 90°。电路总电流相量与支路电流相量共同构成一个直角三角形。

总电流与电压之间的相位差 $\varphi' = \psi_i - \psi_u = -\arctan\dfrac{I_L - I_C}{I_R}$。

RLC 并联电路也有三种工作情况：

（1）当 $B_L > B_C$ 时，电感元件支路上的电流大于电容元件支路上的电流，$\varphi' < 0$，说明电路中的总电流滞后电压，电路呈现感性，相量图如图 3-49 所示。

（2）当 $B_L = B_C$ 时，电感元件支路上的电流等于电容元件支路上的电流，但由于两条支路上的电流是反相的，二者之和正好抵消。

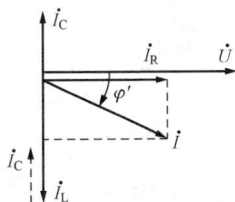

图 3-49　RLC 并联
电路相量图

所以电路中的总电流等于电阻支路上的电流。$\varphi' = 0$，说明电路中的电压与总电流同相，电路呈现阻性。这种情况被称为并联电路出现了谐振，相量图如图 3-50 所示。

（3）当 $B_L < B_C$ 时，电感支路上的电流小于电容支路上的电流，$\varphi' > 0$，说明电路中的总电流超前电压，电路呈现容性，相量图如图 3-51 所示。

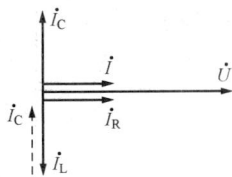

图 3-50　阻性电路相量图

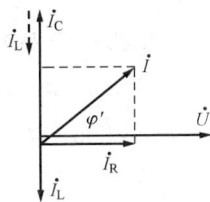

图 3-51　容性电路相量图

两种元件并联的电路可以看成是三种元件并联电路的特殊情况。

【例 3 - 17】 如图 3 - 52（a）所示。已知 $R=1\Omega$，$L=2H$，$C=0.5F$，$i_S(t)=3\sqrt{2}\sin$（$2t+15°$）A。求 $u(t)$、$i(t)$ 及相量图。

解 作出本电路的相量模型电路图，如图 3 - 52（b）所示。

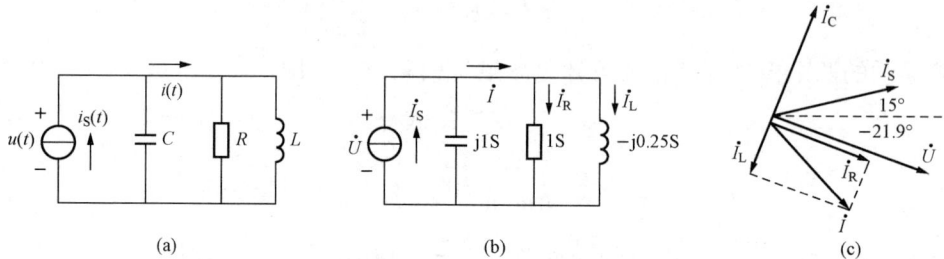

图 3 - 52 ［例 3 - 17］图

$$\dot{I}_S = I\angle 15° = 3\angle 15°\text{A}$$

（1）因为

$$G = \frac{1}{R} = \frac{1}{1} = 1(\text{S})$$

$$B_L = \frac{1}{\omega L} = \frac{1}{2\times 2} = 0.25(\text{S})$$

$$B_C = \omega C = 2\times 0.5 = 1(\text{S})$$

所以

$$Y = G + j(B_C - B_L) = 1 + j0.75 = 1.25\angle 36.9°\text{S}$$

$$\dot{U} = \frac{\dot{I}_S}{Y} = \frac{3\angle 15°}{1.25\angle 36.9°} = 2.4\angle -21.9°\text{V}$$

$$u(t) = 2.4\sqrt{2}\sin(2t - 21.9°)\ \text{V}$$

（2）因为

$$\dot{I} = \dot{I}_R + \dot{I}_L$$

$$\dot{I}_R = G\dot{U} = 1\times 2.4\angle -21.9 = 2.4\angle -21.9 = (2.23 - j0.9)\ \text{A}$$

$$\dot{I}_L = -jB_L\dot{U}$$

$$= 0.25\times 2.4\angle(-21.9° - 90°) = 0.6\angle -111.9° = (-0.224 - j0.56)\ \text{A}$$

所以

$$\dot{I} = \dot{I}_R + \dot{I}_L$$

$$= [(2.23 - 0.224) + j(-0.9 - 0.56)] = 2.006 - j1.46$$

$$= (2.48\angle -36.1°)\ \text{A}$$

$$i(t) = 2.48\sqrt{2}\sin(2t - 36.1°)\ \text{A}$$

（3）相量图如图 3 - 52（c）所示。

【例 3 - 18】 如图 3 - 53 所示电路，电压表读数为 10V，试问 $\omega = 10\text{rad/s}$ 时及 $\omega = 2\text{rad/s}$ 时电流表的示数。

解　(1) 当 $\omega = 10\text{rad/s}$ 时

$$Y = G + jB = \frac{1}{R} + j\omega C$$

$$= (0.05 + j0.25) \times 10^{-3}\text{S}$$

$$= 0.254 \angle 78.7° \times 10^{-3}\text{S}$$

$$I = |Y|U = 0.254 \times 10^{-3} \times 10 = 2.54 \times 10^{-3}(\text{A}) = 2.54(\text{mA})$$

(2) 当 $\omega = 2\text{rad/s}$ 时

$$Y = G + jB = \frac{1}{R} + j\omega C$$

$$= (0.05 + j0.05) \times 10^{-3}\text{S}$$

$$= 0.05\sqrt{2} \angle 45° \times 10^{-3}\text{S}$$

$$I = |Y|U = 0.05\sqrt{2} \times 10^{-3} \times 10 = 0.707 \times 10^{-3}(\text{A}) = 0.707(\text{mA})$$

图 3 - 53　[例 3 - 18] 图

大家可以跟着本题的思路继续思考，当电路中电源的频率再变小时，电流的有效值会如何变化? 当 $\omega \to 0$，$I \to$ 多少? 是电阻支路的电流吗?

【例 3 - 19】　在图 3 - 54 中，设电压 $u(t)$ 有效值为 10V，电抗为 1kΩ，若开关 S 无论闭合还是打开电流表的示数不变动。求电容 C。电源的频率为 $f = 1000\text{Hz}$。

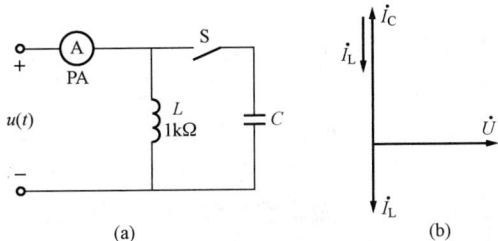

图 3 - 54　[例 3 - 19] 图

解　将开关打开和闭合两种情况的相量图画在同一相量图中，如图 3 - 54（b）所示。

从图中可以看出，当开关闭合时，流过电容支路的电流应是流过电感支路电流的 2 倍，即

$$I_C = 2I_L$$

而

$$I_L = \frac{U}{\omega L} = \frac{10}{1000} = 0.01(\text{A}) = 10(\text{mA})$$

$$I_C = \omega CU$$

所以

$$C = \frac{I_C}{\omega U} = \frac{2 \times 0.01}{2 \times 3.14 \times 1000 \times 10} = 0.318(\text{F})$$

本节小结

1. 电阻、电感和电容三者或两者并联时组成导纳。

2. 导纳是复数，但不是相量。

3. 电导、电纳、导纳组成直角三角形，而它们各自的电流组成电流三角形。

练　习

3 - 6 - 1　在图 3 - 55 所示电路中，方框中可能只有一个元件（电阻、电感或电容），

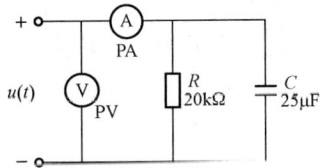

PA1、PA2 的读数是 3A、4A。（1）电流表 PA 的读数为 5A，方框中的元件是_____。（2）电流表 PA 的读数为 7A，方框中的元件是_____。（3）电流表 PA 的读数为 1A，方框中的元件是_____。

3-6-2 在图 3-56 所示的电路中，若 $R=\omega L=\dfrac{1}{\omega C}=10\Omega$，且电流表 PA2 的读数 0.5A，则电流表 PA 的读数为_____，电流表 PA1 的读数为_____，电流表 PA3 的读数为_____，电流表 PA4 的读数为_____。

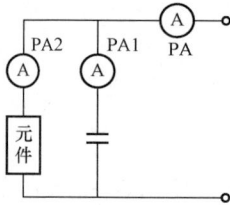

图 3-55 题 3-6-1图

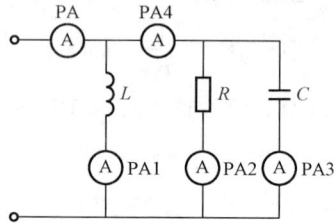

图 3-56 题 3-6-2图

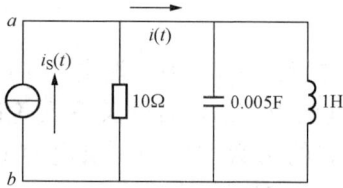

图 3-57 题 3-6-3图

3-6-3 在图 3-57 中，$i_S(t)=\sqrt{2}\cos20t$ A，求 （1）导纳 Y_{ab} 及电路性质；（2）写出 $u_{ab}(t)$ 及 $i(t)$ 的解析式；（3）画出相量图；（4）求电流的有效值。

3-6-4 在图 3-57 中，若已知 $i_S(t)=1.11\sin(10t+36.6°)$ A，试求 （1）导纳 Y_{ab} 及电路性质；（2）写出 $u_{ab}(t)$ 及 $i(t)$ 的解析式；（3）画出相量图。

第七节 阻抗的串并联 等效阻抗 等效导纳

正弦交流电路中，已经引入了阻抗、导纳的概念，阻抗的串并联电路的分析在形式上与电阻的串并联电路一样，在分析中，会再引入等效阻抗、等效导纳的概念。

一、阻抗的串联与并联

1. 阻抗的串联

如图 3-58（a）所示，两个阻抗串联组成正弦交流电路，电路中的电流和电压取关联参考方向。根据 KVL，电路满足

$$\dot{U}=\dot{U}_1+\dot{U}_2=Z_1\dot{I}+Z_2\dot{I}=(Z_1+Z_2)\dot{I}=Z\dot{I}$$

其中

$$Z=Z_1+Z_2 \qquad (3-39)$$

Z 为串联电路的**等效阻抗**，等效电路如图 3-58（b）所示。串联阻抗上的电压相量分配关系为

$$\dot{U}_1=\frac{Z_1}{Z_1+Z_2}\dot{U}$$

$$\dot{U}_2=\frac{Z_2}{Z_1+Z_2}\dot{U}$$

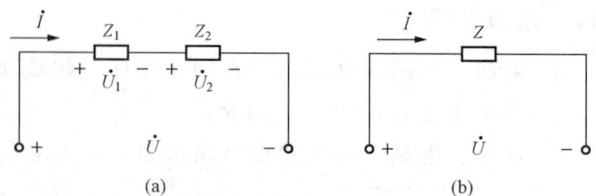

图 3-58 阻抗的串联及其等效电路

（a）阻抗的串联；（b）等效电路

【例 3 - 20】　电路的相量模型如图 3 - 59 所示，已知 $Z_2 = (80-j60)$ Ω，$\dot{U} = 100\angle 0°$V，若电流滞后电压 $45°$，$f = 50$Hz，求（1）ωL；（2）电流 $i(t)$；（3）电压 $u_2(t)$。

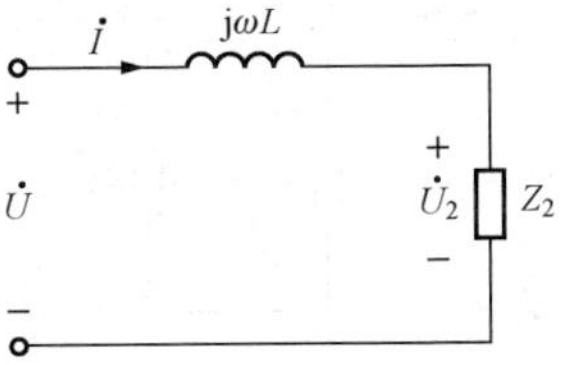

解　（1）由于题中交流电路为阻抗串联电路，所以总阻抗

$$Z = Z_1 + Z_2 = j\omega L + 80 - j60 = 80 + j(\omega L - 60)$$

电路的阻抗角

$$\varphi = \arctan\frac{\omega L - 60}{80} = \psi_u - \psi_i = 45°$$

$$\omega L = 80\tan 45° + 60 = 140\Omega$$

图 3 - 59　［例 3 - 20］图

（2）因为

$$\dot{I} = \frac{\dot{U}}{Z} = \frac{100\angle 0°}{80 + j80} = \frac{100\angle 0°}{80\sqrt{2}\angle 45°} = 0.625\sqrt{2}\angle -45° \text{ A}$$

所以

$$i(t) = 1.25\sin(314t - 45°) \text{ A}$$

（3）因为

$$\dot{U}_2 = Z_2\dot{I} = (80 - j60) \times (0.625\sqrt{2}\angle -45°)$$

$$= (100\angle -36.9°) \times (0.625\sqrt{2}\angle -45°)$$

$$= 62.5\sqrt{2}\angle -81.9° \text{ V}$$

所以

$$u_2(t) = 125\sin(314t - 81.9°) \text{ V}$$

【例 3 - 21】　用三电压表法测电感线圈参数（r，L）的实验电路如图 3 - 60（a）所示，如果电压表 PV 的示数为 54V，电压表 PV1、PV2 的示数分别为 25V 和 47V。电阻 $R = 50\Omega$，电源的频率 $f = 50$Hz。求电感线圈的技术参数 r，L。

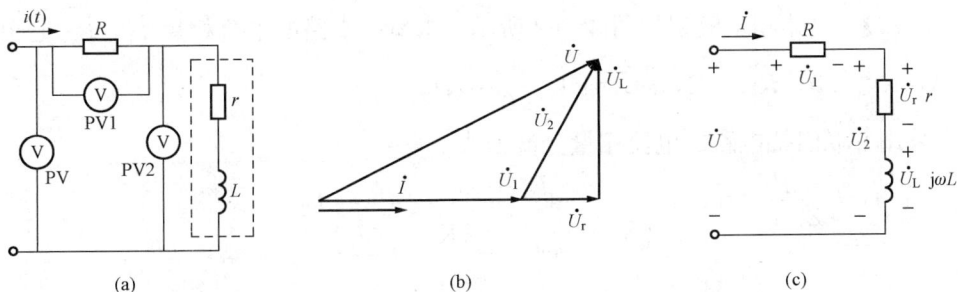

(a)　　　　(b)　　　　(c)

图 3 - 60　［例 3 - 21］图

解　根据图 3 - 60（a）所示电路，电路的相量图如图 3 - 60（b）所示，电路的相量模型如图 3 - 60（c）所示。

根据相量模型及相量图计算如下：

电路中电流的有效值

$$I = \frac{U_1}{R} = \frac{25}{50} = 0.5(\text{A})$$

电路总阻抗的模

$$|Z| = \sqrt{(R+r)^2 + (\omega L)^2} = \frac{U}{I} = \frac{54}{0.5} = 108(\Omega) \qquad ①$$

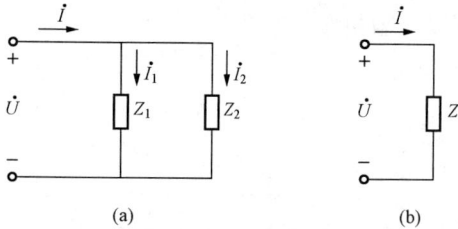

图 3 - 61 阻抗的并联和等效电路

(a) 阻抗的并联；(b) 等效电路

电感线圈的阻抗

$$|Z_2| = \sqrt{r^2 + (\omega L)^2} = \frac{U_2}{I} = \frac{47}{0.5} = 94(\Omega) \; ②$$

将式①和式②联立为方程组，解得

$$r = 3.28\Omega, \quad L = 0.299\text{H}$$

2. 阻抗的并联

如图 3 - 61 (a) 所示，两个阻抗并联时的相量模型，取电路的电流、电压为关联参考方向。则可得根据 KCL，得

$$\dot{I} = \dot{I}_1 + \dot{I}_2 = \frac{\dot{U}}{Z_1} + \frac{\dot{U}}{Z_2}$$

$$= \dot{U}\left(\frac{1}{Z_1} + \frac{1}{Z_2}\right) = \frac{\dot{U}}{Z}$$

等效阻抗

$$\frac{1}{Z} = \frac{1}{Z_1} + \frac{1}{Z_2}$$

即

$$Z = \frac{Z_1 Z_2}{Z_1 + Z_2} \qquad (3 - 40)$$

等效电路图如图 3 - 61 (b) 所示。并联的阻抗支路分得的电流分相量为

$$\dot{I}_1 = \frac{\dot{U}}{Z_1} = \frac{Z\dot{I}}{Z_1} = \frac{Z_2}{Z_1 + Z_2}\dot{I}, \; \dot{I}_2 = \frac{\dot{U}}{Z_2} = \frac{Z\dot{I}}{Z_2} = \frac{Z_1}{Z_1 + Z_2}\dot{I}$$

【例 3 - 22】 电路相量模型如图 3 - 62 所示，求每一支路的电流相量 $\dot{I}_1$，$\dot{I}_2$。已知 $\dot{I}_S = 10\angle 90°\text{A}$，$R_1 = 1\Omega$，$R_2 = 3\Omega$，$\omega L = 4\Omega$，$\frac{1}{\omega C} = 7\Omega$。

解 采用并联阻抗电路的电流相量分流公式，得

$$\dot{I}_1 = \frac{Z_2}{Z_1 + Z_2}\dot{I}_S = \frac{R_2 + \text{j}\omega L}{\left(R_1 - \text{j}\frac{1}{\omega C}\right) + (R_2 + \text{j}\omega L)}\dot{I}_S$$

$$= \frac{3 + \text{j}4}{1 - \text{j}7 + 3 + \text{j}4} \times 10\angle 90° = \frac{3 + \text{j}4}{4 - \text{j}3} \times 10\angle 90° = 10\angle 180°$$

$$\dot{I}_2 = \frac{Z_1}{Z_1 + Z_2}\dot{I}_S = \frac{R_1 - \text{j}\frac{1}{\omega C}}{\left(R_1 - \text{j}\frac{1}{\omega C}\right) + (R_2 + \text{j}\omega L)}\dot{I}_S$$

$$= \frac{1 - \text{j}7}{1 - \text{j}7 + 3 + \text{j}4} \times 10\angle 90° = \frac{1 + \text{j}7}{4 - \text{j}3} \times 10\angle 90° = 14.1\angle 45.1°$$

【例 3 - 23】 电路的相量模型如图 3 - 63 所示，已知 $\dot{I}_S = 30\angle 60°\text{A}$，$R_1 = 5\Omega$，$R_2 = 3\Omega$，$\omega L = 4\Omega$，$\frac{1}{\omega C} = 4\Omega$。求 （1）电路的等效阻抗；（2）电流源两端的电压相量、两条支路

的电流相量。

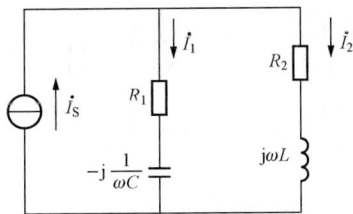

图 3 - 62 ［例 3 - 22］图

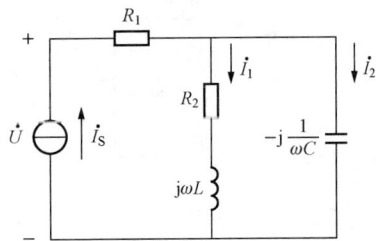

图 3 - 63 ［例 3 - 23］图

解 （1）电路的等效阻抗

$$Z = R_1 + (R_2 + j\omega L) \mathbin{/\mkern-5mu/} \left(-j\frac{1}{\omega C}\right)$$

$$= 5 + \frac{(3 + j4)(-j4)}{3 + j4 - j4}$$

$$= 10.3 - j4 = 11.08\angle -21.2° \Omega$$

（2）电流源两端的电压相量

$$\dot{U} = Z\dot{I} = 11.08\angle -21.2° \times 30\angle 60° = 332.4\angle 38.8°\text{V}$$

两条支路的电流相量分别为

$$\dot{I}_1 = \frac{Z_2}{Z_1 + Z_2}\dot{I}_\text{S} = \frac{-j4}{3 + j4 - j4} \times 30\angle 60° = \frac{4}{3}\angle -90° \times 30\angle 60° = 40\angle -30°\text{A}$$

$$\dot{I}_2 = \frac{Z_1}{Z_1 + Z_2}\dot{I}_\text{S} = \frac{3 + j4}{3 + j4 - j4} \times 30\angle 60° = \frac{5}{3}\angle 53.1° \times 30\angle 60° = 50\angle 113.1°\text{A}$$

二、等效阻抗与等效导纳

交流电路中的实际负载往往内部结构比较复杂。在电工技术中常看作是若干个电阻、电感、电容元件组合而成的；而它们可用一个等效阻抗或等效导纳来表示。

所谓等效是指在某一电源作用下，该负载的电压、电流的有效值和初相位与某阻抗（或导纳）在同一电源作用下的电压、电流的有效值和初相位分别相等，称此阻抗（或导纳）为该负载的等效，可用电路模型表示。

设有一实际负载（二端网络）如图 3 - 64（a）所示，测得电压和电流的相量分别为 $\dot{U} = U\angle\psi_u$；$\dot{I} = I\angle\psi_i$，取关联参考方向，则该负载（两端网络）的等效阻抗为

$$Z_{ab} = \frac{\dot{U}}{\dot{I}} = \frac{U}{I}\angle\psi_u - \psi_i = R + jX$$

于是此负载（两端网络）可以由等效电阻 R 和等效电抗 X 串联的等效电路替代，如图 3 - 64（b）所示。如果该负载（两端网络）要用等效导纳来表示，则

$$Y_{ab} = \frac{\dot{I}}{\dot{U}} = \frac{I}{U}\angle\psi_i - \psi_u = G + jB$$

其等效电路由等效电导 G 和等效电纳 B 并联组成，如图 3 - 64（c）所示。

同一负载的等效阻抗和等效导纳的关系为

$$Z_{ab} = \frac{1}{Y_{ab}} \tag{3 - 41}$$

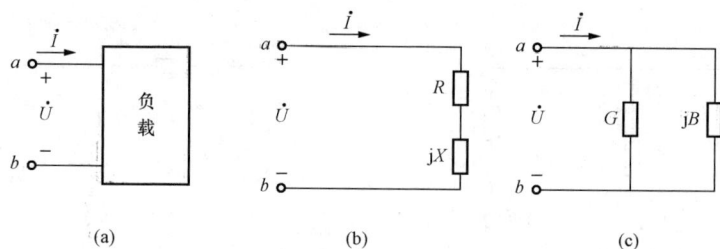

图 3 - 64 等效阻抗和等效导纳

（a）二端网络；（b）等效阻抗等效电路；（c）等效导纳的等效电路

两种等效电路可以通过下面的关系式相互转换

$$G = \frac{R}{R^2 + X^2} \qquad 或 \qquad R = \frac{G}{G^2 + B^2}$$

$$B = \frac{X}{R^2 + X^2} \qquad\qquad X = \frac{B}{G^2 + B^2}$$

(3 - 42)

【例 3 - 24】 用双踪示波器观察到某负载两端的电压与电流的波形如图 3 - 65（a）所示。试求（1）等效阻抗及其参数；（2）等效导纳及其参数。

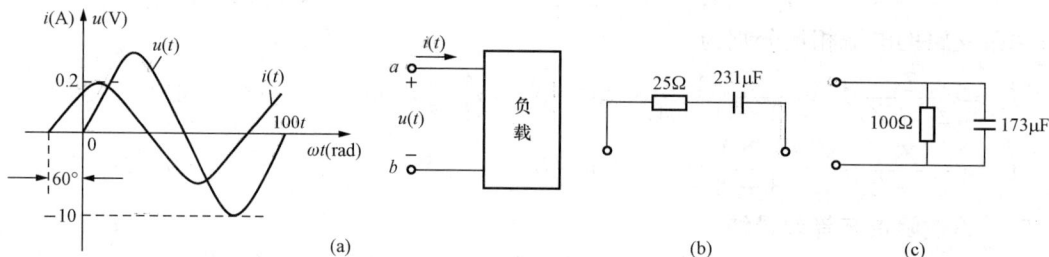

图 3 - 65 ［例 3 - 24］图

解 由图 3 - 65（a）所示波形可以得到

电压相量为 $\dot{U} = \frac{10}{\sqrt{2}} \angle 0°\text{V}$；电流相量为 $\dot{I} = \frac{0.2}{\sqrt{2}} \angle 60°\text{A}$。

（1）由电压和电流的相量式，得等效阻抗为

$$Z_{ab} = \frac{\dot{U}}{\dot{I}} = \frac{10}{0.2} \angle -60° = 50 \angle -60° = (25 - j25\sqrt{3}) \ \Omega$$

所以等效电阻 $R = 25\Omega$，等效电抗 $X = -25\sqrt{3}\Omega$，是一容抗。

电容 $\qquad C = \frac{1}{\omega X_{\text{C}}} = \frac{1}{100 \times 25\sqrt{3}} = 231 \times 10^{-6}(\text{F}) = 231(\mu\text{F})$

（2）同样由电流和电压的相量式，得等效导纳为

$$Y_{ab} = \frac{\dot{I}}{\dot{U}} = \frac{0.2}{10} \angle 60° = (0.01 + j0.01\sqrt{3}) \ \text{S}$$

由于导纳角 $\varphi' > 0$，所以电路为容性的。等效电路的元件参数

$$R = \frac{1}{G} = \frac{1}{0.01} = 100(\Omega), \quad C = \frac{B_{\text{C}}}{\omega} = \frac{0.01\sqrt{3}}{100} = 173 \times 10^{-6}(\text{F}) = 173(\mu\text{F})$$

负载的两种等效电路图如图 3 - 65（b）和图 3 - 65（c）所示。

本节小结

1. 阻抗串联时，各阻抗电流相等，总电压等于各阻抗电压之和，等效阻抗等于各阻抗之和。

2. 阻抗并联时，各阻抗电压相等，总电流等于各阻抗电流之和，等效阻抗的倒数等于各阻抗倒数之和，或等效导纳等于各导纳之和。

3. 等效阻抗与等效导纳之间可以互换。

4. 以上所有规律中的电流、电压均指相量，而阻抗、导纳则为复数。

练习

3 - 7 - 1 无源两端网络，端口的电压和电流取关联参考方向如图 3 - 66（a）所示，已知 $i(t) = 10\sin(2t + 60°)$ A，$u(t) = 100\sin2t$ V。求图 3 - 66（b）和图 3 - 66（c）两种模型电路中元件的参数。

3 - 7 - 2 电路的相量模型如图 3 - 67 所示，求等效阻抗及支路电流有效值。

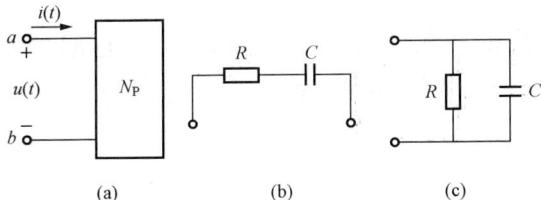

图 3 - 66 题 3 - 7 - 1 图　　　　　　图 3 - 67 题 3 - 7 - 2 图

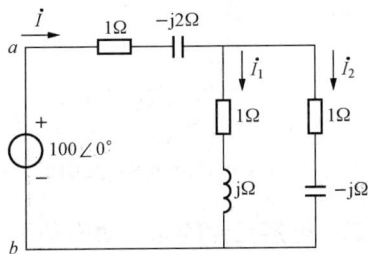

第八节 电路元件的平均功率 无功功率 平均储能

前面讨论了正弦交流电路的伏安特性，本节分析讨论正弦交流电路的功率。

一、电阻元件的瞬时功率和平均功率

如图 3 - 68（a）所示电路，电阻元件两端的电压与电流取关联参考方向。设 $u(t) = U_m\sin\omega t$，则电流 $i(t) = \dfrac{u(t)}{R} = \dfrac{U_m}{R}\sin\omega t = I_m\sin\omega t$。由于电流和电压都随时间变化，因此电阻元件上的功率也随时间变化，同一时刻的电压瞬时值与电流瞬时值的乘积称为交流电路的瞬时功率，用 $p(t)$ 表示，SI 单位为瓦［特］（W），即

$$p(t) = u(t)i(t) = U_m I_m\sin^2\omega t$$
$$= \frac{1}{2}U_m I_m[1 - \cos2\omega t] \tag{3 - 43}$$
$$= UI[1 - \cos2\omega t]$$

从瞬时功率的表达式中可以看出，在正弦交流电路中，电阻元件上的瞬时功率 $p(t) > 0$。这表明电阻时刻都从电源处吸收功率，而且吸收的功率随时间不断的发生变化，在电流

(a)

(b)

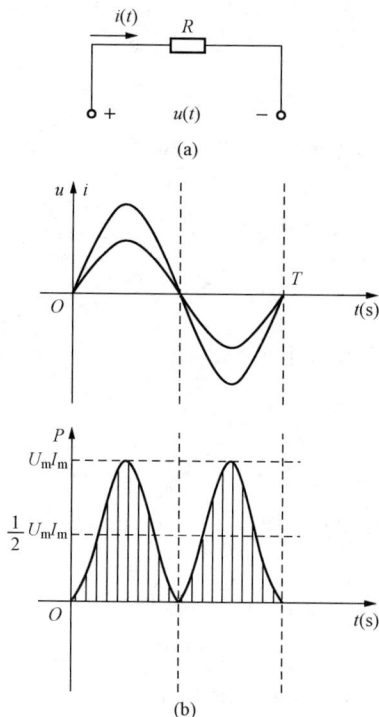

图 3 - 68　电阻元件的瞬时
功率和平均功率

（a）电路图；（b）瞬时功率的波形图

和电压变化的一个周期内，瞬时功率变化了两个周期，它的波形图如图 3 - 68（b）所示。

瞬时功率在一个周期内的平均值称为**平均功率**，用 P 表示，则

$$P = \frac{1}{T}\int_0^T p(t)\mathrm{d}t = \frac{1}{T}\int_0^T UI[1 - \cos 2\omega t]\mathrm{d}t = UI$$

$$P = UI = I^2 R = \frac{U^2}{R} \qquad (3 - 44)$$

正弦交流电路中通常所说的功率就是指平均功率，也称为有功功率。在电工技术中，电路中的功率可以通过测量获得。

【例 3 - 25】　白炽灯的额定功率为 40W，额定电压为 220V，当灯泡正常工作时。试问电流 $i(t) = ?$

解　正常工作白炽灯消耗的功率为额定功率，灯泡上的工作电压为额定电压，所以

$$P = P_N = U_N I$$

$$I = \frac{P_N}{U_N} = \frac{40}{220} = 0.18(\mathrm{A})$$

设电压的初相位为 0，因为白炽灯是电阻性质的，所以电流的初相位也为 0，故

$$i(t) = 0.18\sqrt{2}\sin 314t \ \mathrm{A}$$

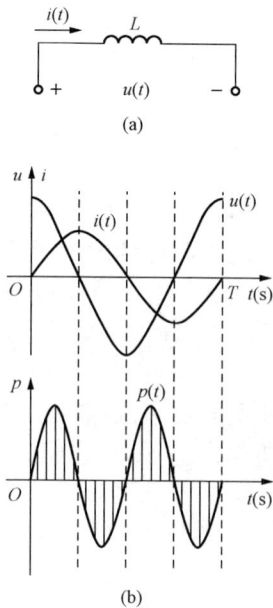

二、电感元件的无功功率和平均储能

1. 瞬时功率与无功功率

设电感元件上的电流、电压取关联参考方向，如图 3 - 69（a）所示，令 $i(t) = I_m \sin\omega t$，则

$$u(t) = L\frac{\mathrm{d}i(t)}{\mathrm{d}t} = \omega L I_m\cos\omega t = U_m\cos\omega t$$

电感元件的瞬时功率为

$$p(t) = u(t)i(t) = U_m I_m\cos\omega t\sin\omega t$$
$$= \frac{U_m I_m}{2}\sin 2\omega t$$

则

$$p(t) = UI\sin 2\omega t \qquad (3 - 45)$$

由瞬时功率的表达式可以看出，它也是一个正弦函数，但周期是电流、电压周期的二分之一，瞬时功率的波形图如图 3 - 69（b）所示。

可以看出，在电流、电压变化的第一个四分之一周期内，$p(t) > 0$。说明电感元件从电源处吸收能量并转换成磁场能储存在磁场中。在第二个四分之一周期内，$p(t) < 0$。说明电感元件将储存的磁场能释放给电源，周而复始。所

(a)

(b)

图 3 - 69　电感元件的无功功率

（a）电路图；（b）瞬时功率的波形图

以，电感元件在电流变化的一个周期内平均功率等于零，即

$$P = \frac{1}{T}\int_0^T UI\sin 2\omega t\, \mathrm{d}t = 0$$

因此，电感元件是不消耗能量的，它在工作中和电源之间进行着能量交换。在电工技术中，将电感元件与电源进行能量交换的最大瞬时功率（能量交换规模）称为**无功功率**，用 Q_L 表示，它具有功率的单位，但在物理意义上来讲它并不是实际消耗的功率，而是反映能量交换的规模，为与平均功率区分，单位用"乏"，符号是 var，即

$$Q_L = UI = \omega L I^2 = \frac{U^2}{\omega L} \tag{3-46}$$

2. 平均储能

电感元件储存的能量是随着电感中电流的变化而变化的，当交流电流过电感时，电感各瞬间储存的能量是时间的函数，即

$$w_L = \frac{1}{2}Li^2(t) = \frac{1}{2}LI^2(1 - \cos 2\omega t)$$

它是以电流周期的二分之一为周期的时间的函数，在电流变化的第一个四分之一周期内，电感储存的磁场能增加，说明其在电源处吸收能量，在第二个四分之一周期内磁场能减少，说明电感在释放能量。电感元件的平均储能为

$$W_L = \frac{1}{T}\int_0^T w_L \mathrm{d}t = \frac{1}{2}LI^2 \tag{3-47}$$

比较式（3-46）和式（3-47）可得

$$Q_L = 2\omega W_L \tag{3-48}$$

式（3-48）表明，电感元件在工作时需要电源提供的无功功率等于电感元件磁场平均储能的 2ω 倍。

【例 3-26】 电感元件上的电流与电压取关联参考方向，$i(t) = 10\sin 100t$ A，$L = 0.12$ H。求无功功率和平均储能。

解
$$Q_L = \omega L I^2 = 100 \times 0.12 \times \left(\frac{10}{\sqrt{2}}\right)^2 = 600 \ (\text{var})$$

$$W_L = \frac{Q_L}{2\omega} = \frac{600}{2 \times 100} = 3 \ (\text{J})$$

三、电容元件的无功功率和平均储能

1. 瞬时功率与无功功率

设电容元件两端的工作电压与电流取关联参考方向，电路图如图 3-70（a）所示。设电容元件两端的工作电压为 $u(t) = U_m\sin\omega t$，则流入电容元件的电流为

$$i(t) = C\frac{\mathrm{d}u(t)}{\mathrm{d}t} = \omega C U_m\cos\omega t = I_m\cos\omega t$$

电容元件的瞬时功率为

$$p(t) = u(t)i(t) = \omega C U_m^2\sin\omega t\cos\omega t$$
$$= UI\sin 2\omega t$$

波形图如图 3-70（b）所示。从图形上可以看出，电容元件与电感元件一样都是储能元件，不同点在于电容内储存的是电场能。

电容元件的无功功率定义：电容元件和电源进行能量交换的最大瞬时功率，即

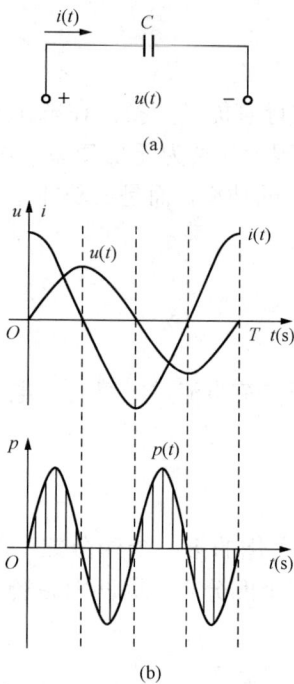

图 3-70　电容元件的瞬时功率

(a) 电路图；(b) 瞬时功率的波形图

$$Q_C = UI = \omega CU^2 = \frac{I^2}{\omega C} \qquad (3-49)$$

其单位是"乏"（var）。

2. 平均储能

电容元件在交流电路中的瞬间储能也是时间的函数，即

$$w_C = \frac{1}{2}Cu^2(t) = \frac{1}{2}CU^2(1 - \cos 2\omega t)$$

瞬时值的增减同样意味着从电源吸收能量和向电源释放能量，而其储存能量的多少在电工技术中仍用平均值表示，即平均储能为

$$W_C = \frac{1}{T}\int_0^T w(t)\mathrm{d}t = \frac{1}{2}CU^2 \qquad (3-50)$$

电容元件的无功功率与平均储能的关系是 $Q_C = 2\omega W_C$。

【**例 3-27**】　如图 3-27 所示，电容 $C = 0.2\mu F$ 两端的电压 $u(t) = 220\sqrt{2}\sin 314t$ V，电流与电压取关联参考方向，求无功功率和平均储能。

解　$Q_C = \omega CU^2 = 314 \times 0.2 \times 10^{-6} \times 220^2 = 3.04$ （var）

$$W_C = \frac{Q_C}{2\omega} = \frac{3.04}{2 \times 314} = 0.0048 \text{（J）}$$

【**例 3-28**】　电路图如图 3-71 所示，求电阻元件的平均功率和电容、电感元件的平均储能。已知 $i_S(t) = \sqrt{2}\sin t$ A。

解　根据阻抗并联规律，有

$$\dot{I}_1 = \frac{Z_2}{Z_1 + Z_2}\dot{I}_S = \frac{1+\mathrm{j}}{1+1+\mathrm{j}} \times 1\angle 0°$$

$$= \frac{\sqrt{2}\angle 45°}{\sqrt{5}\angle 26.6°} \times 1\angle 0° = 0.63\angle 18.4° \text{A}$$

所以

$$I_1 = 0.63\text{A}$$

同理

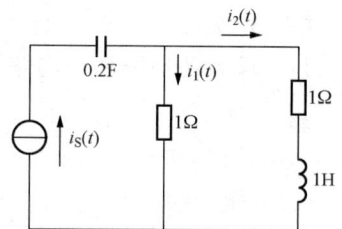

图 3-71　[例 3-28] 图

$$\dot{I}_2 = \frac{Z_1}{Z_1 + Z_2}\dot{I}_S = \frac{1}{2+\mathrm{j}} \times 1\angle 0° = 0.45\angle -26.6° \text{A}$$

$$I_2 = 0.45\text{A}$$

$$P_1 = I_1^2 R = 0.63^2 \times 1 = 0.397\text{（W）}$$

$$P_2 = I_2^2 R = 0.45^2 \times 1 = 0.203\text{（W）}$$

所以

$$W_C = \frac{1}{2}CU_C^2 = \frac{1}{2}C(I_S X_C)^2 = 0.5 \times 0.2 \times \left(1 \times \frac{1}{1 \times 0.2}\right)^2 = 2.5\text{（J）}$$

$$W_L = \frac{1}{2}LI_2^2 = 0.5 \times 1 \times 0.45^2 = 0.102\text{（J）}$$

本节小结

1. 电阻元件是耗能元件，瞬时功率 $p(t)>0$；有功功率 $P=UI=U^2/R=I^2R$。

2. 电感元件、电容元件都是储能元件，平均功率 $P=0$。

3. 储能元件工作时不断地和电源之间进行着能量的交换，其最大值称为无功功率，$Q_L=U_LI_L$，$Q_C=U_CI_C$。

4. 储存在磁场、电场中的能量是时间的函数，但是总为正。电感元件中的平均储能 $W_L=1/2LI_L^2$；电容元件中的平均储能 $W_C=1/2CU_C^2$，且 $Q=2\omega W$。

练习

3-8-1　在电阻 $R=10\Omega$ 的两端施加电压 $u(t)=10\sqrt{2}\sin(314t+30°)$ V。电阻从电源吸收的瞬时功率 $p(t)=$_____；平均功率 $P=$_____；在 $t=0.2$s 时的瞬时功率 $p(t)=$_____。

3-8-2　电感元件 $L=0.5$mH，电压 $u(t)=100\sqrt{2}\cos1000t$ V，电压、电流取关联参考方向。则电感的瞬时功率 $p_L(t)=$_____；储存的瞬时能量 $w_L(t)=$_____；平均储能 $W_L=$_____；有功功率 $P=$_____；无功功率 $Q_L=$_____。

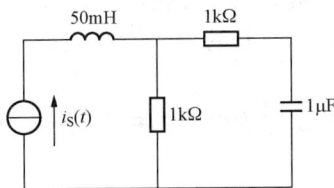

图 3-72　题 3-8-3 图

3-8-3　图 3-72 所示的电路中，$i(t)=5\sqrt{2}\sin100t$ A，求电阻的平均功率，电感、电容的平均储能及无功功率。

第九节　正弦交流电路的功率

前面讨论了电阻、电感、电容元件的瞬时功率、有功功率和无功功率的问题，在此基础上，本节讨论电阻、电感、电容组成的正弦交流电路（无源两端网络）的功率。

一、正弦交流电路的有功功率、视在功率和功率因数

设正弦交流电路的输入端口的电压为 $u(t)=U_m\sin(\omega t+\psi_u)$，电流为 $i(t)=I_m\sin\omega t$，它们取关联参考方向，如图 3-73（a）所示。如果设电流 $i(t)$ 为参考正弦量，即 $\psi_i=0$，则电压与电流之间的相位差 $\varphi=\psi_u-\psi_i=\psi_u$。这时电路的瞬时功率为

$$p(t)=u(t)i(t)=U_mI_m\sin(\omega t+\varphi)\sin\omega t$$

$$=\frac{1}{2}U_mI_m[\cos\varphi-\cos2(\omega t+\varphi)]$$

$$=UI\cos\varphi-UI[\cos2\omega t\cos\varphi-\sin2\omega t\sin\varphi]$$

即

$$p(t)=UI\cos\varphi(1-\cos2\omega t)+UI\sin\varphi\sin2\omega t \qquad (3-51)$$

图 3-73（b）所示为电流、电压、瞬时功率随时间变化的曲线。可以看出，瞬时功率有时为正值 $p(t)>0$，表明电路从电源处吸收能量。有时为负值 $p(t)<0$，表明电路在释放能量给电源。

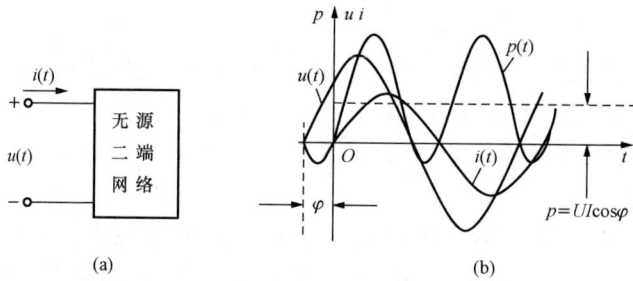

图 3 - 73　正弦交流电路的瞬时功率
(a) 无源二端网络；(b) 电流、电压、瞬时功率随时间变化的曲线

1. 有功功率

正弦交流电路一个周期内的瞬时功率的平均值称为电路的**有功功率**，用 P 表示。

$$P = \frac{1}{T}\int_0^T p(t)\mathrm{d}t = UI\cos\varphi \tag{3-52}$$

有功功率也是我们通称的正弦交流电路的功率，它反映了电路对电源能量的"消耗"水平。不仅与输入电路的端电压、电流的有效值有关，还与它们的相位差的余弦值有关。

2. 视在功率

在电工技术中，把电路端口电压的有效值与电流有效值的乘积称为电路的视在功率。用 S 表示，即

$$S = UI \tag{3-53}$$

单位为伏安 （V·A），S 表示电气设备的额定容量。在使用时，如果电压、电流超过了额定值，电气设备就可能损坏。至于电气设备能提供多大的有功功率 P，就要看电路的 $\cos\varphi$。

3. 功率因数

在电工技术中，将有功功率与视在功率的比值称为电路的功率因数，用 λ 表示。即

$$\lambda = \frac{P}{S} = \cos\varphi \tag{3-54}$$

式中：φ 为电路的功率因数角，其实质是电路的端口电压与电流的相位差。

如果用等效阻抗 Z（$Z = R + \mathrm{j}X = |Z|\angle\varphi$）来替代无源二端网络的话，则**电路的功率因数角又是阻抗角**，因此

$$\lambda = \frac{R}{|Z|} = \frac{P}{S} = \cos\varphi$$

这样，电路中的有功功率的计算也可以用阻抗的实部即等效阻抗中的等效电阻来表示

$$P = UI\cos\varphi = UI\,\frac{R}{|Z|} = I^2R \tag{3-55}$$

在由电阻、电感、电容元件组成的正弦交流电路中，只有电阻是消耗功率的，而电感、电容元件均是储能的。电源提供给电路的有功功率等于电路中各电阻消耗的功率之和。即

$$P = \sum P_i \tag{3-56}$$

式中：P_i 为电路中第 i 个电阻元件消耗的功率，与电阻的连接方式无关。

【例 3-29】　电路图如图 3-74（a）所示，已知 $u(t) = 10\sqrt{2}\sin 2t$ V，求电路在电源处吸

收的有功功率 P。

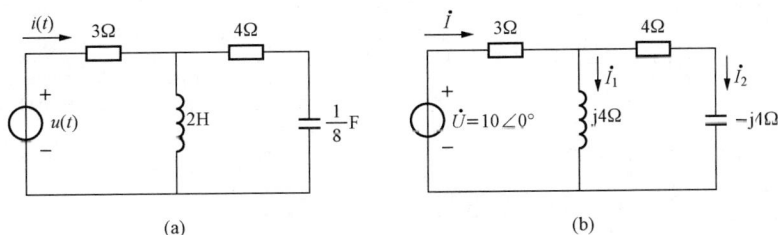

图 3 - 74　[例 3 - 29] 图

解　先根据电路图画出电路的相量模型，如图 3 - 37 （b）所示。
在本节给出的三种有功功率的计算方法在这里都可以使用。

（1）方法一。因为

$$P = UI\cos\varphi$$

要计算 P 要先计算电路的等效阻抗及阻抗角，即

$$Z = 3 + \frac{j4(4 - j4)}{j4 + 4 - j4} = 3 + 4 + j4 = (7 + j4)\Omega$$

$$= 8.06\angle 29.7° \ \Omega$$

$$\dot{I} = \frac{\dot{U}}{Z} = \frac{10\angle 0°}{8.06\angle 29.7°} = 1.24\angle - 29.7° \ A$$

所以

$$P = UI\cos\varphi = 10 \times 1.24 \times \cos 29.7° = 10.8(W)$$

（2）方法二。因为

$$P = RI^2$$

所以

$$P = 7 \times 1.24^2 = 10.8(W)$$

（3）方法三。因为

$$P = \sum P_i$$
$$P_1 = R_1 I^2 = 3 \times 1.24^2 = 4.613(W)$$
$$P_2 = R_2 I_2^2$$
$$\dot{I}_2 = \frac{Z_1}{Z_1 + Z_2} \dot{I} = \frac{j4}{j4 + 4 - j4} \times 1.24\angle - 29.7° = 1.24\angle 60.3° A$$
$$P_2 = 4 \times 1.24^2 = 6.15(W)$$

所以

$$P = P_1 + P_2 = 4.613 + 6.15 \approx 10.8(W)$$

【例 3 - 30】　用三表法测线圈的参数（R、L），实验电路如图 3 - 75 所示。电流表的读数为 1.5A，电压表的读数为 15V，功率表的读数为 18W。求 R、L。

解　因为

$$P = RI^2$$

所以

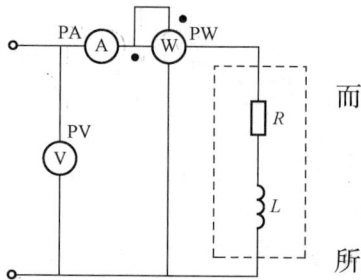

图 3 - 75 ［例 3 - 30］图

$$R = \frac{P}{I^2} = \frac{18}{1.5^2} = 8(\Omega)$$

而

$$|Z| = \sqrt{R^2 + X_L^2} = \frac{U}{I} = \frac{15}{1.5} = 10(\Omega)$$

$$X_L = \sqrt{10^2 - 8^2} = 6(\Omega)$$

所以，当电路的工频为 50Hz 时

$$L = \frac{X_L}{\omega} = \frac{6}{314} = 0.019(H)$$

二、无功功率和功率三角形

正弦交流电路中，除了电阻元件耗能之外，电感、电容元件还要和电源之间进行能量的交换。从电路的瞬时功率 $p(t)$ 表达式（式 3 - 50）可以看出，第一项 $UI\cos\varphi(1-\cos2\omega t)$ 是非负的，它的平均值为 $UI\cos\varphi$，显示的是电阻元件的耗能。第二项 $UI\sin\varphi\sin2\omega t$，其平均值为零，是振幅为 $UI\sin\varphi$ 的正弦函数。显示的是储能元件与电源之间的能量交换。

1. 无功功率

正弦交流电路中的储能元件与电源之间能量交换的最大值称为电路的无功功率，用 Q 表示，即

$$Q = UI\sin\varphi \tag{3 - 57}$$

由于电路的等效电抗为 $X = |Z|\sin\varphi$，所以有

$$Q = XI^2$$

当无源二端网络中只有电感 L 时，即纯电感电路。这时 $\varphi = \frac{\pi}{2}$，$Q = UI$。当无源二端网络中只有电容 C 时，即纯电容电路。这时 $\varphi = -\frac{\pi}{2}$，$Q = -UI$。可见，无功功率可能为正，也可能为负。那么，它的正负含义又是什么呢？

假设无源二端网络中既有电感元件，又有电容元件，无论它们是串联还是并联，都能得到一样的结论，当电感元件的瞬时功率 $p_L(t) > 0$ 时，电容元件的瞬时功率 $p_C(t) < 0$；说明电感元件从电源吸收能量时，电容元件正向电源释放能量。在同一时间内，二者的状态正好相反。因此，无源二端网络既可能与电源之间有能量交换，同时，元件之间也存在着能量的交换。

由于电感元件和电容元件的能量吞吐具有此消彼长的特点，所以，当二端网络中两种元件均存在时，电路的无功功率是二者无功功率的差值，即

$$Q = \sum Q_L - \sum Q_C \tag{3 - 58}$$

2. 功率三角形

从无源二端网络的有功功率、视在功率、无功功率的计算式中不难发现三者之间可用三角形联系起来。此三角形称为功率三角形。如图 3 - 76 所示。

$$S = \sqrt{P^2 + Q^2}$$

【例 3 - 31】 电路的相量模型如图 3 - 77 所示，求电路的 P、Q、S 和 λ。

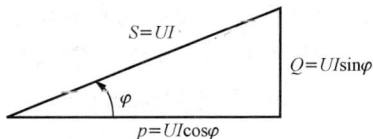

图 3 - 76

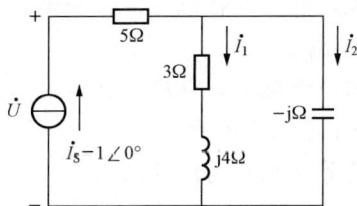

图 3 - 77　［例 3 - 31］图

解　先求出电路的等效阻抗为

$$Z = 5 + \frac{(3+j4)(-j)}{3+j4-j} = 5 + \frac{5\angle 36.9°}{3\sqrt{2}\angle 45°}$$

$$= (5.167 - j1.167)\ \Omega = 5.297\angle -12.7°\Omega$$

所以

$$\dot{U} = Z\dot{I} = 5.297\angle -12.7°V$$

$$P = UI\cos\varphi = 5.297 \times 1 \times \cos(-12.7°) = 5.167(W)$$

$$Q = UI\sin\varphi = 5.297\sin(-12.7°) = -1.166(var)$$

$$S = UI = 5.297(V \cdot A)$$

$$\lambda = \cos\varphi = 0.976$$

当然，除以上的解题方法外，还有其他的方法可用，大家可以试一试。

【例 3 - 32】　一台电动机的额定功率 $P_1 = 15kW$，$\cos\varphi_1 = 0.707$，它与一个容性负载并联，然后连接在额定电源上。该负载的功率 $P_2 = 10kW$，$\cos\varphi_2 = 0.866$。求并联电路的 P、Q、S 和 λ。

解　因为

$$S_1 = \frac{P_1}{\cos\varphi_1} = \frac{15}{0.707} = 21.22(kV \cdot A)$$

$$Q_1 = \sqrt{S_1^2 - P_1^2} = \sqrt{21.22^2 - 15^2} = 15(kvar)$$

$$S_1 = \frac{P_2}{\cos\varphi_2} = \frac{10}{0.866} = 11.55(kV \cdot A)$$

$$Q_2 = \sqrt{S_2^2 - P_2^2} = \sqrt{11.55^2 - 10^2} = 5.8(kvar)$$

所以

$$P = P_1 + P_2 = 15 + 10 = 25(kW)$$

$$Q = Q_L - Q_C = 15 - 5.8 = 9.2(kvar)$$

$$S = \sqrt{P^2 + Q^2} = \sqrt{25^2 + 9.2^2} = 26.63(kV \cdot A)$$

$$\lambda = \frac{P}{S} = \frac{25}{26.63} = 0.94$$

本节小结

1. 正弦交流电路中的电阻元件是耗能元件，电感元件、电容元件是储能元件。电路绝大多数的情况电压与电流不同相，有功功率 $P = UI\cos\varphi$。$\cos\varphi$ 称为功率因数。

2. 储能元件不消耗能量，但和电源之间存在能量的交换，交换能量的规模称为无功功率。$Q=UI\sin\varphi$。

3. 在同一电路中，电感元件和电容元件的吸收能量的状态和释放能量的状态正好相反，因此既包含电感又包含电容的电路和电源之间的能量交换规模的无功功率 $Q=Q_L-Q_C$。

4. 电路等效阻抗的阻抗三角形、电压三角形、功率三角形是相似三角形，对应边成比例，如图 3-78 所示。

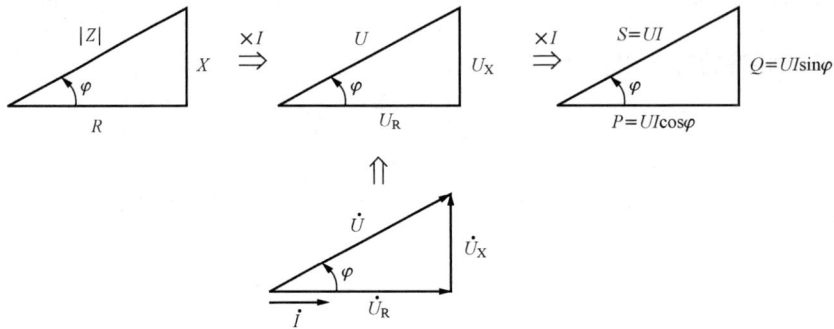

图 3-78 电路等效的阻抗三角形、电压三角形和功率三角形

练 习

3-9-1 电路的功率因数是否与电源的频率有关？为什么？

3-9-2 一个负载的视在功率 $S_1=10\text{kV}\cdot\text{A}$，$\cos\varphi_1=0.6$，$\varphi_1>0$。另一个负载的视在功率 $S_1=16\text{kV}\cdot\text{A}$，$\cos\varphi_2=0.8$，$\varphi_2<0$。如果将它们并联，则电路的 $P=$_____；$Q=$_____；$S=$_____；电路的功率因数 $\cos\varphi=$_____；电路的性质_____。

3-9-3 一个无源二端网络端口电压、电流的波形图如图 3-79 所示，则电路的等效阻抗 $Z=$_____，电路的等效电阻 $R=$_____，等效电抗 $X=$_____，电路的 $P=$_____；$Q=$_____；$S=$_____；电路的功率因数 $\cos\varphi=$_____。

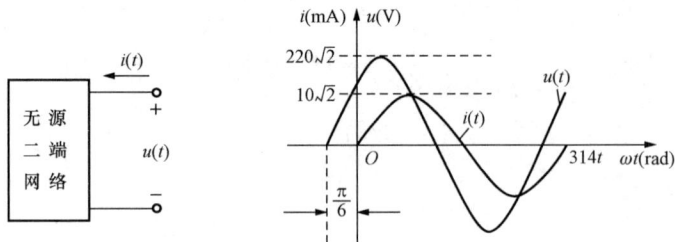

图 3-79 题 3-9-3图

第十节 功率因数的提高

电力系统中，整个电网由发电、输配电、用电三大部分组成，它们总可以归结为如图 3-80 所示的电路模型，其中 Z_L 表示负载的等效阻抗，Z'_L 表示输电线的阻抗，Z_0 表示发电机的内阻抗。

前一节讨论过，电源输送给负载的功率不仅与负载的端口电压、电流有关，还与负载的功率因数的大小有关。现实中的大多数用户使用的负载是感应电动机、日光灯等感性负载。因此用电单位的功率因数较低，正常工作时约为 0.5～0.85，轻载时在 0.5 以下，功率因数低会引起很多不良的后果。

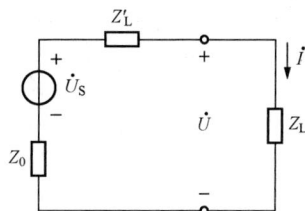

图 3 - 80　电路模型

一、功率因数低的不良后果

1. 增大输电线路的电压降和功率损耗

在一定的电压下向负载输送一定的有功功率时，输电线路上的电流 $I = P/U\cos\varphi$，由负载的功率因数决定。功率因数越低，则电路中的电流越大，线路上的压降就越高，线路的损耗就越大。

2. 电源设备的容量不能充分利用

电源设备是根据预定的额定电压 U_N 和额定电流 I_N 设计的，它们使电源具有一定的容量 $S_N = U_N I_N$。但电源设备向用户提供的有功功率是由用户的功率因数决定的，即 $P = S_N\cos\varphi$。功率因数低限制了其供电潜力的发挥，电源容量没有被充分利用。

例如：电源设备的额定容量为 $S_N = 400kV \cdot A$，能带 1000 盏的额定功率为 40W 的白炽灯（$\cos\varphi = 1$）；而改为额定功率为 40W 的荧光灯（$\cos\varphi = 0.4$）就只能带 400 盏。

通过以上分析可知，改善用电单位的功率因数，既能节约电能，又可以提高电源设备的利用率。

二、提高功率因数的方法

要提高功率因数，又不改变电路中原有的感性负载的工作情况，常用的方法是感性负载的两端并联电容器（补偿电容），如图 3 - 81（a）所示。设感性负载的额定功率为 P_L，无功功率为 Q_L，功率因数为 $\lambda = \cos\varphi$，可以画出功率三角形 OAB，如图 3 - 81（b）所示。并联电容 C 以后，电路的无功功率 $Q = Q_L - Q_C$，感性负载需要的无功功率 Q_L 的一部分从电容的无功功率 Q_C 中得到补偿，因此电路与电源之间进行能量交换的规模由 Q_L 降低为 $Q = Q_L - Q_C$，并联电容以后电路的功率三角形如图 3 - 81（b）中的三角形 $OA'B$ 所示，由此可知并联电容以后电路的视在功率 S' 小于为并联电容之前的电路的视在功率 S。由于供电电压不变，所以输电线路上的电流 $I = \dfrac{S'}{U}$ 减小。又因为 $\lambda = \dfrac{P_L}{S'}$，而 P_L 保持不变，当 S' 变小时，功率因数 $\lambda = \cos\varphi_2 > \cos\varphi_1$，所以功率因数得到改善。

图 3 - 81（c）所示为以 $\dot{U}$ 为参考相量所作的电路的相量图。从相量图中不难看出并联适当的电容能改善电路的功率因数 λ。

设未并联电容时 $\lambda_1 = \cos\varphi_1$，并联电容后，电路的 $\lambda_2 = \cos\varphi_2$。由图 3 - 81（b）所示，有

$$Q_L = P_L\tan\varphi_1,\quad Q = P_L\tan\varphi_2;\quad Q_C = Q_1 - Q = P_L(\tan\varphi_1 - \tan\varphi_2)$$

而

$$Q_C = U^2\omega C$$

所以

$$C = \frac{P_L(\tan\varphi_1 - \tan\varphi_2)}{\omega U^2} \tag{3 - 59}$$

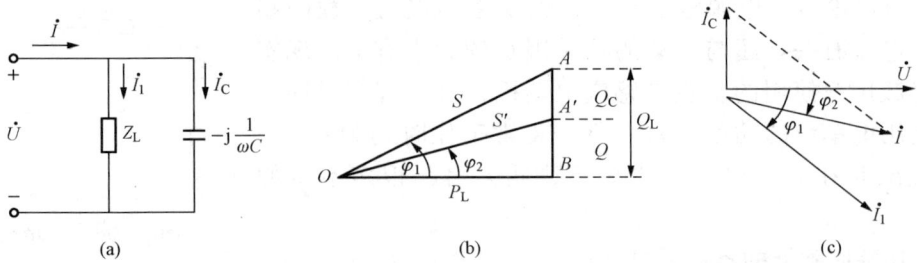

图 3 - 81 提高功率因数的方法
(a) 在感性负载两端并联电容；(b) 功率三角形；(c) 相量图

由此可见，并联电容补偿了无功功率，这样的电容叫补偿电容。在生产实践中，并不要求将功率因数提高到 1，因为这将需要大容量的电容，增加设备投资。另一方面，补偿电容的容量要适当，否则在负载的功率因数较高时，补偿会使感性电路变为容性电路，功率因数反而有降低的可能。

同步电动机是另一形式的交流电动机，它可以在超前电流下工作，即它也可"产生"无功功率，用于对感性电路进行无功功率的补偿，因此也可以用来提高功率因数。

此外，感应电动机的功率因数并不是常数，而与它的机械负荷有关，在满载时，功率因数约为 0.8 左右，在轻载时可能只有 0.4～0.5，空载时甚至只有 0.2。因此，为机械设备选择电动机容量时，不应选择过大，在操作时应避免或尽量减少电动机的空转。

【例 3 - 33】 已知某工厂额定负载为 500kW，功率因数 0.7，电源电压为 380V、50Hz，若要求将功率因数提高到 0.9，求并联的电容器的容量。

解 因为
$$\cos\varphi_1 = 0.7$$
所以
$$\varphi_1 = \arccos 0.7 = 45.6° \quad \tan\varphi_1 = 1.02$$
同理
$$\cos\varphi_2 = 0.9$$
$$\varphi_2 = \arccos 0.9 = 25.84° \quad \tan\varphi_2 = 0.484$$
所需电容补偿的无功功率为
$$Q_C = P_L(\tan\varphi_1 - \tan\varphi_2) = 500 \times (1.02 - 0.484) = 268(\text{kvar})$$
电容的容量
$$C = \frac{Q_C}{\omega U^2} = \frac{268 \times 10^3}{314 \times 380^2} = 0.0059(\text{F})$$

练 习

3 - 10 - 1 采用感性电路与电容串联能否提高功率因数，为什么实际中不采用？

3 - 10 - 2 已知负载 $P_L = 100\text{kW}$，$\lambda = 0.5$，为了提高功率因数并联 $Q_C = 200\text{kvar}$ 的电容器，结果如何？是否合理？

3 - 10 - 3 在题 3 - 10 - 2 中，如果将功率因数提高到 0.9，需并联多大容量的电容器？

第十一节　电　路　谐　振

在讨论理想元件 RLC 串联及并联电路的等效阻抗及等效导纳时，曾经提高电路谐振的概念，那么，什么是电路谐振呢？

由电阻、电感、电容组成的无源二端网络，当其等效阻抗（导纳）的电抗（电纳）等于零时，整个电路呈现阻性，这样的现象称为电路谐振。

电路谐振在电子技术和无线电技术中应用很广泛，但在电力系统中应尽量加以避免，因为，谐振时有可能产生高电压和强电流破坏系统的正常工作状态。所以，研究电路谐振现象有重要的意义。

一、串联电路的谐振

1. 串联谐振的角频率、频率

在图 3-82 所示的串联电路中，各元件均为理想元件。其等效阻抗为

$$Z = R + j\left(\omega L - \frac{1}{\omega C}\right) = R + jX$$

$$|Z| = \sqrt{R^2 + \left(\omega L - \frac{1}{\omega C}\right)^2}$$

$$\varphi = \arctan \frac{\omega L - \dfrac{1}{\omega C}}{R}$$

根据谐振的定义，谐振时等效阻抗中的电抗等于零，即

$$X = 0 \quad 或 \quad \omega L = \frac{1}{\omega C}$$

这样可知，在出现串联谐振时，电路中交流信号的角频率和频率为

$$\omega_0 = \frac{1}{\sqrt{LC}} \text{ 和 } f_0 = \frac{1}{2\pi\sqrt{LC}} \qquad (3-60)$$

图 3-82　串联谐振

式中：ω_0 为串联电路谐振角频率；f_0 为谐振频率。

当然，从式（3-58）中表明串联电路的谐振频率完全由电路中电感、电容元件的参数决定，与电阻元件无关。它反映了串联电路固有的一种性质。所以，f_0 也被称为串联电路的固有频率。由此可知，调节串联电路使其出现谐振的途径有两种：①调节激励电源的输入频率等于电路的固有频率；②改变电路中参数 L 或 C，使电路的固有频率发生变化等于电源的频率。

2. 串联电路谐振时的特点

（1）总阻抗最小，电流最大、且与电压同相，电路呈阻性。

（2）感抗等于容抗，并由电路参数决定。

串联谐振时，由于

$$X = 0$$

所以

$$X_{L0} = X_{C0} = \omega_0 L = \frac{1}{\omega_0 C}$$

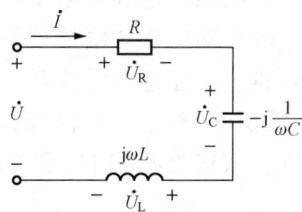

将 $\omega_0 = \dfrac{1}{\sqrt{LC}}$ 代入，可得

$$X_{L0} = X_{C0} = \sqrt{L/C} = \rho \qquad (3-61)$$

式中：ρ 为电路的**特性阻抗**，单位是 Ω，它同固有频率一样，是由电路参数决定的。

（3）串联谐振时，电感电压与电容电压数值相等，相位相反。

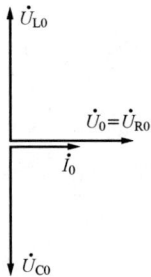

图 3-83　串联谐振的相量图

以电流 $\dot{I}$ 为参考相量，作串联谐振电路的相量图，如图 3-83 所示，由图可以看出，串联谐振时，电感元件上的电压与电容元件上的电压数值相等，相位相反。并且电感上和电容上的电压是激励电源电压的 $\dfrac{\omega_0 L}{R}\left(\text{或}\dfrac{\rho}{R}\right)$ 倍。当 $\omega_0 L \gg R$ 时，$U_{L0} = U_{C0} \gg U_0$。

在电力系统中，发生串联谐振时，将出现意料不到的超高压称为过电压，所以应尽量避免串联谐振的发生。但在电子技术中正是利用这一特点在激励电压很微弱时，可以在电容上获得较强的信号电压 U_{C0}。为了达到这一目的，希望电阻 R 要尽可能小。

3. 串联谐振电路的品质因数

令

$$Q_0 = \frac{\omega_0 L}{R} = \frac{1}{\omega_0 CR} = \frac{\rho}{R} \qquad (3-62)$$

式中：Q_0 为串联谐振电路的品质因数。不难看出，品质因数的大小反映的是在串联谐振发生时，电感或电容上电压与电路激励电压的倍数关系；也反映了电感或电容的无功功率与电阻上的有功功率的倍数关系。当然品质因数越大，储存在电、磁场中的总能量就比有功功率大得越多。在这里要注意，不能将品质因数 Q_0 与无功功率 Q 混淆了。

【例 3-34】　收音机的输入电路由磁性天线电感 $L = 500\mu H$ 与 $20 \sim 270 pF$ 的可变电容器串联。求接收 560kHz 和 990kHz 电台信号时的电容量。

解　由 $f_0 = \dfrac{1}{2\pi\sqrt{LC}}$ 可知

当 $f_0 = 560\text{kHz} = 560\,000\text{Hz}$ 时，有

$$C = \frac{1}{4\pi^2 f_0^2 L} = \frac{1}{4 \times 3.14^2 \times (5.6 \times 10^5)^2 \times 500 \times 10^{-6}} = 161.1 \times 10^{-12}(\text{F}) = 161.1(\text{pF})$$

同理，当 $f_0 = 990\text{kHz} = 990\,000\text{Hz}$ 时，有

$$C = \frac{1}{4\pi^2 f_0^2 L} = \frac{1}{4 \times 3.14^2 \times (9.9 \times 10^5)^2 \times 500 \times 10^{-6}} = 51.7 \times 10^{-12}(\text{F}) = 51.7(\text{pF})$$

收音机在选台时就是通过改变调谐电路的可变电容的电容量 C，使电路的固有频率与某一电台的信号频率相同。这样，使这个电台的信号有较大的电压输出，经检波放大后被接收。其他电台的信号则不能产生足够大的电容电压而不能被接受，从而达到选台的目的。

4. RLC 串联电路的选频特性

在 RLC 串联电路中，除电阻外，电感的感抗、电容的容抗、电路的电抗以及电路的阻抗都是角频率（频率）的函数。电路中阻抗随频率变化的曲线叫做阻抗 Z 的频率响应曲线。在电路出现谐振时，$|Z|$ 最小，如图 3-84（a）所示。当然，在电路的电压不变的条件下，电路中的电流也在随着频率发生着变化，图 3-84（b）所示是一定电压下的电流响应曲线，

谐振时电流最大。

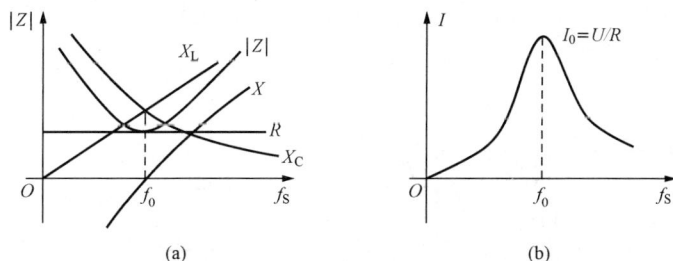

图 3 - 84　RLC 串联电路的选频特性
(a) 阻抗随频率变化的曲线；(b) 一定电压下的电流响应曲线

由电流的频率响应曲线可知，当电源的频率 f_S 偏离电路的谐振频率 f_0 时，电路中的电流也会从谐振时最大值 I_0 降下来，并且电流响应曲线越尖锐，电流下降得越快。这说明电源的频率在电路固有频率附近时，电路中电流较大，而偏离电路固有频率时的电流很小。这种能够选择谐振频率附近电流而抑制远离谐振频率的电流特性称为电路的选择特性。在无线电技术中称为选择性。

电流的频率响应曲线的形状与谐振电路的品质因数有着密切的关系。在电路电压一定时，电路的特性阻抗由电路的自身参数已经确定，这时电路的电阻不同会造成品质因数不同。不同阻值的电路相比较不难看到结果，如图 3 - 85 (a) 所示。谐振电路的电流 $I_0 = U/|Z| = U/R$，$Q_0 = \rho/R$。因此，电路的品质因数越高，R 越小，电路中的电流越大，电流的相应曲线也越尖锐。

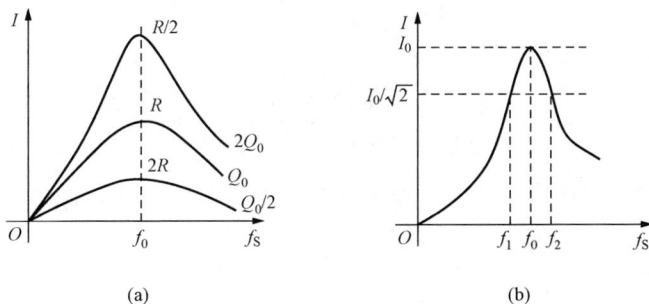

图 3 - 85　电流的频率响应曲线
(a) 随品质因数变化；(b) 电路通频带宽度

在电工技术中，还规定，当电流下降到谐振电流的 0.707 倍时，所包含的一段频率范围称为电路通频带宽度，即 $\Delta f = f_2 - f_1$。从图 3 - 85 (b) 可以看出，品质因数较高时，谐振电路的通频带较窄，电路的选择性好。但是，也并不是通频带宽度越窄越好，它应符合传输信号对宽度的要求。在收音机电路中，对调谐电路具有较高的品质因数和良好的选择性的要求。但是，通频带宽度应接近音频范围。应该使电路的选择性与通频带二者兼顾。

二、并联谐振

串联谐振电路的电源内电阻较高时，电路的品质因数变小，选择性变差。对于高内电阻的信号源，将用并联谐振电路。

1. 并联谐振的角频率

在实际工程技术中，最常用的并联谐振电路由具有电阻的线圈与电容并联组成，如图 3-86（a）所示。

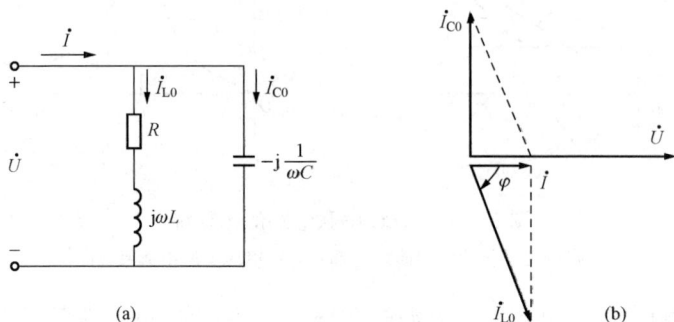

图 3-86 并联谐振

（a）并联谐振电路；（b）相量图

电路中的电流

$$\dot{I} = Y\dot{U}$$

$$Y = \frac{1}{R + j\omega L} + j\omega C = \frac{R}{R^2 + (\omega L)^2} - j\left[\frac{\omega L}{R^2 + (\omega L)^2} - \omega C\right]$$

根据谐振的定义，电路在谐振时电路中的电纳等于零，电流与电压同相。

所以

$$\frac{\omega_0 L}{R^2 + (\omega_0 L)^2} = \omega_0 C$$

从上式解得电路的谐振角频率 ω_0 为

$$\omega_0 = \sqrt{\frac{1}{LC} - \left(\frac{R}{L}\right)^2} = \frac{1}{\sqrt{LC}}\sqrt{1 - \frac{CR^2}{L}}$$

由于 ω_0 不可能为虚数，即 $\dfrac{CR^2}{L} < 1$。一般情况下，实际线圈中的电阻在工作频率范围内远小于线圈的感抗 $R \ll \omega_0 L$，即 $\dfrac{CR^2}{L} \ll 1$。

所以

$$\omega_0 \approx \frac{1}{\sqrt{LC}} \quad \text{或} \quad f_0 = \frac{1}{2\pi\sqrt{LC}} \qquad (3-63)$$

可见，当电感线圈的电阻较小时（$R \ll \sqrt{L/C} = \rho$），并联谐振的频率与串联谐振的频率相同。

2. 并联谐振的品质因数

并联谐振的品质因数定义为电路中的感性支路的电流与电路电流之比。根据并联电路的性质当然等于谐振时电路的感性支路的感纳与电路的电导之比，即

$$Q_0 = \frac{\dfrac{\omega_0 L}{R^2 + (\omega_0 L)^2}}{\dfrac{R}{R^2 + (\omega_0 L)^2}} = \frac{\omega_0 L}{R} \qquad (3-64)$$

将 $\omega_0 \approx \dfrac{1}{\sqrt{LC}}$ 代入式（3-64），得

$$Q_0 = \frac{\sqrt{\dfrac{L}{C}}}{R} = \frac{\rho}{R}$$

和串联电路谐振时一样，并联电路谐振时的品质因数也由电路的自身性质决定。

并联电路谐振时的导纳 $Y_0 = G = \dfrac{R}{R^2 + (\omega_0 L)^2}$，将 $\omega_0 \approx \dfrac{1}{\sqrt{LC}}$ 代入，得

$$Y_0 = \frac{CR}{L} = \frac{1}{Q_0^2 R} \tag{3-65}$$

3. 并联谐振的特点

（1）总阻抗最大，电流最小，电流与电压同相，电路呈阻性。

（2）并联电路谐振时，由于电纳等于零，所以 Y_0 最小、阻抗 Z_0 最大、电流最小。

当电路端口的电压有效值为 U，并设其相量为参考相量时，可以画出并联电路谐振时的相量图如图3-86（b）所示。

电路中电流

$$I = Y_0 U = \frac{U}{R} \cdot \frac{1}{Q_0^2}$$

电容支路的电流

$$I_{C0} = U \cdot \omega_0 C = U \frac{1}{\sqrt{LC}} C = \frac{U}{\rho} = \frac{U}{RQ_0} = Q_0 I$$

感性支路的电流

$$I_{L0} = \sqrt{I^2 + I_{C0}^2} \approx I_{C0}$$

因此，并联电路谐振时，容性支路的电流是电路电流的 Q_0 倍。感性支路的电流略大于容性支路，但也近似等于电路总电流的 Q_0 倍。这时，电路呈现阻性状态，电流与电压同相。

【例3-35】　电感线圈的 $L = 500\mu H$，$R = 18\Omega$ 与 $C = 234pF$ 的电容器并联。求谐振频率、导纳。若以 $1\mu A$ 的电流源供电，求谐振时电压、电容器上的电流 I_{C0} 和线圈电流 I_{L0}。

解　（1）因为电路的 $\rho = \sqrt{L/C} = \sqrt{\dfrac{5000 \times 10^{-6}}{234 \times 10^{-12}}} = 1.46 \times 10^3$（$\Omega$），满足 $R \ll \sqrt{L/C}$ 的条件，所以，此并联电路出现谐振的频率为

$$f_0 = \frac{1}{2\pi \sqrt{LC}} = \frac{1}{2 \times 3.14 \times \sqrt{500 \times 10^{-6} \times 234 \times 10^{-12}}} = 465 \times 10^3 (\text{Hz}) = 465 (\text{kHz})$$

（2）并联谐振时的导纳

$$Y_0 = G = \frac{CR}{L} = \frac{18 \times 234 \times 10^{-12}}{500 \times 10^{-6}} = 8.42 \times 10^{-6} (\text{S})$$

（3）并联谐振时电路的端电压

$$U_0 = \frac{I_0}{Y_0} = \frac{1 \times 10^{-6}}{8.42 \times 10^{-6}} = 0.119 (\text{V})$$

（4）通过电容和线圈的电流

$I_{C0} = U_0 \omega_0 C = 2 \times 3.14 \times 0.119 \times 465 \times 10^3 \times 234 \times 10^{-12} = 82 \times 10^{-6}(A) = 82(\mu A)$

$I_{L0} \approx I_{C0} = 82(\mu A)$

本节小结

1. 交流电路的谐振是电路的一种特殊状态。从端口的电压与电流的关系看，电路在某一频率下，它们的相位差位为零，阻抗的电抗部分为零，电路呈现阻性。从能量的观点看，电路在某频率下，电源仅提供电阻损耗的能量，它与电路之间没有能量的交换，电路中的电感与电容之间进行磁场能和电场能的等量交换。

2. RLC 串联电路的固有角频率为 $\omega_0 = \dfrac{1}{\sqrt{LC}}$，品质因数 $Q_0 = \dfrac{\rho}{R}$，特性阻抗 $\rho = \sqrt{L/C}$。谐振时，阻抗 $Z_0 = R$，电压与电流同相。$U_{L0} = U_{C0} = Q_0 U_0$，$I_0 = U_0/R$。在 Q_0 较高时，电容元件和电感元件将承受比电源电压高得多的电压。

3. 电感线圈与电容并联电路的固有频率 $\omega_0 = \dfrac{1}{\sqrt{LC}} \sqrt{1 - \dfrac{CR^2}{L}}$，当 $R \ll \sqrt{L/C} = \rho$ 时，$\omega_0 \approx \dfrac{1}{\sqrt{LC}}$，谐振导纳 $Y_0 = \dfrac{CR}{L}$，L、C 上的电流近似大于总电流的 Q_0 倍，即 $Q_0 = \dfrac{\rho}{R}$。

当线圈的电阻 $R = 0$，电路可视为电感与电容并联的电路，电感与电容进行能量交换时，因电路没有损耗能量的电阻，因此不需要电源提供能量，电路谐振时，总电流为零。电感与电容上的电流大小相等方向相反。

练　习

3 - 11 - 1　根据图 3 - 87 所示的三个电路图，试回答：当电源的角频率 $\omega_S = 1000\text{rad/s}$ 时，哪一个电路相当于开路？哪一个电路相当于短路？要使图 3 - 87（c）所示电路的阻抗为无穷大，ω_S 应为多少？

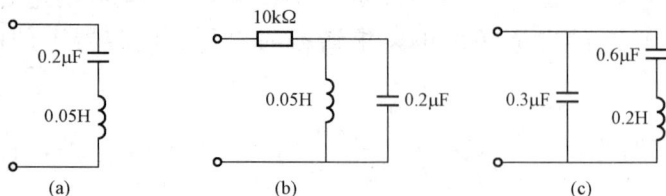

图 3 - 87　题 3 - 11 - 1 图

3 - 11 - 2　收音机的谐振电路可等效为 RLC 串联电路。$L = 500\mu H$，欲接收中波段电台的信号，它的信号频率范围是 $550 \sim 1600\text{kHz}$。试问电容的调解范围是多少？

3 - 11 - 3　实验电路如图 3 - 88 所示，保持信号源输入电压的幅值 $5\sqrt{2}V$，改变电压的频率，当 $\omega_S = 10\,000\text{rad/s}$ 时，电阻两端的电压表 PV1 读数最大，它的数值近似为 5V，此时电路处在_____状态。谐振角频率 $\omega_0 = $ _____，品质因数 $Q_0 = $ _____。电压表 PV2 的读数是_____。电感元件的 $L = $ _____。若 $\omega_S > \omega_0$ 时，电路呈_____性。若

$\omega_S<\omega_0$ 时，电路呈_____性。

3-11-4　电路如图 3-89 所示，若 $u(t)=10\sqrt{2}\sin1000t$ V，试求（1）假设电感电阻 $R\ll\rho$ 的条件下，电路处于谐振，则 L 多大？（2）各电流表的读数？（3）画出相量图。

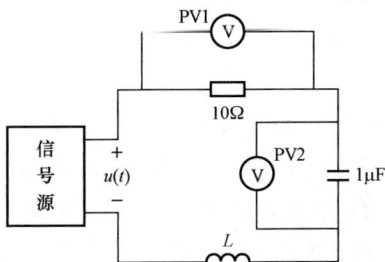

图 3-88　题 3-11-3 图　　　　　　　图 3-89　题 3-11-4 图

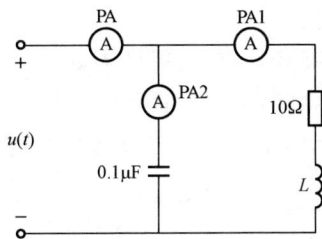

*第十二节　交流电路中的实际元件

　　理想元件 R、L、C 与交流电路中的实际元件是有区别的。它们是实际电气件在一定条件下的理想化。根据实际情况和不同的工作条件，交流电路中的实际元件也可用几个理想元件的组合来等效替代。

一、空心线圈的等效电路

　　对绕在非铁磁材料上的电感线圈称为空心线圈。它不仅存在电阻而且电感量 L 比直导线要大，匝间还有电容分布，如图 3-90 所示。但在不同频率的正弦电源激励下具有不同的等效电路。

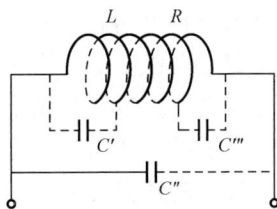

图 3-90　空心线圈

　　（1）在稳恒直流电源激励下，电感线圈的感抗因电源的角频率为零而等于零，相当于短路。并联电容相当于开路。此时的电感线圈的等效电路为纯电阻元件，如图 3-91（a）所示。

　　（2）在工频交流电源激励下，并联电容的容抗近似无穷，仍可视为开路。电感线圈的电路模型可等效为理想电阻和电感元件串联的电路，如图 3-91（b）所示，即在频率较低的电源作用下，可用参数 R、L 来描述电感线圈。

　　（3）若激励电源的频率很高，这时并联的电容的容纳不能忽略，可用图 3-91（c）所示的电路来等效电感线圈。

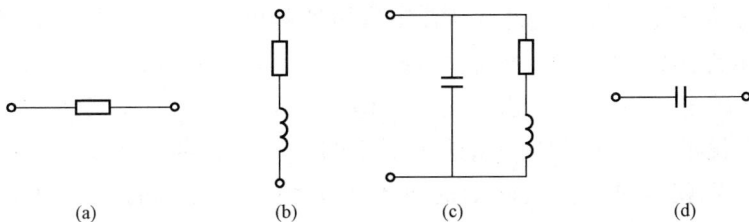

(a)　　　　　(b)　　　　　(c)　　　　　(d)

图 3-91　空心线圈的等效电路

（a）等效电路为纯电阻元件；（b）等效为理想电阻和电感元件串联的电路；

（c）不忽略电容；（d）等效为电容

（4）电源频率甚高，线圈感抗很高，通过线圈的电流完全有并联的电容来决定。此时，电感线圈可作为一个电容元件，如图 3 - 91（d）所示。

当频率高于 100MHz 时，不能用一般的电路理论进行分析，要用电磁场的理论来讨论。

由此可知，在频率不太高的情况下，而导线的电阻远小于感抗时，电感线圈可抽象为一个理想的电感元件。

二、实际电容器的等效电路

实际电容器的两个极板之间用电介质隔开，但电介质的绝缘电阻并非无限大。通常有一个漏电电流存在，它与两极之间的电压成正比。而且，电介质在两极电荷形成的电场作用下被极化。在交流电路中，电容器极板之间的电场大小和方向随时间不断变化，介质在变化的电场极化时要消耗电能。实际电容器中的电介质引起的损耗和漏电流总称为电容器损耗，所以，实际电容器可用一个理想电阻和一个理想电容元件并联模型来等效，如图 3 - 92（a）所示。电阻元件上的电流与电压同相，电容元件上的电流比电压超前 $\frac{\pi}{2}$。以电压相量为参考相量，作相量图如图 3 - 92（b）所示。即，实际电容元件的电流超前电压 φ 相位角。

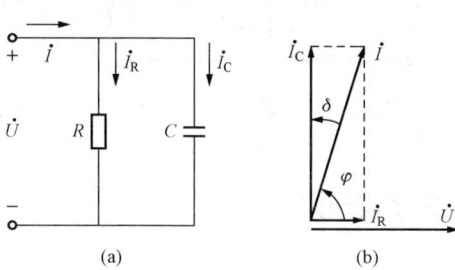

图 3 - 92 实际电容器的等效电路
(a) 等效电路；(b) 相量图

在工程技术上，为说明介质损失的性能，将 $\delta = 90° - \varphi$ 称介质的能耗角，作为介质的性能指标之一。当能耗角很小时，实际电容元件可被看成是理想电容元件。而实际电容器在工频状态下的能耗角就很小，所以常被当成是理想电容元件。

三、集肤效应

直流电流在导线中流动时，电流在导线截面上的分布是均匀的。导线电阻可以按电阻定律 $R = \rho \dfrac{l}{A}$ 计算。而交流电流在导线中流动时，电流在导线截面上分布不再均匀，导线表面电流密度大，越靠近导线中心电流密度越小。这种现象称为集肤效应。

集肤效应的形成可用图 3 - 93 解释，电流流过导体时，不仅导体外部，而且到导体内部也有磁场，假设一个截面为圆形的导线是由许多细铜线捆扎而成。每一根细铜线不仅有电阻，而且也有电感，可以看成是电阻和电感串联。由许多这样的细铜线捆扎而成的圆形截面的铜导线想象为许多 RL 串联电路的并联，如图 3 - 93（b）所示。图 3 - 93（a）表示由许多细铜丝捆扎而成的圆形截面，从图中可以看出，越靠近中心的细铜丝周围的磁通越多，所以其电感也越大，即 $L_d > L_c > L_b > L_a$，于是（b）图中并联的各支路的感抗也就不同，在导体两端电压不变的前提下，通过各细铜丝的电流并不同，$I_d < I_c < I_b < I_a$，也就是说导体截面上的电流不是均匀的分布的。这便是导体的集肤效应，也叫趋表效应。

由于集肤效应，导体的有效面积减少了，相应的电阻增加了，这个电阻叫交流电阻，它大于直流时的电阻。交流电阻不能用电阻定律计算，要根据电磁场理论来计算，或直接用实验来测量。

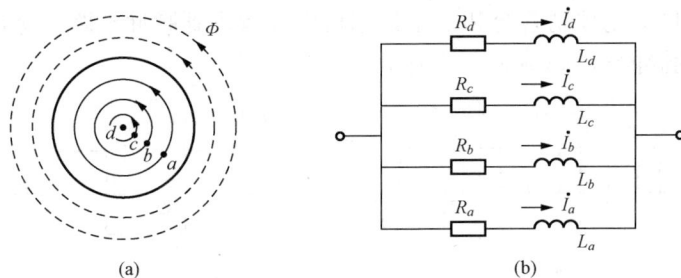

图 3 - 93　集肤效应

(a) 圆形截面；(b) 阶段 *RL* 串联电路并联

　　很显然，导体的集肤效应与导体的截面、材料及电流的频率有关。半径为 1cm 的铜线在电流频率为 1kHz 时，铜线中的电流基本上是均匀分布的，不必考虑集肤效应。当电流频率为 10kHz 时，开始察觉到集肤效应，铜线中心处的电流密度和表面的电流密度之比为 0.95，当电流频率增加到 100kHz 时，这个比值为 0.4，当电流频率增加到 10MHz 时，铜线中心几乎无电流，大部分集中在导线表面附近。如果导线直径较小，上述的频率界限相应提升。

　　在高压电力网中，输电线的截面积较大，虽然电流的频率较小，但集肤效应还是较显著的，常使用几股铝线绞合成，中心则用钢线以提高机械强度。在高频电路中的导线，由于电流频率很高必须考虑集肤效应，有时用空心的铜线。如大容量双水内冷发电机，它的绕组导线由于电流大，截面积大，集肤效应明显，所以可做成空心导线管，管中通过循环冷却水，以带走产生的热量。利用集肤效应可以使金属表面硬化，称为高频淬火，因为高频电流集中在表面一层，使表面受到强烈的加热作用。改变电流频率可以控制硬化的厚度。

*第十三节　非正弦交流电路简介

　　工程中常会遇到这样的电流、电压和电动势，它们随时间作周期性变化，但却不按正弦规律变化，这些量统称为非正弦周期量。这种电路称为非正弦周期性电路。

一、非正弦周期量的产生

　　正弦交流电路中已经了解到，两个同频率的正弦量之和仍然是一个频率不变的正弦量，但一个正弦量与不同频率的正弦量或直流量相加就不再是正弦量，如图 3 - 94 所示。

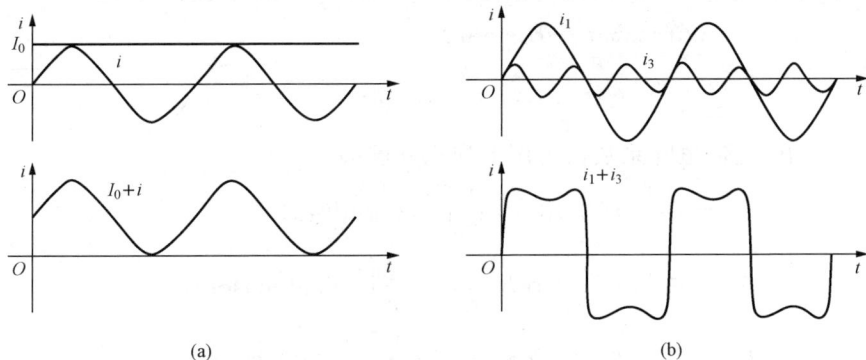

图 3 - 94　非正弦周期量

(a) 正弦电流与直流电流叠加；(b) 频率为 *f* 的正弦电流与频率为 3*f* 的正弦电流叠加

此外，现代的自动化控制系统和电子计算机中大量用到脉冲电路，脉冲电路中的电压和电流是各种形状的脉冲波，如图 3 - 95 所示。

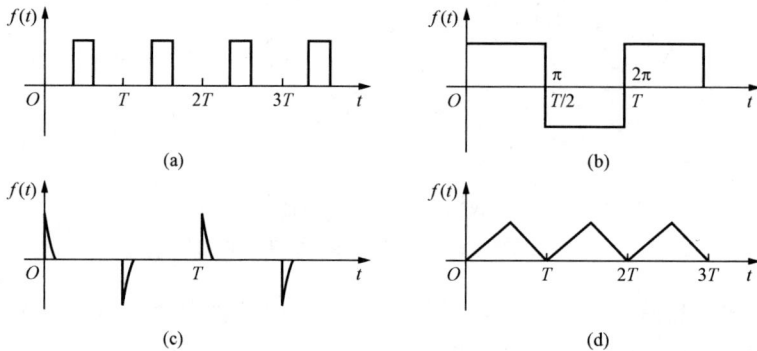

图 3 - 95　脉冲电路

当这些非正弦的信号源加在线性电路上，导致电路中产生非正弦的电压、电流波形。如果电路中存在非线性元件，例如半导体二极管、可控硅、有铁芯的电感线圈等，即使电源是正弦的，电路中也会产生非正弦的电流和电压。

非正弦周期信号有一个共同特点，即波形的变化都是周期性的，或者说，每经过一定的时间，电压或电流重复原来的变化，这个时间即为周期，周期的倒数即每秒重复变化的次数称为非正弦周期量的频率。

二、非正弦周期量的傅里叶级数

从数学中可以证明一个规律：任何一个频率为 f 的非正弦周期量都可分解成为若干个量，其中包括：**直流分量**、频率为 f 的正弦波分量（称为**基波**）和若干频率为 f 整数倍的正弦波分量（称为**谐波**）之和。对于频率是基波频率 k 倍的谐波，称它为第 k 次谐波。用公式表示为

$$f(\omega t) = C_0 + \sum_{k=1}^{\infty} C_k \sin(k\omega t + \psi_k) \tag{3 - 66}$$

式（3 - 66）称为该周期函数的傅里叶级数展开式。

利用三角函数，傅里叶级数也可以表示为

$$
\begin{aligned}
f(\omega t) &= A_0 + (A_1 \cos\omega t + B_1 \sin\omega t) + (A_2 \cos2\omega t + B_2 \sin2\omega t) + \cdots \\
&\quad + (A_k \cos k\omega t + B_k \sin k\omega t) \\
&= A_0 + \sum_{k=1}^{\infty}(A_k \cos k\omega t + B_k \sin k\omega t)
\end{aligned} \tag{3 - 67}
$$

式中：A_0，A_k，B_k 为傅里叶系数，可用下列积分求得

$$A_0 = \frac{1}{T}\int_0^T f(\omega t)\,\mathrm{d}t = \frac{1}{2\pi}\int_0^{2\pi} f(\omega t)\,\mathrm{d}(\omega t)$$

$$A_k = \frac{2}{T}\int_0^T f(\omega t)\cos k\omega t\,\mathrm{d}t = \frac{1}{\pi}\int_0^{2\pi} f(\omega t)\cos k\omega t\,\mathrm{d}(\omega t)$$

$$B_k = \frac{2}{T}\int_0^T f(\omega t)\sin k\omega t\,\mathrm{d}t = \frac{1}{\pi}\int_0^{2\pi} f(\omega t)\sin k\omega t\,\mathrm{d}(\omega t)$$

式（3 - 66）和式（3 - 67）中的系数之间的关系如下

$$C_0 = A_0, \quad C_k = \sqrt{A_k^2 + B_k^2}, \quad \psi_k = \arctan\frac{A_k}{B_k}$$

$$A_k = C_{km}\sin\psi_k, \quad B_k = C_{km}\cos\psi_k$$

这个展开式应有无穷多项，频率越高的项幅值越小，在工程应用中往往只取前几项（取到五次谐波或七次谐波），而把后面的更高次谐波忽略不计。

三、几种对称的非正弦周期量傅里叶级数展开式的特点

除上述一般规律外，特殊的波形还有一些特殊的规律。

（1）原点对称的波形（奇函数），如图 3 - 96 所示。其展开式不含直流分量与各余弦分量，即

$$f(\omega t) = \sum_{k=1}^{\infty} B_k \sin k\omega t$$

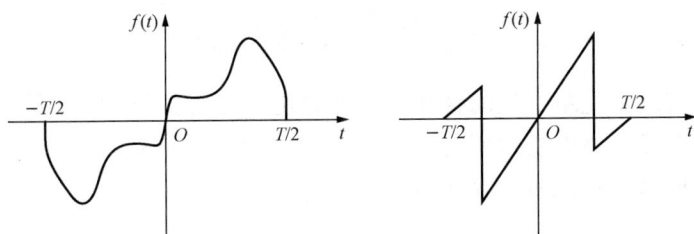

图 3 - 96　原点对称的波形

（2）纵轴对称的波形（偶函数），如图 3 - 97 所示，其展开式不含各正弦分量，即

$$f(\omega t) = A_0 + \sum_{k=1}^{\infty} A_k \cos k\omega t$$

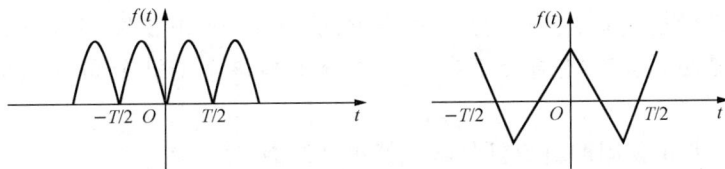

图 3 - 97　纵轴对称的波形

（3）横轴对称的波形（奇次谐波函数），当一个非正弦周期函数的前半周期移动半个周期之后，正好是原来的波形的镜像，这个波形即为横轴对称的波形，如图 3 - 98 所示。其展开式不含直流分量和偶次谐波分量，即

$$f(\omega t) = \sum_{k=奇数}^{\infty} (A_k \cos k\omega t + B_k \sin k\omega t)$$

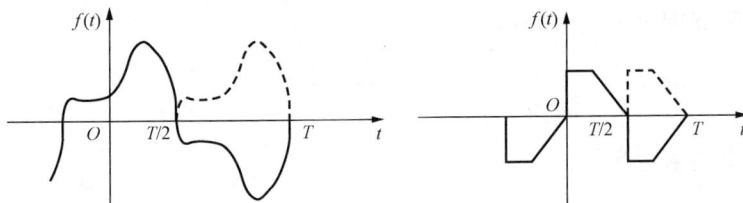

图 3 - 98　横轴对称的波形

（4）偶次谐波函数，一个非正弦周期函数的两个相差半个周期的函数值，如果大小相等，符号相同，即 $f(\omega t) = f\left(\omega t \pm \dfrac{T}{2}\right)$，如图 3 - 99 所示，其展开式只含直流分量和各偶次谐波项，即

$$f(\omega t) = A + \sum_{k=偶数}^{\infty} (A_k \cos k\omega t + B_k \sin k\omega t)$$

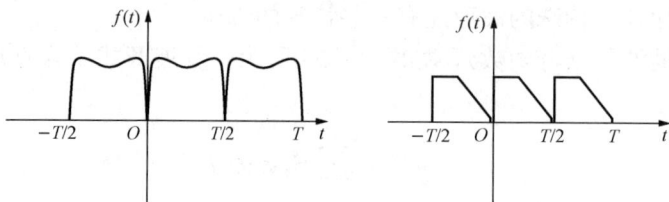

图 3 - 99　偶次谐波函数

分析非正弦周期电流电路要应用叠加定理，先逐一分析各分量对电路的作用而后将结果叠加，这种方法在电子电路中经常用到。

四、非正弦周期量的有效值、平均值

1. 有效值

任何一个周期量的有效值都是可以按照方均根值进行计算的，即

$$I = \sqrt{\frac{1}{T} \int_0^T i^2 \mathrm{d}i} \tag{3-68}$$

当知道函数 $f(\omega t)$ 在一个周期内的表达式，便可以直接代入式（3 - 68）计算有效值。如果已知非正弦周期量的傅里叶级数分解结果，即已知周期量的直流分量与各次谐波分量，则其有效值也可以根据各分量的值求出。一个非正弦周期量分解成傅里叶级数的各谐波都是正弦量，其有效值等于它的直流分量与各个谐波分量有效值的平方和的平方根。

例如，设某一非正弦周期电流已分解成傅里叶级数

$$i = I_0 + \sum_{k=1}^{\infty} I_{km} \sin(k\omega t + \psi_k)$$

其有效值为

$$I = \sqrt{I_0^2 + I_1^2 + I_2^2 + \cdots} \tag{3-69}$$

其中

$$I_1 = \frac{I_{1m}}{\sqrt{2}}, I_1 = \frac{I_{1m}}{\sqrt{2}}, \cdots, I_k = \frac{I_{km}}{\sqrt{2}}$$

同理，非正弦周期电压的有效值为

$$U = \sqrt{U_0^2 + U_1^2 + U_2^2 + \cdots} \tag{3-70}$$

2. 平均值

周期函数的平均值定义为

$$I_{av} = \frac{1}{T} \int_0^T |i(t)| \mathrm{d}t \tag{3-71}$$

即一个周期内函数绝对值的平均值称为该周期函数的平均值。

对于横轴对称的非正弦波，其平均值可只取半个周期积分

$$I_{av} = \frac{1}{T}\int_0^T |i(t)|\,dt = \frac{2}{T}\int_0^{T/2} |i(t)|\,dt$$

例如正弦波的平均值为

$$I_{av} = \frac{2}{T}\int_0^{T/2} I_m\sin\omega t\,dt = \frac{2}{T}\cdot\frac{1}{\omega}\int_0^\pi I_m\sin\omega t\,d(\omega t)$$

$$= \frac{1}{\pi}I_m[\cos\omega t]_0^\pi = 0.637 I_m$$

对于同一非正弦电流，当用不同类型仪表进行测量时，就会得出不同的结果。用磁电系仪表（直流仪表）测量所得结果将是电流的恒定分量，用电动系或电磁系仪表测量所得的结果是电流的有效值。

由此可见，在测量非正弦量时，要注意选择合适的仪表，并注意各种不同类型仪表的读数所表示的含义。

五、非正弦周期电路的功率

1. 平均功率

设在线性二端网络上的电流、电压分别为

$$i = I_0 + \sum_{k=1}^\infty I_{km}\sin(k\omega t + \psi_{ik})$$

$$u = U_0 + \sum_{k=1}^\infty I_{km}\sin(k\omega t + \psi_{uk})$$

按平均功率定义

$$P = \frac{1}{T}\int_0^T u\cdot i\,dt = U_0 I_0 + \sum_{k=1}^\infty U_k I_k\cos\varphi_k = P_0 + \sum_{k=1}^\infty P_k \tag{3-72}$$

$$= P_0 + P_1 + P_2 + \cdots$$

其中　　$\varphi_k = \psi_{uk} - \psi_{ik}$

由此可见，非正弦周期性电路的平均功率等于各次谐波的平均功率之和（直流可看作是零次谐波）。

2. 无功功率

同理可以证明无功功率为

$$Q = Q_0 + Q_1 + Q_2 + \cdots \tag{3-73}$$

即非正弦周期性电路的无功功率等于各次谐波的无功功率之和。

3. 视在功率

非正弦周期性电路的视在功率为

$$S = UI \tag{3-74}$$

很明显非正弦电路视在功率不等于各次谐波视在功率之和而且

$$S > \sqrt{P^2 + Q^2}$$

$$\cos\varphi = \frac{P}{S} \tag{3-75}$$

实际应用上，有时将非正弦波用一个等值正弦波来代替，式（3-75）中 $\cos\varphi$ 是等值正

弦波的功率因数，而非正弦周期性电路的功率因数是没有物理意义的。

六、滤波器

应用电感元件电抗与频率成正比的特性和电容元件电抗与频率成反比的特性，可以组成各种滤波器对含有多种谐波成分的非正弦周期电流进行滤波，根据需要保留其中有用的部分。

图 3 - 100（a）所示为**低通滤波器**，串联的电感元件对高频成分有较高的阻抗使其不易通过；并联的电容元件对高频成分有较低的阻抗使其被旁路。最后负载 R_L 中通过的电流将只含有低频成分。反之，图 3 - 100（b）所示为将电感元件与电容元件位置互换，成为**高通滤波器**。

图 3 - 100（c）所示为**单通滤波器**，也称为**选频电路**。图中的 L_1，C_1 和 L_2，C_2 具有相同的谐振频率 f_0，电路中串联的 L_1，C_1 元件对频率为 f_0 的谐波有最小阻抗，并联的 L_2，C_2 元件对频率为 f_0 的谐波有最大阻抗，所以负载 R_L 中只通过频率为 f_0 的电流，其余频率的分量将被 L_1，C_1 阻断和被 L_2，C_2 旁路掉。谐振电路的品质因数 Q 值越高，选频性能越好。

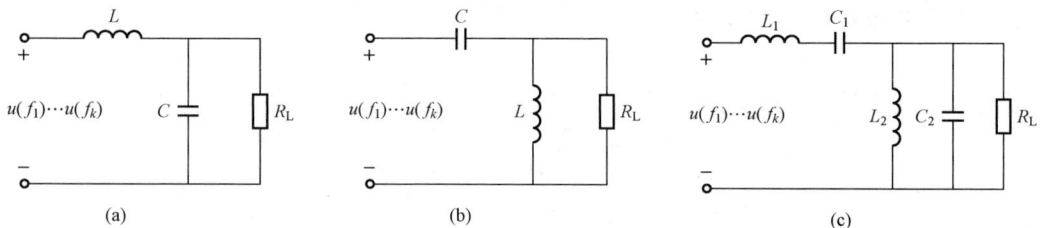

图 3 - 100　滤波器
（a）低通滤波器；（b）高通滤波器；（c）单通滤波器

本节小结

1. 电路中非正弦周期电流、电压的产生，来源于电源信号和电路参数的非线性两方面。

2. 电工技术中经常遇到的非正弦周期函数，可分解为傅里叶级数。

3. 把非正弦周期函数分解为傅里叶级数，就是确定各次谐波的傅里叶系数的问题。

4. 非正弦周期函数各次谐波的存在与否与波形的对称性有关。

5. 直流分量 A_0 是一个周期内的平均值，与计时起点选择无关。

6. 各种对称的非正弦周期分解的傅里叶级数都只含有特殊项。

7. 交流电流（电压）有效值定义式 $I = \sqrt{\dfrac{1}{T}\displaystyle\int_0^T i^2 \, \mathrm{d}i}$，不仅适用于正弦交流，也适用于非正弦周期电流（电压）。

8. 交流电流的平均值和直流分量是两个不同的概念，前者定义为 $I_{av} = \dfrac{1}{T}\displaystyle\int_0^T |i(t)| \, \mathrm{d}t$。

9. 交流电路平均功率定义式 $P = \dfrac{1}{T}\displaystyle\int_0^T ui \, \mathrm{d}t$，对非正弦电路仍然适用，它等于各次谐波平均功率之和 $P = P_0 + \displaystyle\sum_{k=1}^{\infty} P_k$。

10. 应用电感、电容元件电抗与频率关系的特性，可以组成各种滤波器对含有多种谐波成分的非正弦周期电流进行滤波，根据需要保留其中有用的部分。

本 章 小 结

本章讨论了正弦交流电路的基本概念及其分析计算，是研究电工实际问题的基础和学习相关专业课程的重要基础。

从内容上本章的学习可以划分成以下几个单元：

1. 正弦量的三要素及解析式、波形图、相量等三种表示形式。引入相量的概念。

2. 三种理想元件的伏安关系，KVL、KCL 的相量形式。引入感抗、容抗的概念。

3. 分析正弦交流电路的电压、电流和相位。引入无源两端网络的等效阻抗、等效导纳的概念。

4. 正弦交流电路的功率计算。引入无功功率、视在功率、有功功率和功率因数的概念。

5. 正弦交流电路的谐振现象。引入谐振电路的品质因数的概念。

习　　题

3-1　电压 $u(t)$ 和电流 $i(t)$ 波形图如图 3-101 所示，问初相位各是多少？写出解析式。计算 $u(t)$ 和 $i(t)$ 得相位差，并说明哪一个超前。如果计时起点向右推迟了 $\frac{1}{6}T$，写出 $u(t)$ 和 $i(t)$ 的解析式、相位差。

3-2　已知正弦电流的最大值 100mA，频率为 2MHz，求电流在经过零值后多少时间能达到 50mA。

3-3　已知正弦电流的最大值为 20A，频率为 2MHz，$t=0.002\mathrm{s}$ 时电流瞬时值为 15A，求初相位 ψ_i，写出解析式。

3-4　写出下列正弦量的相量。试问能否将这些相量画在一个复平面上？为什么？

图 3-101　题 3-1 图

(1) $i_1(t)=14.14\sin(314t+30°)$ A；　　(2) $u_1(t)=100\cos314t$ V；

(3) $i_2(t)=-\sin(314t-60°)$ A；　　　(4) $u_2(t)=10\sqrt{2}\sin628t$ V。

3-5　计算下列各题的复数，并用极坐标式表示。

(1) $10\angle53.1°+(4+\mathrm{j}2)$；(2) $2\sqrt{2}e^{\mathrm{j}\frac{\pi}{4}}-(2-\mathrm{j}8)$；(3) $2\angle90°+(6-\mathrm{j}0)$；

(4) $-5\angle36.9°-(1-\mathrm{j}6)$；(5) $(-5+\mathrm{j}5)5e^{\mathrm{j}\frac{\pi}{4}}$；(6) $-\mathrm{j}(-1+\mathrm{j})$。

3-6　把下列各正弦量的运算转化为相量的运算，且将各式合并为一个正弦量。

(1) $6\sin t+6\cos t$；(2) $10\sin\omega t+20\cos(\omega t+30°)$

(3) $5\sin(314t+30°)+6\sin(314t+60°)-2\cos(314t-30°)$

(4) $100\sin\omega t+100\sin(\omega t-120°)+100\sin(\omega t+120°)$

3-7　元件 A 两端的电压 $u(t)$ 和电流 $i(t)$ 取关联参考方向。如图 3-102 所示，已知 $u(t)=12\sin(1000t+30°)$ V，在下列情况下，求电流 $i(t)$。(1) 若 A 为电阻，且 $R=2\mathrm{k}\Omega$；(2) A 为电感元件，且 $L=20\mathrm{mH}$；(3) A 为电容元件，且 $C=1\mu\mathrm{F}$。

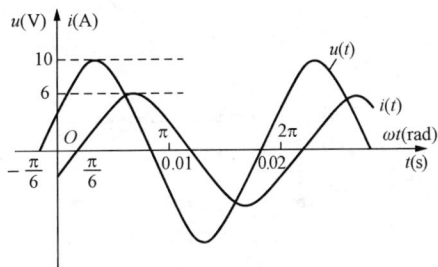

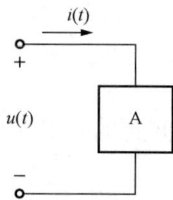

图 3 - 102　题 3 - 7 图

3 - 8　在题 3 - 7 中，已知元件是电阻、电感或电容，且电压 $u(t)$ 和电流 $i(t)$ 的解析式如下列各情况，求元件的参数 R、L、C。

(1) $u(t)=141.1\sin314t$ V，$i(t)=5\sqrt{2}\cos314t$ A

(2) $u(t)=141.1\sin(314t-70°)$ V，$i(t)=5\sqrt{2}\sin(314t-70°)$ A

(3) $u(t)=141.1\sin(1000t+40°)$ V，$i(t)=5\sqrt{2}\sin(1000t-50°)$ A

3 - 9　电阻 $R=30\Omega$ 与电容元件 $c=40\mu$F 串联，接在 $U=60$V 的电源上。求 $\omega=300$rad/s，600rad/s，1500rad/s 及 $\omega=0$rad/s 时的 X_C，φ 和电流 I。

3 - 10　电阻与电抗串联，外加电压 $u(t)=150\sin(314t-15°)$ V，电流 $i(t)=4.48\sin(314t-45°)$ A，且电压与电流的参考方向一致，求电阻 R 和电抗 X，并指出电路的性质，确定电抗元件的参数。

3 - 11　电路如图 3 - 103 所示，求下列各小题。(1) 若电压 $u(t)=150\sin(314t-45°)$ V，$i(t)=3\sin(314t-15°)$ A 时，求等效阻抗 Z，电阻 R，电感 L。并画出相量图。(2) 若保持电压 $u(t)$ 的幅值及元件参数 R、L 不变，频率为 $\omega=5000$rad/s 时，求电流 $i(t)$。(3) 若改变电感量 L，在 $\omega=5000$rad/s 时，且电压超前电流 45°，则 L 为多少？

3 - 12　图 3 - 104 所示电路中，已知电压表 PV1 的读数为 24V，PV3 的读数为 20V，PV4 60V，试分别求出电压表 PV2、PV 的读数。

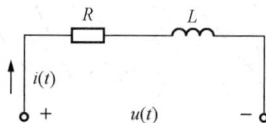

图 3 - 103　题 3 - 11 图

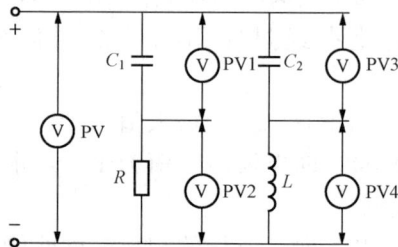

图 3 - 104　题 3 - 12 图

3 - 13　已知通过一复阻抗上的电流为 $\dot{I}=10\angle60°$，加在复阻抗上的电压为 $u=220\sqrt{2}\sin(\omega t-60°)$ V，试求 (1) $|Z|$、$|Y|$；(2) 阻抗角及导纳角。

3 - 14　已知某电路的复阻抗 $Z=100\angle30°\Omega$，求与之等效的复导纳 Y。

3 - 15　图 3 - 105 所示为一电阻与一线圈的串联电路，已知 $R=28\Omega$，测得 $I=4.4$A，$U=220$V，电路总功率 $P=580$W 频率 $f=50$Hz，求线圈的参数 r 和 L。

3 - 16　将一电阻 $R=8\Omega$，电容 $C=167\mu$F 所组成的串联电路接到 $u=100\sqrt{2}\sin(1000t+30°)$ V 的电源上，试求电流 I，并绘出相量图。

3 - 17　如图 3 - 106 所示电路，$Z=5e^{j36.9°}\Omega$，$U_1=U_2$，试求 X_C。

3 - 18　在 RLC 串联电路中，已知 $R=30\Omega$，$L=40$mH，$C=100\mu$F，$\omega=1000$rad/s，$\dot{U}_L=10e^{j0°}$V。试 (1) 求电路的阻抗 Z；(2) 求电流 $\dot{I}$ 和电压 $\dot{U}_R$、$\dot{U}_C$ 和 $\dot{U}$；(3) 绘电压、电流相量图。

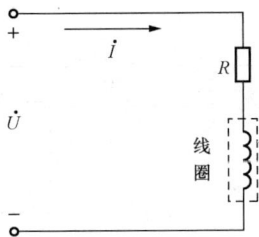

图 3 - 105　题 3 - 15 图

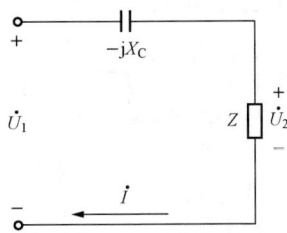

图 3 - 106　题 3 - 17 图

3 - 19　在图 3 - 107 所示电路中，$\dot{U}=100\angle-30°\mathrm{V}$，$R=4\Omega$，$X_\mathrm{L}=10\Omega$，$X_\mathrm{C}=15\Omega$，试求电流 $\dot{I}_1$、$\dot{I}_2$ 和 $\dot{I}$，并绘出相量图。

3 - 20　如图 3 - 108 所示电路中，$R=3\Omega$，$X_\mathrm{L}=4\Omega$，$X_\mathrm{C}=8\Omega$，$\dot{I}_\mathrm{C}=10\angle0°\mathrm{A}$。求电流 $\dot{I}$ 和电压 $\dot{U}_\mathrm{R}$、$\dot{U}_\mathrm{L}$ 和 $\dot{U}$。

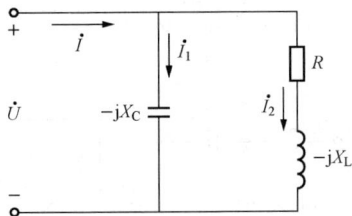

图 3 - 107　题 3 - 19 图

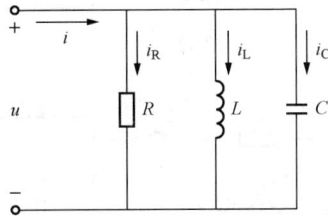

图 3 - 108　题 3 - 20 图

3 - 21　无源两端网络，端口电压、电流的波形如图 3 - 109（b）所示。求（1）等效阻抗 Z_{ab} 及串联等效电路和元件参数。（2）等效导纳 Y_{ab} 及并联等效阻抗和元件参数。

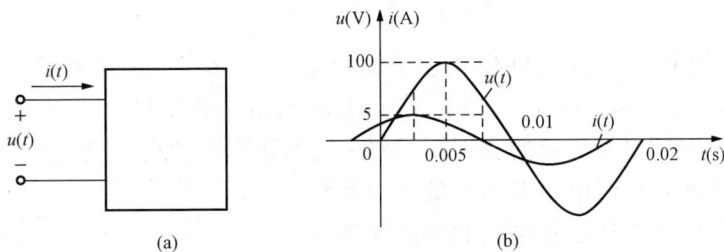

图 3 - 109　题 3 - 21 图

3 - 22　电路如图 3 - 110 所示，已知 $u_\mathrm{S}(t)=100\sqrt{2}\sin2t\ \mathrm{V}$，求输出电压 $u_\mathrm{O}(t)$。

3 - 23　在图 3 - 111 所示电路中，已知 $u_1(t)=\sqrt{2}\sin(2t+45°)\ \mathrm{V}$，试求电源电压 $u_\mathrm{S}(t)$，并画出相量图。

3 - 24　试求具有下列特点的负载的功率因数（1）$I=3.5\mathrm{A}$，$U=220\mathrm{V}$，$P=600\mathrm{W}$；（2）$|Z|=500\Omega$，$I=0.48\mathrm{A}$，$Q=57.6\mathrm{var}$；（3）$\dot{I}=10\angle40°\mathrm{A}$，$U=400\mathrm{V}$，$|Z|=25\Omega$，$\varphi<0$。

3 - 25　感性负载 $Z_1=(1+\mathrm{j}1)\Omega$，与容性负载 $Z=(2-\mathrm{j}5)\Omega$ 并联，用功率表测得 Z_1 的功率 $P_1=20\mathrm{W}$，求并联电路的总功率 P 和无功功率 Q 和功率因数 λ。

3 - 26　试求图 3 - 112 所示电路方框内电路的 P、Q、S 和 λ。

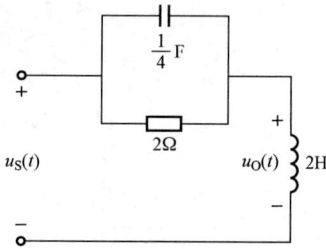

图 3 - 110　题 3 - 22 图

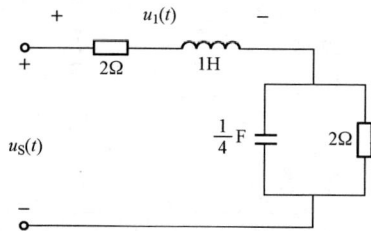

图 3 - 111　题 3 - 23 图

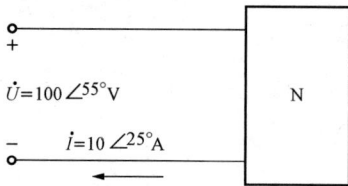

(a)

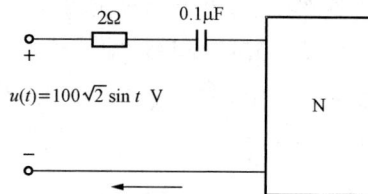

(b)

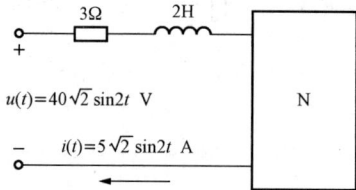

(c)

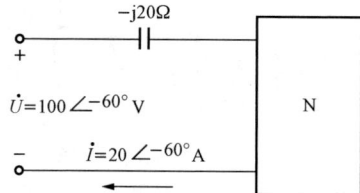

(d)

图 3 - 112　题 3 - 26 图

3 - 27　某车间有三个感性负载并联于输出电压为 220V 的变压器上，若 $P_1=2\text{kW}$，$\cos\varphi_1=0.65$；$P_2=1.5\text{kW}$，$\cos\varphi=0.6$；$P_3=1\text{kW}$，$\cos\varphi_3=0.866$。求总的视在功率和电路的总功率因数，应选用多大容量的变压器？如想把总功率因数提高到 0.9，应选用多大的电容器并联在电路两端？此时电容器的容量又是多大？

3 - 28　求图 3 - 113 所示各电路的谐振频率 ω_0。

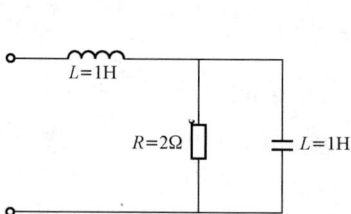

(a)

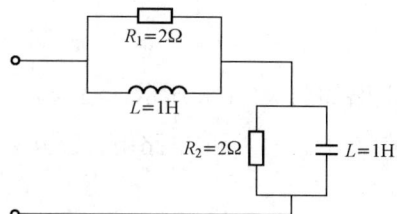

(b)

图 3 - 113　题 3 - 28 图

3 - 29　求图 3 - 114 所示电路中各支路的电流及电压源输出的功率。

3 - 30　求图 3 - 115 所示含源二端网络 ab 端的戴维南等效电路。

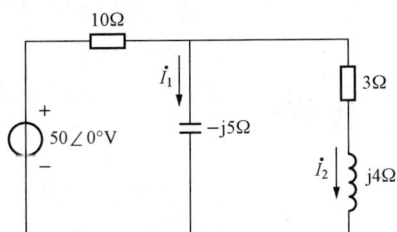

图 3 - 114 题 3 - 29 图

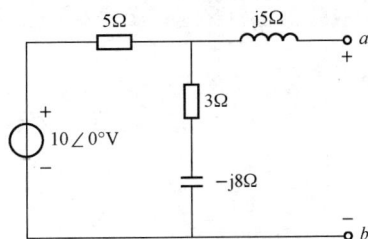

图 3 - 115 题 3 - 30 图

3 - 31 已知一 RLC 串联电路中，$R=10\Omega$，$X_L=15\Omega$，$X_C=5\Omega$，其中电流 $\dot I = 2e^{j30°}$ A 试求（1）总电压 $\dot U$，（2）$\cos\varphi$，（3）该电路的功率 P、Q、S。

3 - 32 已知某一无源网络的等效阻抗 $Z=10e^{j60°}\Omega$，外加电压 $\dot U = 220e^{j15°}$ V，求该网络的功率 P、Q、S 及功率因数 $\cos\varphi$。

3 - 33 在一电压为 380V，频率为 50Hz 的电源上，接有一电感性负载 $P=300$kW，$\cos\varphi=0.65$，现需将功率因数提高到 0.9，试问应并联多大的电容？

3 - 34 一收音机接收线圈的 $R=20\Omega$，$L=250\mu$H，调节电容 C 收听频率为 720kHz 的广播电台，输入回路可视为一 RLC 串联电路，问这时的电容值为多少？回路的品质因数 Q 为多少？

3 - 35 一 RLC 串联电路中，$R=10\Omega$，$L=1.5\times10^{-4}$H，$C=600$pF，已知电源电压 $U_s=5$mV，试求电路在谐振时的频率、电路的品质因数及元件 L 和 C 上的电压。

3 - 36 在 RL 串联和 C 并联的电路中，已知 $\omega_0=5\times10^6$ rad/s，$Q=100$，谐振阻抗为 200Ω，试求参数 R、L、C。

第 四 章

三 相 正 弦 交 流 电 路

　　三相正弦交流电路就是由三个频率相同、变化进程不同的正弦交流电源、线路、三相负载组成的一个整体供电系统。系统中的电源称为三相交流电源。三相交流发电机是最普通的三相电源。现在应用的交流电，几乎全是由三相发电机产生，并由三相输电线输送的。日常生活用电如照明、取暖、煮饭等是采用三相电路中的某一相，称为单相交流电路。三相交流供电与单相交流供电比较具有以下优点：

　　(1) 制造三相发电机和三相变压器比制造容量相同的单相发电机和单相变压器省材料；

　　(2) 在条件相同的情况下用三相输电所需输电线仅为单相输电时的 75%；

　　(3) 三相电流不仅能产生旋转磁场，而且对称三相电路的瞬时功率等于平均功率，可产生恒定的转矩，从而能制造结构简单，性能良好的三相异步电动机。因此三相电路自 19 世纪末问世以来，一直是电力系统发电、输电和配电的主要方式。

　　三相交流电路的分析与计算完全采用单相正弦交流电路的结论。但要注意，三相电路中电压、电流的参考方向有一定的规定，因此有特殊的性质和解法。这些特殊的解法和性质是单相正弦交流电路的性质和解法的延伸。

　　本章主要讨论对称三相交流电源和负载的连接方式，对称三相交流电路和不对称三相交流电路的分析与计算。

第一节　对称三相交流电源

一、对称三相电源

　　所谓对称三相电源是指能提供三个频率相等、最大值相同、相位顺序差为 120° 的正弦交流电压的电源。这三个电源如图 4-1 所示。用 U1、V1、W1 标记三个电源的正极性端，U2、V2、W2 标记负极性端，每一个电压源称为三相电源的一相，分别称为 U 相、V 相、W 相。电源电压记为 $u_U(t)$、$u_V(t)$、$u_W(t)$，称为对称三相电压。同样，三个正弦电流、电动势在频率、最大值、相位满足上述条件，也称为对称三相电流、对称三相电动势。三相电路中对称三相电压、电流、电动势统称为对称三相正弦量。如无特别说明，三相电路中对称正弦量的相位顺序差为 120°。如果以对称三相电动势为例，设 U 相电动势的初相位为 0（又称参考相），它们的瞬时值表达式为

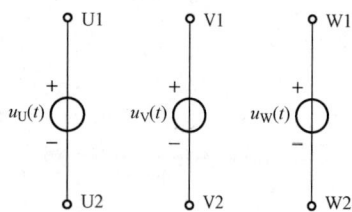

$$\left. \begin{array}{l} e_U(t) = E_m \sin\omega t \\ e_V(t) = E_m \sin(\omega t - 120°) \\ e_W(t) = E_m \sin(\omega t + 120°) \end{array} \right\} \qquad (4-1)$$

用相量表示为

$$\dot{E}_U = Ee^{j0°}, \qquad \dot{E}_V = Ee^{-j120°}, \qquad \dot{E}_W = Ee^{j120°} \quad (4-2)$$

它们的波形图和相量图如图 4-2 和图 4-3 所示。

图 4-1　对称三相电源

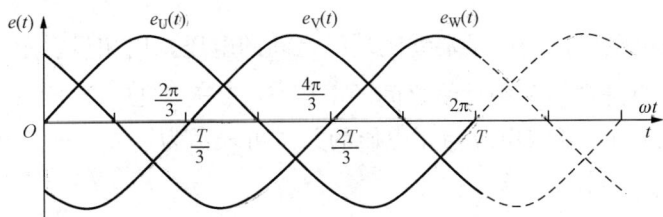

图 4-2 对称三相电动势波形图

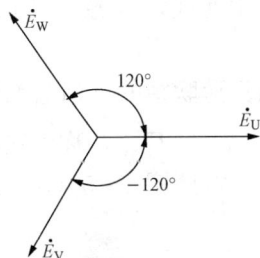

图 4-3 对称三相电动势相量图

很明显，三个电动势之和等于零，即

$$e_U(t) + e_V(t) + e_W(t) = 0 \quad \text{或} \quad \dot{E}_U + \dot{E}_V + \dot{E}_W = 0 \qquad (4\text{-}3)$$

三相电动势中，各相电动势到达正的最大值的先后次序称为相序。如图 4-3 中，V 相比 U 相滞后 $120°$，W 相比 V 相滞后 $120°$，U 相比 W 相滞后 $120°$。则相序为 U—V—W—U，这样的相序称为正序或顺序。与此相反的相序则是 U—W—V—U，称为负序或逆序。一般没有特别说明时，三相电动势均指正序。

三相交流发电机是最普遍的三相电源。因此三相电源还常用图 4-4 所示形式来表示三相发电机的三个独立绕组，它们的参考方向是始端为正，尾端为负。三个感应电压称为发电机电源的三个相电压。在一些特殊的场合，三相电源也可以由单相电源配以适当的电路组成。

二、三相电源的连接

作为三相制的电力系统，发电机的三个绕组不是各自独立供电的，它们按一定的方式连接起来，形成一个整体。其连接方式一种叫星形（Y 形）联结，另一种叫三角形（△形）联结。

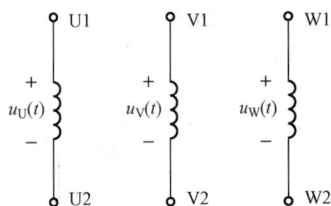

图 4-4 三相电源

1. 三相电源的星形联结

三相电源的星形联结如图 4-5（a）所示，为了形象一般将三个绕组位置也画成 Y 形，将三相绕组的尾端 U2、V2、W2 连接在一起，成为一个公共点 N，称为电源中性点。

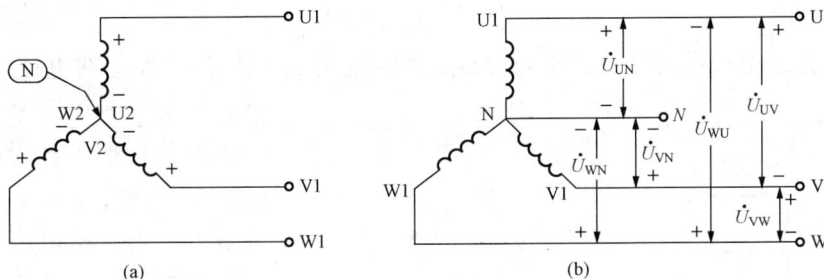

图 4-5 三相电源的星形联结和相电压参考方向

(a) 三相电源的星形联结；(b) 相电压的参考方向

一般电源的中性点接地时，N 点便叫零点。这样从发电机四个端点引出四根导线，即自三个始端 U1、V1、W1 的引出线称为端线也叫相线，俗称"火线"；从中性点 N 引出的线便称为中性线，电源中性点接地时便叫零线，注意零线还不是地线，它们的区别以后再说明。

由星形联结的三相电源可以得到两组电压，一组是端线到端线之间的电压，用相量表示为 $\dot{U}_{UV}$、$\dot{U}_{VW}$、$\dot{U}_{WU}$，称为线电压。另一组是端线和中性线之间的电压 $\dot{U}_{UN}$、$\dot{U}_{VN}$、$\dot{U}_{WN}$，称为相电压。按照图 4-5（b）所示的参考方向，各线电压与相电压的关系可表示为

$$\left.\begin{aligned}\dot{U}_{UV} &= \dot{U}_{UN} - \dot{U}_{VN} \\ \dot{U}_{VW} &= \dot{U}_{VN} - \dot{U}_{WN} \\ \dot{U}_{WU} &= \dot{U}_{WN} - \dot{U}_{UN}\end{aligned}\right\} \tag{4-4}$$

线电压与相电压的关系适用于任意三相电源。对于对称三相电源，如果令相电压的有效值为 U_P，则

$$\dot{U}_{UN} = U_P e^{j0°}$$
$$\dot{U}_{VN} = U_P e^{-j120°} \tag{4-5}$$
$$\dot{U}_{WN} = U_P e^{j120°}$$

根据线电压与相电压的关系式（4-4），有

$$\dot{U}_{UV} = \dot{U}_{UN} - \dot{U}_{VN} = U_P\left[1 - \left(-\frac{1}{2} - j\frac{\sqrt{3}}{2}\right)\right] = \sqrt{3}U_P\left(\frac{\sqrt{3}}{2} + j\frac{1}{2}\right) = \sqrt{3}U_P e^{j30°}$$

$$\dot{U}_{VW} = \dot{U}_{VN} - \dot{U}_{WN} = U_P\left[\left(-\frac{1}{2} - j\frac{\sqrt{3}}{2}\right) - \left(-\frac{1}{2} + j\frac{\sqrt{3}}{2}\right)\right] = \sqrt{3}U_P(-1) = \sqrt{3}U_P e^{-j90°}$$

$$\dot{U}_{WU} = \dot{U}_{WN} - \dot{U}_{UN} = U_P\left[\left(-\frac{1}{2} + j\frac{\sqrt{3}}{2}\right) - 1\right] = \sqrt{3}U_P\left(-\frac{\sqrt{3}}{2} + j\frac{1}{2}\right) = \sqrt{3}U_P e^{j150°}$$

令

$$U_L = \sqrt{3}U_P \tag{4-6}$$

则线电压

$$\left.\begin{aligned}\dot{U}_{UV} &= U_L e^{j30°} \\ \dot{U}_{VW} &= U_L e^{-j90°} \\ \dot{U}_{WU} &= U_L e^{j150°}\end{aligned}\right\} \tag{4-7}$$

其中 U_L 是线电压的有效值。也就是说三相对称星形联结的电源，线电压也是对称的，线电压等于相电压的 $\sqrt{3}$ 倍。线电压的相位分别比对应的相电压超前 30°。当然，这一结论也可从相量图中求得。相电压与线电压的相量图如图 4-6（a）所示。

在三相制中，常将 $\dot{U}_{UN}$ 做参考相量，画在竖直向上的位置上作为参考相量，用多边形法求出线电压，例如将 $\dot{U}_{VN}$ 相量的末端

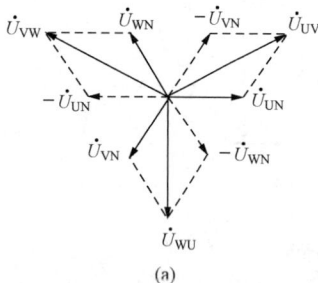

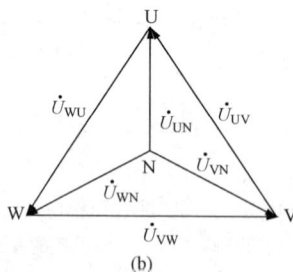

图 4-6 星形联结的相电压与线电压

(a) 相电压与线电压的相量图；(b) 三相对称电源的线电压

引向 $\dot{U}_{UN}$ 相量的末端，便得到线电压 $\dot{U}_{UV}$，依次类推，这一特殊形式的相量图如图 4-6（b）所示，对于三相对称电源，三个线电压组成正三角形 UVW，三个相电压的末端 N 点是正三角形的中心。

2. 三相电源的三角形联结

当三相电源的三个绕组中 U 相绕组的尾端 U2 与 V 相绕组的始端 V1，V 相绕组的尾端 V2 与 W 相绕组的始端 W1，W 相绕组的尾端 W2 与 U 相绕组的始端 U1 依次相连，如图 4-7（a）所示，就是三相电源的三角形联结。

电源的三角形联结只有三个端点，引出三条端线，如图 4-7（b）所示，很显然，线电压就等于相电压，相量图如图 4-8 所示。

$$\left.\begin{array}{l} \dot{U}_{UV} = \dot{U}_U = U_P e^{j0°} = U_L e^{j0°} \\ \dot{U}_{VW} = \dot{U}_V = U_P e^{-j120°} = U_L e^{-j120°} \\ \dot{U}_{WU} = \dot{U}_W = U_P e^{j120°} = U_L e^{j120°} \end{array}\right\} \tag{4-8}$$

$$U_L = U_P \tag{4-9}$$

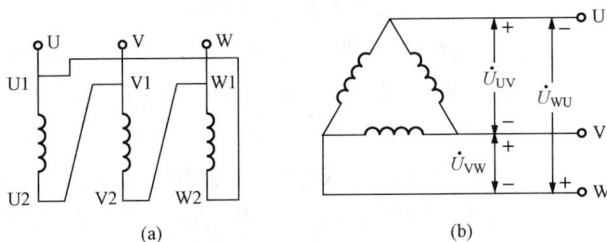

图 4-7 三相电源的三角形联结和线电压、相电压
（a）三角形联结；（b）线电压和相电压

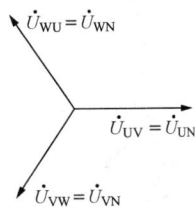

图 4-8 三角形联结线电压和相电压的相量图

三角形联结中三个具有电动势的绕组接成了闭合回路，当三相绕组对称时，三个电动势之和等于零，在外部没有接负载时，这一闭合回路中没有电流，即每一绕组中均没有电流流过。但如果三相电动势不对称，或者虽然对称，但有一相接反了，则因每一相绕组的内阻抗不大，将会有大电流在内部环行，有烧毁绕组的危险。因此，电源在作三角形联结时，必须严格按照各相首尾相接的原则，在判断不清时，应保留最后两端钮不接，用电压表测量开口处电压，如果结果为零，表示接法正确，再接成封闭的三角形。

目前，在电力供电系统中，三角形联结不常用。

本节小结

1. 三个频率相同、最大值相同、相位互差 120° 的正弦交流电源统称为对称三相电源，三相发电机是最普遍的三相对称电源。

2. 对称三相电源星形联结时，有三条端线和一条中性线、四个端钮，提供两组电压，即线电压和相电压，并且线电压是相电压的 $\sqrt{3}$ 倍，每一线电压较对应的相电压超前 30° 角。

练 习

4-1-1 一个对称三相电源采用星形联结，已知相电压为 220V，线电压是多少？如果有一相接反了，结果怎样？画出此错误接法的相量图。

4-1-2 对称三相电源，星形联结时，如果有两相接反了，结果怎样？三相都接反了，结果又怎样？

4-1-3 一个对称三相电源，已知相电压为 220V，每项绕组的内阻抗为（1+j2）Ω，要求接成三角形，如果有一相接反了，求环流 I_0。

第二节 三相负载的连接

三相电源与三相负载连接构成三相交流电路，常称三相电路。三相电路中的负载有动力负载如三相电动机，它具有三相对称的绕组，在电路模型中用三个相同的阻抗代表，其本身就是三相负载；还有如照明灯具、电风扇、电炉等，这类负载只需要单相电源，但将它们按一定的规则连接在一起也能组成三相负载。如果三相电路的每相负载都相等便称为对称三相负载。三相电动机就是三相对称负载。

三相负载和三相电源一样也有星形联结和三角形两种联结方式。

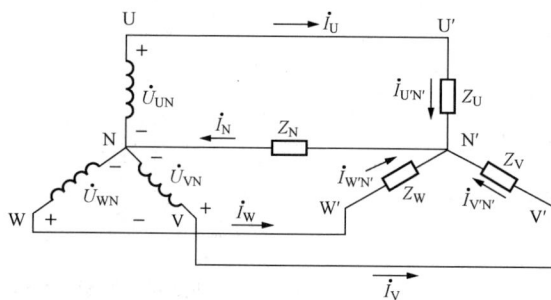

图4-9 三相负载星形联结

一、三相负载星形联结

图4-9所示电源和负载都是星形联结的电路，即 Y—Y 联结的三相电路。连接电源与负载有四条输电线，即三根端线与一根中性线（或零线）。这样的连接方式叫三相四线制。图4-9中 Z_U、Z_V、Z_W 分别表示 U 相负载、V 相负载和 W 相负载，Z_N 为中性线阻抗，每相输电线路的阻抗归并在每相负载中。

由电源端钮 U、V、W 流向负载端钮 U′、V′、W′ 的电流用相量 i_U、i_V、i_W 表示，流过三根端线的电流称为线电流，它的有效值记作 I_L。流过各相负载的电流相量表示为 $i_{U'N'}$、$i_{V'N'}$、$i_{W'N'}$ 称为相电流，有效值记作 I_P。流过中性线阻抗的电流 i_N 称为中性线电流，这些电流的参考方向如图4-9所示。

在 Y—Y 联结的三相四线制中，各端线电流等于对应各相电流，可以统一用 i_U、i_V、i_W 表示。中性线电流等于各相电流的代数和。

即

$$I_L = I_P \tag{4-10}$$

$$i_U + i_V + i_W = i_N$$

如果 Y—Y 联结的三相电路中，两个中性点没有用导线连接（即无中性线）称为三相三线制，线电流仍等于相电流，而

$$i_U + i_V + i_W = 0 \tag{4-11}$$

由于三个线电流的初相位不同，在某一瞬时不会同时流向负载，至少有一根端线作为返回电源的通路。

二、三相负载的三角形联结

在三相电路中，如果三相负载分别接到两根端线之间，这种连接是三角形联结，如图 4 - 10 所示，图中忽略了线路阻抗。

各负载阻抗上的电流称为相电流，分别为 $\dot{I}_{U'V'}$、$\dot{I}_{V'W'}$、$\dot{I}_{W'U'}$，三根输电线的线电流仍用 $\dot{I}_U$、$\dot{I}_V$、$\dot{I}_W$ 表示，参考方向如图 4 - 10 所示，则

$$\dot{I}_U + \dot{I}_V + \dot{I}_W = 0 \qquad (4 - 12)$$

$$\left.\begin{aligned} \dot{I}_U &= \dot{I}_{U'V'} - \dot{I}_{W'U'} \\ \dot{I}_V &= \dot{I}_{V'W'} - \dot{I}_{U'V'} \\ \dot{I}_U &= \dot{I}_{W'U'} - \dot{I}_{V'W'} \end{aligned}\right\} \qquad (4 - 13)$$

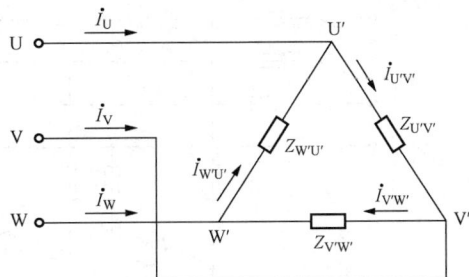

图 4 - 10 三相负载的三角形联结

如果三相负载对称，即 $Z_{U'V'} = Z_{V'W'} = Z_{W'U'} = Z = |Z|e^{j\varphi}$，则接在对称三相电源的三个负载相电流也是对称的。它们分别滞后于对应的相电压（三角形联结时相电压等于线电压）φ 角，选取 $\dot{U}_{UV}$ 为参考相量（初相位等于零），由图 4 - 10 可知，$\dot{U}_{UV} = \dot{U}_{U'V'}$，$\dot{U}_{VW} = \dot{U}_{V'W'}$，$\dot{U}_{WU} = \dot{U}_{W'U'}$，则三个相电流为

$$\dot{I}_{U'V'} = \frac{\dot{U}_{U'V'}}{Z} = \frac{\dot{U}_{UV}}{Z} = \frac{U_L}{|Z|}e^{-j\varphi} = I_P e^{-j\varphi}$$

$$\dot{I}_{V'W'} = I_P e^{-j(120°+\varphi)}$$

$$\dot{I}_{W'U'} = I_P e^{j(120°-\varphi)}$$

于是，三个线电流为

$$\left.\begin{aligned} \dot{I}_U &= \dot{I}_{U'V'} - \dot{I}_{W'U'} = I_P e^{-j\varphi}(1 - e^{j120°}) = I_P e^{-j\varphi}\left[1 - \left(-\frac{1}{2} + j\frac{\sqrt{3}}{2}\right)\right] \\ &= \sqrt{3}I_P e^{-j\varphi}e^{-j30°} = \sqrt{3}I_P e^{-j(30°+\varphi)} = I_L e^{-j(30°+\varphi)} \\ \dot{I}_V &= \sqrt{3}I_P e^{-j(150°+\varphi)} = I_L e^{-j(150°+\varphi)} \\ \dot{I}_W &= \sqrt{3}I_P e^{j(90°+\varphi)} = I_L e^{j(90°+\varphi)} \end{aligned}\right\} \qquad (4 - 14)$$

$$I_L = \sqrt{3}I_P \qquad (4 - 15)$$

即接在对称三相电源上的对称三相负载为三角形联结时，线电流是相电流的 $\sqrt{3}$ 倍，其相位依次较对应的相电流滞后 30°。图 4 - 11 所示为感性对称三相负载的相量图。

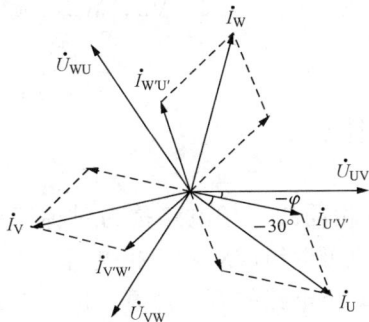

目前我国低压配电系统普遍采用三相四线制，线电压是 380V，相电压为 220V。在这种情况下，三相负载接入三相电源时，一般应遵循以下原则，当每相负载的额定电压等于电源线电压时，三相负载作三角形联结。当每相负载的额定电压等于电源相电压时，负载作星形联结。如果三相负载对称（如三相电动机），可采用三相三线制，不需要连接中性线。如果负载不能保证对称时（例如照明负载或其他单相负

图 4 - 11 感性对称三相负载的相量图

载），应采用星形联结，必须要有中性线，作三相四线制连接。图 4 - 12 所示是三相负载接电源时的实际线路图。

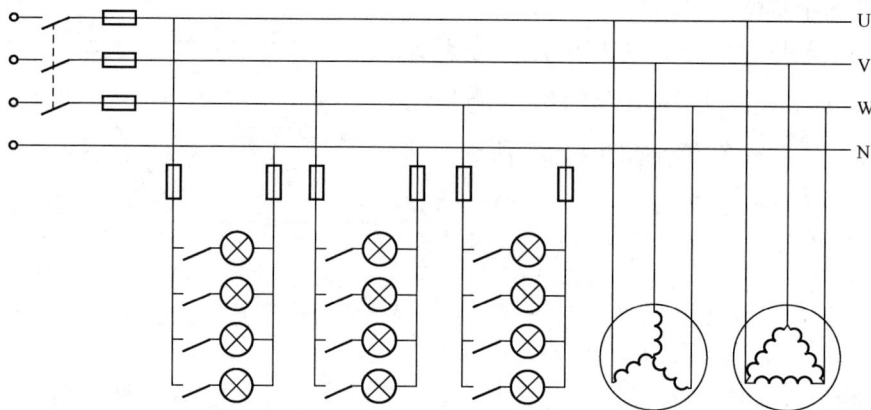

图 4 - 12　三相负载接电源时的实际线路图

💡 本节小结

1. 三相电路中三相负载可以接成星形或三角形。

2. 三相电路分为三相三线制和三相四线制两种。

3. 三相电路有两组电压和电流，它们是相电压与线电压、相电流与线电流。负载星形联结时相电流等于线电流，即 $I_L = I_P$；三角形联结时，如果是对称负载，线电流等于相电流的 $\sqrt{3}$ 倍，相位滞后于对应相的相电流 $30°$。

4. 无论电源与负载怎样连接，对于某一点，仍然遵循 KCL，即所有电流的相量和为零。

🔒 练 习

4 - 2 - 1　对称三相负载作三角形联结，若相电流对称，且 $\dot{I}_{U'V'} = \sqrt{3} \angle 36° A$。试求线电流 $\dot{I}_U$、$\dot{I}_V$、$\dot{I}_W$。

4 - 2 - 2　新建三幢同样规格住宅大楼，用电设备都是单相 220V 负载，接在 380/220V 三相四线制该怎样连接？实际使用时，负载对称吗？

4 - 2 - 3　一台三相感应电动机，铭牌上注有 380/220V、Y/△字样，如接在线电压为 380V 电源上，电动机的接线盒 6 个接线端标明有 U1、V1、W1 与 U2、V2、W2，应怎样连接。

第三节　对称三相电路的计算

三相负载对称，电源也对称且三根端线的线路阻抗也相同的三相电路称为对称三相电路。一般三相电动机都是对称三相负载。它们和三相发电机可以组成对称三相电路。

三相电路是复杂的正弦交流电路。它们原则上应按照复杂电路的方法计算，但根据其电路结构的特殊性，可简化计算。

一、三相负载 Y 形联结的对称三相电路

图 4 - 13 所示是 Y—Y 连接的对称三相四线制电路。

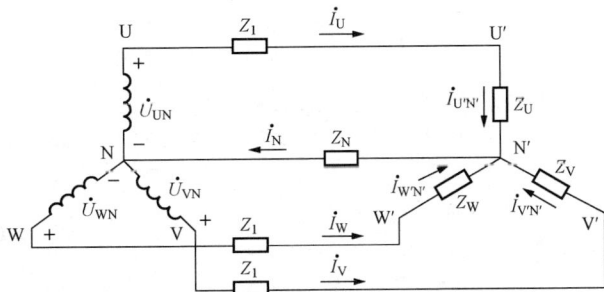

图 4 - 13 Y—Y 联结的对称三相四线制电路

图 4 - 13 中三个负载阻抗 Z 相等，三根端线阻抗 Z_1 也相等，Z_N 是中性线阻抗，令 N 点为参考结点，采用结点电压法，按图 4 - 13 所示的参考方向，则

$$\dot{U}_{N'N} = \frac{(\dot{U}_{UN}/Z + Z_1) + (\dot{U}_{VN}/Z + Z_1) + (\dot{U}_{WN}/Z + Z_1)}{(1/Z + Z_1) + (1/Z + Z_1) + (1/Z + Z_1) + (1/Z_N)}$$

$$= \frac{(\dot{U}_{UN} + \dot{U}_{VN} + \dot{U}_{WN})/(Z + Z_1)}{3 \times [1/(Z + Z_1)] + (1/Z_N)} = 0$$

电路中的线电流（相电流）为

$$\dot{I}_U = \frac{\dot{U}_{UN} - \dot{U}_{N'N}}{Z + Z_1} = \frac{\dot{U}_{UN}}{Z + Z_1}$$

$$\dot{I}_V = \frac{\dot{U}_{VN} - \dot{U}_{N'N}}{Z + Z_1} = \frac{\dot{U}_{VN}}{Z + Z_1}$$

$$\dot{I}_W = \frac{\dot{U}_{WN} - \dot{U}_{N'N}}{Z + Z_1} = \frac{\dot{U}_{WN}}{Z + Z_1}$$

中性线电流为

$$\dot{I}_N = \frac{\dot{U}_{N'N}}{Z_N} = 0$$

因为电源对称，电源输出的三个线电压是对称的 $\dot{U}_{UN} + \dot{U}_{VN} + \dot{U}_{WN} = 0$，这样，三个线电流也是对称的，所以

$$\dot{I}_U + \dot{I}_V + \dot{I}_W = \dot{I}_N = 0 \tag{4 - 16}$$

并且负载端相电压和线电压也是对称的，即

$$\dot{U}_{U'N'} = Z \dot{I}_U \qquad \dot{U}_{U'V'} = \dot{U}_{U'N'} - \dot{U}_{V'N'} = \sqrt{3} \dot{U}_{U'N'} e^{j30°}$$

$$\dot{U}_{V'N'} = Z \dot{I}_V \quad 及 \quad \dot{U}_{V'W'} = \dot{U}_{V'N'} - \dot{U}_{W'N'} = \sqrt{3} \dot{U}_{V'N'} e^{j30°} \tag{4 - 17}$$

$$\dot{U}_{W'N'} = Z \dot{I}_W \qquad \dot{U}_{W'U'} = \dot{U}_{W'N'} - \dot{U}_{U'N'} = \sqrt{3} \dot{U}_{W'N'} e^{j30°}$$

图 4 - 14（a）所示为负载端线电压、相电压、线电流（也是相电流）的相量图。图 4 - 14（b）所示为电源端、负载端各电压（线电压和相电压）关系的相量图。

从上面的讨论中可以得到以下结论：

（1）Y—Y 联结对称三相电路的电流也是对称的，各相电流仅由各相电源电压与各相阻抗决定（包含输电线阻抗，但与中性线上阻抗无关）。

（2）因为电流和电压都是对称的，中性点电压、中性线电流都等于零，即 $\dot{U}_{N'N} = 0$，$\dot{I}_N = 0$，中性线不起作用，Z_N 的大小对电路工作状态无关，甚至可以不用连接。例如 Y 形联结的三相电动机是对称负载，都不接中性线，节约了导线。

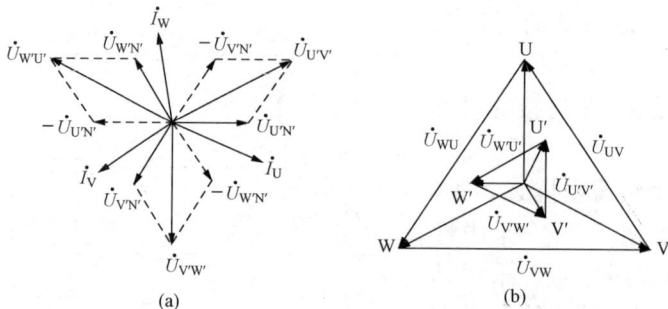

图 4 - 14　相量图

（3）因为对称，三相电路可以归结为一相来计算，这里 N、N′ 两点同电位，可以用导线短接，即不考虑 Z_N，计算 U 相电流的电路模型如图 4 - 15 所示，其余两相电流则根据对称关系，数值不变，而相位依次滞后 120° 直接写出。

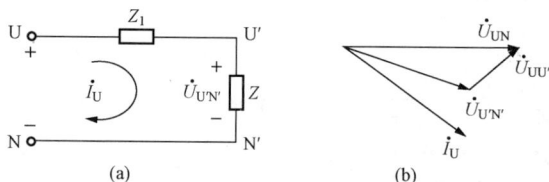

图 4 - 15　计算 U 相电流的电路模型

（4）当对称负载作星形联结而不接中性线时（即三相三线制），电源可以是星形联结的，也可以是三角形联结的。对于负载而言，只是电压不同而已。不论电源如何连接，都可以虚拟成一个星形联结的电源来求出对称的相电压，再按上述方法归结为单相进行计算。

【例 4 - 1】　一台三相感应电动机作星形联结，每相等效阻抗 $Z = (7.6 + \mathrm{j}5.7)\Omega$，每根端线的线路阻抗 $Z_1 = (0.4 + \mathrm{j}0.3)\Omega$，接在线电压为 380V 的对称三相电源上。求（1）线电流；（2）负载端电压。

解　按题意，画出电路图如图 4 - 16（a）所示，已知

$$U_L = 380\mathrm{V}, \quad Z = (7.6 + \mathrm{j}5.7)\Omega = 9.5\mathrm{e}^{\mathrm{j}36.9°}, \quad Z_1 = (0.4 + \mathrm{j}0.3)\Omega = 0.5\mathrm{e}^{\mathrm{j}36.9°}\,\Omega$$

电源星形联结时，$U_P = 220\mathrm{V}$。取 $\dot{U}_U$ 为参考相量，即 $\dot{U}_U = 220\mathrm{e}^{\mathrm{j}0°}\mathrm{V}$。对称三相电路化为单相来计算，以 U 相为例，画出单相计算电路，如图 4 - 16（b）所示。

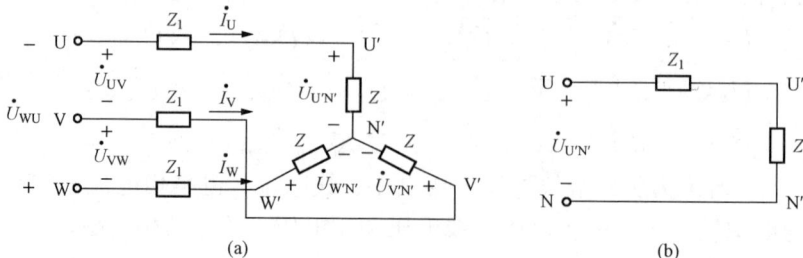

图 4 - 16　［例 4 - 1］图

（1）线电流

$$\dot{I}_U = \frac{\dot{U}_{UN}}{Z_1 + Z} = \frac{220\mathrm{e}^{\mathrm{j}0°}}{(0.4 + \mathrm{j}0.3) + (7.6 + \mathrm{j}5.7)} = \frac{220\mathrm{e}^{\mathrm{j}0°}}{10\mathrm{e}^{\mathrm{j}36.9°}} = 22\mathrm{e}^{-\mathrm{j}36.9°}\,\mathrm{A}$$

由于各线电流之间具有对称性，所以

$$\dot{I}_V = 22e^{-j156.9°}A, \quad \dot{I}_W = 22e^{j83.1°}A$$

（2）负载端电压

相电压

$$\dot{U}_{U'N'} = Z\dot{I}_U = 9.5e^{j36.9°} \times 22e^{-j36.9°} = 209e^{j0°}V$$

由于电路的对称性，所以

$$\dot{U}_{V'N'} = 209e^{-j120°}V, \quad \dot{U}_{W'N'} = 209e^{j120°}V$$

线电压

$$\dot{U}_{U'V'} = 209\sqrt{3}e^{j30°}V, \quad \dot{U}_{V'W'} = 209\sqrt{3}e^{-j90°}V, \quad \dot{U}_{W'U'} = 209\sqrt{3}e^{j150°}V$$

二、三相负载△形联结的对称三相电路

图 4-17 所示为忽略了线路阻抗时三相负载△形联结的对称三相电路。由电路可知，各相负载获得的是电源对应的线电压，相电流仍然可以用单相电路计算，即

$$\dot{I}_{U'V'} = \dot{U}_{UV}/Z$$

另外两相的电流各自滞后 120°，线电流也是对称的，$I_L = \sqrt{3}I_P$，而相位依次比各相的电流滞后 30°。

当输电线路的阻抗不能忽略时，电路如图 4-17（b）所示，则需要将△形联结的阻抗 $Z_\triangle$ 化为 Y 形联结的阻抗 Z_Y，即

$$Z_Y = Z_\triangle/3 \tag{4-18}$$

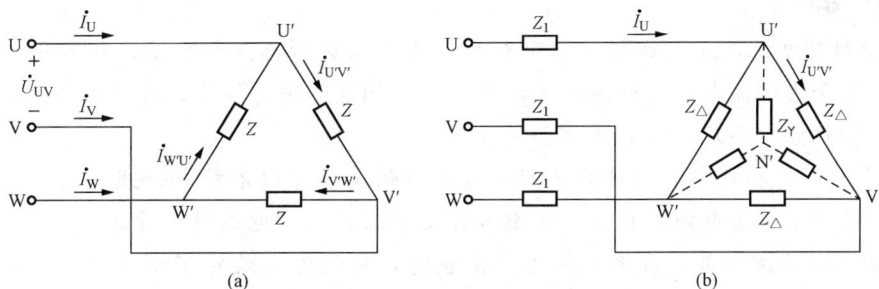

图 4-17 忽略了线性阻抗时三相负载△形联结

然后按对称星形负载先行计算出各线电流，再按 $\dot{I}_{U'V'} = (1/\sqrt{3})\dot{I}_U\angle30°$，求得相电流（即相电流是线电流的 $1/\sqrt{3}$，其相位较对应的线电流超前 30°），三角形负载的相电压由 $\dot{U}_{U'V'} = Z_\triangle\dot{I}_{U'V'}$ 求得。

【例 4-2】 如图 4-18 所示是一对称三角形负载中的一相，每相阻抗为（19.2+j14.4)Ω，输电线阻抗为（3+j4)Ω，接在线电压为 380V 的对称三相电源上。求（1）线电流；（2）相电流；（3）负载端电压。

解 参考图 4-17（b），将△形联结负载化为 Y 形联结，则

$$Z_Y = Z_\triangle/3 = (19.2+j14.4)/3 = (6.4+j4.8)\Omega$$

假想电源为 Y 形联结，取 U 相为代表相，简化为单相电

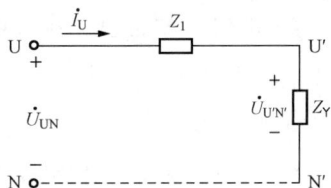

图 4-18 ［例 4-2］图

路，如图 4 - 18 所示，设 $\dot{U}_{UN}$ 为参考相量，即已知 $\dot{U}_{UN} = 220e^{j0°}$ V。

$$\dot{I}_U = \frac{\dot{U}_{UN}}{Z_1 + Z_Y} = \frac{220e^{j0°}}{(3+j4)+(6.4+j4.8)} = \frac{220e^{j0°}}{12.9e^{j43°}} = 17e^{-j43°} \text{ A}$$

（1）线电流

$$\dot{I}_V = 17e^{-j163°} \text{ A}, \qquad \dot{I}_W = 17e^{j77°} \text{ A}$$

（2）△形负载的相电流

$$\dot{I}_{U'V'} = \frac{1}{\sqrt{3}}\dot{I}_U e^{j30°} = \frac{17}{\sqrt{3}}e^{-j13°} = 9.8e^{-j13°} \text{ A}$$

$$\dot{I}_{V'W'} = 9.8e^{-j133°} \text{ A}, \qquad \dot{I}_{W'U'} = 9.8e^{j107°} \text{ A}$$

（3）负载端电压

$$\dot{U}_{U'V'} = Z_\triangle \dot{I}_{U'V'} = 24e^{j36.9°} \times 9.8e^{-j13°} = 235e^{j23.9°} \text{ V}$$

$$\dot{U}_{V'W'} = 235e^{-j96.1°} \text{ V}$$

$$\dot{U}_{W'U'} = 235e^{j143.9°} \text{ V}$$

当然在负载端电压求解时也可以先按图 4 - 18 求出 $\dot{U}_{U'N'}$，然后再根据 $\dot{U}_{U'V'} = \sqrt{3}$ $\dot{U}_{U'N'}\angle 30°$ 求得。

本节小结

1. 三相对称电源，输电线阻抗相同和对称负载组成对称三相电路，特点是相电压、线电压、相电流和线电流都是对称的，可以归结为一相电路进行计算，其他两相的电流或电压大小相等，相位依次滞后 $120°$，可直接写出。

2. 对称 Y 形三相负载，由对称 Y 形三相电源供电，可以不接中性线，由对称△形三相电源供电，或者不知道电源的接法时，都可虚拟 Y 形接法的电源进行计算。

3. 对称△形三相负载，在考虑输电线阻抗时，可化为等效的 Y 形联结，逐步化简，进行计算。

练 习

4 - 3 - 1　一台三相感应电动机，每相等效电阻为 $(8+j6)\Omega$，每相额定电压为 220V，接在线电压为 380V 的三相三线制电源上，问应如何接？如每根输电线阻抗为 $(2+j0)\Omega$，求线电流、负载端线电压。

4 - 3 - 2　题 4 - 3 - 1 中的电动机如每相额定电压为 380V，其他条件不变，应如何接法？求线电流、负载端电压。

4 - 3 - 3　根据基尔霍夫电流定律，流入任一结点的电流之和等于流出该结点电流之和，在对称 Y 形三相负载中，流入结点 N′ 的电流之和等于零，$i_U + i_V + i_W = 0$，$\dot{I}_U + \dot{I}_V + \dot{I}_W = 0$ 是否正确？为什么？

4 - 3 - 4　对称三相电路的负载△形联结，已知负载端电压为 $\dot{U}_{U'V'} = 380e^{j45°}$ V，线电流为 $\dot{I}_V = 3.8e^{-j165°}$ A，求负载阻抗。

第四节 三相四线制不对称负载电路的计算

一、电路中电压、电流的计算

三相电路中的电源、负载和输电线阻抗三者之中有一相不对称，则整个三相电路便是不对称的。

在电工技术中，通常电源都是对称的，三根输电线阻抗也是相等的，三相电路的不对称主要是由负载的不对称造成的。为供给照明等单相负载而采用三相四线制，在设计时假定三相负载是对称的，但实际使用时，各相负载一般也不相等，电力系统发生故障（如一相断路或短路）也会造成三相电路不对称甚至严重的不对称。

负载不对称的三相四线制电路如图4-19所示，假设中性线有阻抗 Z_N，三根输电线阻抗相等都是 Z_1，电源仍然是对称的，但三个负载阻抗不相等，分别为 Z_U、Z_V、Z_W，根据结点电压法，有

$$\dot{U}_{N'N} = \frac{\dfrac{\dot{U}_{UN}}{Z_1 + Z_U} + \dfrac{\dot{U}_{VN}}{Z_1 + Z_V} + \dfrac{\dot{U}_{WN}}{Z_1 + Z_W}}{\dfrac{1}{Z_1 + Z_U} + \dfrac{1}{Z_1 + Z_V} + \dfrac{1}{Z_1 + Z_W} + \dfrac{1}{Z_N}} \quad (4-19)$$

图 4-19 负载不对称的三相四线制电路

由于三相负载不对称，所以 $\dot{U}_{N'N} \neq 0$，则

$$\left.\begin{array}{l}\dot{U}_{UN'} = \dot{U}_{UN} - \dot{U}_{N'N} \\ \dot{U}_{VN'} = \dot{U}_{VN} - \dot{U}_{N'N} \\ \dot{U}_{WN'} = \dot{U}_{WN} - \dot{U}_{N'N}\end{array}\right\} \quad (4-20)$$

三个相电流（也是线电流）为

$$\dot{I}_U = \frac{\dot{U}_{UN'}}{Z_U + Z_1}, \quad \dot{I}_V = \frac{\dot{U}_{VN'}}{Z_V + Z_1}, \quad \dot{I}_U = \frac{\dot{U}_{WN'}}{Z_W + Z_1} \quad (4-21)$$

三个负载的相电压为

$$\dot{U}_{U'N'} = Z_U \dot{I}_U, \quad \dot{U}_{V'N'} = Z_V \dot{I}_V, \quad \dot{U}_{W'N'} = Z_W \dot{I}_W \quad (4-22)$$

中性线电流为

$$\dot{I}_N = \frac{\dot{U}_{N'N}}{Z_N} = \dot{I}_U + \dot{I}_V + \dot{I}_W \quad (4-23)$$

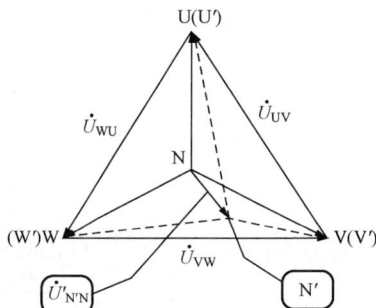

电路中各电压的相量图如图4-20所示，因为电源是对称的，三个线电压组成正三角形 UVW，电源的中性点正好位于正三角形的中心，电源的三个相电压也是对称的。但是负载不对称，则 $\dot{U}_{N'N} \neq 0$，负载的中性点与电源的中性点在相量图上不再重合，被称为中性点位移。由 N 指向 N' 是中性线上的电压相量 $\dot{U}_{N'N}$。中性点位移标志着除电源的线电压、相电压之外的电路中的其他线电压、相电压和线电流不再对称。中性线电流也不再为零。

图 4-20 电路中各电压的相量图

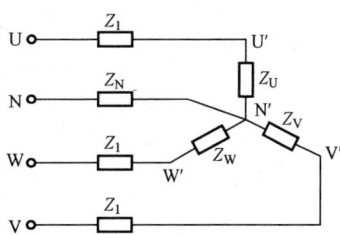

【例 4 - 3】 参考图 4 - 19 所示的三相四线制不对称 Y 形负载，已知电源 $U_P = 220\text{V}$，$Z_U = (11+j0)\Omega$，$Z_V = (6.07+j7.07)\Omega$，$Z_W = (9.4+j6)\Omega$，$Z_1 = (1+j0)\Omega$，$Z_N = (2+j0)\Omega$，求各线电流，负载相电压、画相量图。

解 令

$$\dot{U}_{UN} = 220e^{j0°}, \quad \dot{U}_{VN} = 220e^{-j120°}, \quad \dot{U}_{WN} = 220e^{j120°}$$

因为

$$Z_1 + Z_U = (1+11)\Omega = 12e^{j0°}\Omega$$
$$Z_1 + Z_V = (1+6.07+j7.07)\Omega = 10e^{j45°}\Omega$$
$$Z_1 + Z_W = (1+9.4+j6)\Omega = 12e^{j30°}\Omega$$

则根据节点电压法

$$
\begin{aligned}
\dot{U}_{N'N} &= \frac{\dfrac{\dot{U}_{UN}}{Z_1+Z_U} + \dfrac{\dot{U}_{VN}}{Z_1+Z_V} + \dfrac{\dot{U}_{WN}}{Z_1+Z_W}}{\dfrac{1}{Z_1+Z_U} + \dfrac{1}{Z_1+Z_V} + \dfrac{1}{Z_1+Z_W} + \dfrac{1}{Z_N}} \\
&= \frac{(220/12)e^{j0°} + (220/10)e^{-j165°} + (220/12)e^{j90°}}{1/12 + (0.0707 - j0.0707) + (0.0722 - j0.0417) + 0.5} \\
&= 17.65e^{j112°} = (-6.55 + j16.4)\text{V}
\end{aligned}
$$

所以

$$\dot{U}_{UN'} = \dot{U}_{UN} - \dot{U}_{N'N} = 220 + 6.55 - j16.4 = 226.6 - j16.4 = 227e^{-j4°}\text{V}$$

$$\dot{U}_{VN'} = \dot{U}_{VN} - \dot{U}_{N'N} = -110 - j190.5 + 6.55 - j16.4 = -103 - j207 = 231e^{-j116°}\text{V}$$

$$\dot{U}_{WN'} = \dot{U}_{WN} - \dot{U}_{N'N} = -110 + j190.5 + 6.55 - j16.4 = -103 + j174 = 202e^{-j120.6°}\text{V}$$

（1）各线电流为

$$\dot{I}_U = \frac{\dot{U}_{UN'}}{Z_1+Z_U} = \frac{227e^{-j4°}}{12e^{j0°}} = 18.9e^{-j4°}\text{A}$$

$$\dot{I}_V = \frac{\dot{U}_{VN'}}{Z_1+Z_V} = \frac{231e^{-j116°}}{10e^{j45°}} = 23.1e^{-j161°}\text{A}$$

$$\dot{I}_W = \frac{\dot{U}_{UN'}}{Z_1+Z_W} = \frac{202e^{j120.6°}}{12e^{j30°}} = 16.8e^{j90.6°}\text{A}$$

（2）负载相电压为

$$\dot{U}_{U'N'} = Z_U \dot{I}_U = 11e^{j0°} \times 18.9e^{-j4°} = 208e^{-j4°}\text{V}$$

$$\dot{U}_{V'N'} = Z_V \dot{I}_V = 9.32e^{j49°} \times 23.1e^{-j161°} = 215e^{-j112°}\text{V}$$

$$\dot{U}_{W'N'} = Z_W \dot{I}_W = 11.15e^{j32.6°} \times 16.8e^{j90.6°} = 187e^{j123°}\text{V}$$

（3）中性线电流

$$\dot{I}_N = \frac{\dot{U}_{N'N}}{Z_N} = \frac{17.65e^{j112°}}{2e^{j0°}} = 8.8e^{j112°}\text{A}$$

［例 4 - 3］中的各电压相量如图 4 - 21 所示。没有标出的电压相量，大家可以自己在图中寻找。

由上述可知，三相星形联结负载不对称是产生三相电流和负载端电压不对称的根本原因。而中性线的阻抗大小也会直接影响负载的工作。如中性线的阻抗 $Z_N = 0$，这时，中性线上没有电压降，负载的中性点不发生位移，则 $\dot{U}_{UN'}$、$\dot{U}_{VN'}$、$\dot{U}_{WN'}$ 仍然是对称的，但三个线电流是不对称的，但不对称的程度要小些。反之，如果中性线阻抗 $Z_N \to \infty$，同等负载的情况下，负载中性点的位移可能要大些，三相电压 $\dot{U}_{UN'}$、$\dot{U}_{VN'}$、$\dot{U}_{WN'}$ 和线电流的不对称程度就更大一些。特别是在极端不对称得的条件下，中性点的位移很大，会造成某相负载上的电压超出或低于其额定电压很大的数值，因而不能正常的工作。

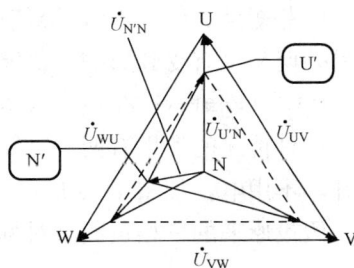

图 4 - 21 ［例 4 - 3］图

二、分析两种极端情况

（一）U 相短路 $Z_U = 0$

1. 不接中性线

这是电路的一种故障状态，可能是由于某种原因，U 端钮与负载的中性点发生了短路。如图 4 - 22 所示，线路上的阻抗忽略不计。

此时

$$\dot{U}_{N'N} = \frac{\dfrac{\dot{U}_{UN}}{Z_U} + \dfrac{\dot{U}_{VN}}{Z_V} + \dfrac{\dot{U}_{WN}}{Z_W}}{\dfrac{1}{Z_U} + \dfrac{1}{Z_V} + \dfrac{1}{Z_W}} = \frac{\dot{U}_{UN} + Z_U\left(\dfrac{\dot{U}_{VN}}{Z_V} + \dfrac{\dot{U}_{WN}}{Z_W}\right)}{1 + \left(\dfrac{1}{Z_V} + \dfrac{1}{Z_W}\right)Z_U} = \dot{U}_{UN}$$

即 N′ 与 U 端同相位，在相量图中，负载中性点 N′ 上移至 U 端，则 $\dot{U}_{UN'} = 0$，而 $\dot{U}_{VN'} = \dot{U}_{VU}$，$\dot{U}_{WN'} = \dot{U}_{WU}$。V 相和 W 相的相电压升高为线电压，为额定值的 $\sqrt{3}$ 倍。

即

$$\dot{U}_{UN'} = 0$$

$$\dot{U}_{VN'} = \dot{U}_{VN} - \dot{U}_{N'N} = \dot{U}_{VN} - \dot{U}_{UN} = \dot{U}_{VU} = -\dot{U}_{UV}$$

$$\dot{U}_{WN'} = \dot{U}_{WN} - \dot{U}_{N'N} = \dot{U}_{WN} - \dot{U}_{UN} = \dot{U}_{WU}$$

很显然，这时 V 相和 W 相的负载获得的都是电源的线电压，会因电压过高、电流过大而损坏。

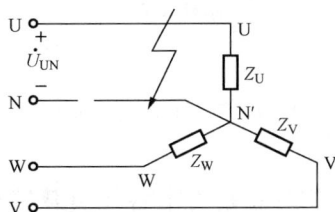

图 4 - 22 不接中性线，U 端钮与
负载的中性点发生短路

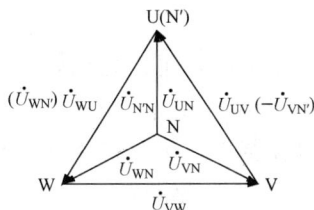

图 4 - 23

2. 接中性线

中性线阻抗忽略，即 $Z_N = 0$，这时 $\dot{U}_{N'N} \equiv 0$。

U 相短路，$\dot{I}_U \to \infty$，会使连接在该端线上的短路保护装置发生动作，而切断该条线路。而另外两相没有受到影响。仍能正常工作。

（二）U 相断路 $Z_U \to \infty$（不接中性线）

这种情况的发生有两种可能，一是 U 相因故障断线；另一种是 U 相负载开关或熔断器断开，不用电，如图 4 - 24 所示。

假设原来的三相负载是对称的，这时

$$Z_V = Z_W = Z, \quad Z_U \to \infty$$

$$\dot{U}_{N'N} = \frac{\dfrac{\dot{U}_{VN}}{Z_V} + \dfrac{\dot{U}_{WN}}{Z_W}}{\dfrac{1}{Z_V} + \dfrac{1}{Z_W}} = \frac{\dfrac{\dot{U}_{VN}}{Z} + \dfrac{\dot{U}_{WN}}{Z}}{\dfrac{1}{Z} + \dfrac{1}{Z}} = \frac{\dot{U}_{VN} + \dot{U}_{WN}}{2} = -\frac{\dot{U}_{UN}}{2}$$

所以

$$\dot{U}_{UN'} = \dot{U}_{UN} - \dot{U}_{N'N} = \dot{U}_{UN} - (-\dot{U}_{UN}/2) = \frac{3}{2}\dot{U}_{UN}$$

$$\dot{U}_{VN'} = \dot{U}_{VN} - \dot{U}_{N'N} = \dot{U}_{VN} - \frac{\dot{U}_{VN} + \dot{U}_{WN}}{2} = \frac{\dot{U}_{VN} - \dot{U}_{WN}}{2} = \frac{\dot{U}_{VW}}{2}$$

$$\dot{U}_{WN'} = \dot{U}_{WN} - \dot{U}_{N'N} = \dot{U}_{WN} - \frac{\dot{U}_{VN} + \dot{U}_{WN}}{2} = -\frac{\dot{U}_{VN} - \dot{U}_{WN}}{2} = -\frac{\dot{U}_{VW}}{2}$$

即负载中性点 N' 移到了正三角形 UVW 的 VW 边的中点上，如图 4 - 25 所示。这样 U 相相电压为对称时的 1.5 倍，但因为是开路，电压加在了开路两端，该端线上的线电流为零。而 V 相和 W 相的相电压是线电压的 1/2，低于对称时的数值，不能正常工作。

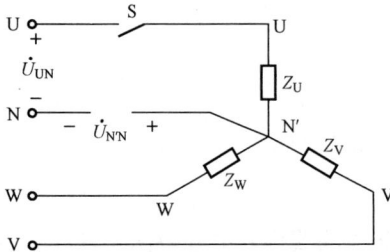

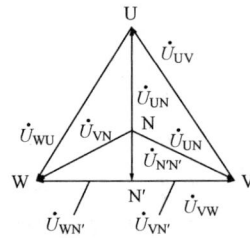

图 4 - 24　不接中性线　　　　　　图 4 - 25　中性点 N'
　　　　　　　　　　　　　　　　　　　　　移到 VW 边中点上

综合以上分析，可以归纳如下：

（1）不对称 Y 形三相负载，必须连接中性线，而且为了防止中性线断开，中性线必须有足够的机械强度，不允许装开关和熔断器。

（2）由单相负载组成不对称 Y 形三相负载，安装时总是力求各相负载接近对称，中性线电流一般小于各线电流，中性线导线可以选用比三根端线小一些的截面。

（3）因为中性点有位移，即使电源中性点 N 接地（中性线叫做零线），但负载中性点 N' 与大地电位不相等，因此零线和地线是有区别的。在安全保护措施上接地和接零也是不同的。

以上重点讨论的是三相四线制的不对称电路的计算。至于三相三线制，负载是三相电动机，无论怎样接法，总是对称的，它的计算已在上节讨论，但有特殊情况，例如三根端线中有一根断路、或熔丝断开，则加在对称负载上只有一组线电压，称为单相运行，它的计算，读者可自行分析。

本节小结

1. 在三相电路中，电源、线路阻抗、负载阻抗中有任何一项不对称，都是不对称三相电路，在实际工程中，主要是三相负载阻抗不相等所形成的不对称电路。

2. 由单相负载组成的 Y—Y 三相四线制在运行时，多数情况是不对称的，中性点电压不等于零，负载中性点电位发生位移，各负载上电压、电流都不对称，必须逐相计算，为使负载能正常工作，中性线不能断开。

3. 由三相电动机组成的负载都是对称的，但在一相断路或一相短路等故障情况下，形成不对称电路，也须逐相计算。

练 习

4-4-1 三相星形负载 $Z_U=100\Omega$，$Z_V=Z_W=50\Omega$，已接在线电压为 380V 的对称电源上，如中性线阻抗 $Z_N=0$。求各相电流与中性线电流，画相量图。

4-4-2 如题 4-4-1 中性线断开，重解该题。

4-4-3 如题 4-4-1 中 U 相断路，求有中性线（$Z_N=0$）与中性线断开两种情况下的各线电流与相量图。

4-4-4 如题 4-4-4 中 U 相短路，重解该题。

第五节 三相电路的功率

在三相电路中，三相负载的有功功率、无功功率、视在功率的定义分别如下。

有功功率：每相负载上有功功率之和，即

$$P = P_U + P_V + P_W \qquad (4-24)$$

无功功率：每相负载上无功功率之和，即

$$Q = Q_U + Q_V + Q_W \qquad (4-25)$$

视在功率：为有功功率和无功功率平方和的二次方根，即

$$S = \sqrt{P^2 + Q^2} \qquad (4-26)$$

一、对称三相电路的 P、Q、S 和功率因数 λ

1. 三相有功功率

在对称三相电路中，各相的有功功率是相等的，所以

$$P = 3U_P I_P \cos\varphi \qquad (4-27)$$

当负载采用 Y 形联结时，$U_L=\sqrt{3}U_P$，$I_L=I_P$，而负载采用△形联结时，$U_L=U_P$，$I_L=\sqrt{3}I_P$，则将两组关系式代入到式（4-27）中，均可得到

$$P = \sqrt{3}U_L I_L \cos\varphi \qquad (4-28)$$

式（4-28）是对称三相电路有功功率的计算公式，与负载的连接方式无关，但 $\cos\varphi$ 中

φ 角仍然是相电压与相电流之间的相位差，由负载阻抗的阻抗角所决定。式 (4 - 28) 是三相制电路的重要性质，因为在对称三相电路中一般只知道线电压与线电流，而不必考虑相电压、相电流以及负载的连接方式，用式 (4 - 28) 便可求得三相电路的功率。

2. 三相无功功率

在对称三相电路中，各相的无功功率也相等。所以

$$Q = 3U_P I_P \sin\varphi = \sqrt{3} U_L I_L \sin\varphi \qquad (4 - 29)$$

3. 三相电路的视在功率

$$S = \sqrt{P^2 + Q^2} = \sqrt{3} U_L I_L \qquad (4 - 30)$$

对称三相电路

$$S = 3U_P I_P \qquad (4 - 31)$$

注意在不对称三相制中，视在功率不等于各相相电压与相电流乘积之和，即

$$S \neq S_U + S_V + S_W$$

三相电路不对称时，各相功率因数不等，但可用一个等效功率因数替代，它的定义为

$$\cos\varphi' = P/S \qquad (4 - 32)$$

对称三相电路的功率因数 $\lambda = \cos\varphi$，即为每相负载的功率因数。在不对称三相电路中 $\cos\varphi' = P/S$ 只有计算上的意义。

【例 4 - 4】 一台三相电动机接在线电压为 380V 的对称三相电源上，已知电动机取用电功率为 5.5kW，功率因数为 0.85，求线电流。若保持线电流不变且有线路阻抗 $Z_1 = 2\Omega$ 试问对称三相电源供给的总功率是多少？

解 (1) 三相负载对称时不论什么接法，有功功率为

$$P = \sqrt{3} U_L I_L \cos\varphi$$

$$I_L = \frac{P}{\sqrt{3} U_L \cos\varphi} = \frac{5.5 \times 10^3}{1.732 \times 380 \times 0.85} = 9.83(A)$$

(2) 三相电源供给总功率包括负载及线路损耗的功率 P_1，所以

电源供给的总功率为

$$P + P_1 = P + 3I_L^2 Z_1 = 5.5 + 3 \times 9.83^2 \times 2 \times 10^{-3} = 6.08(kW)$$

二、对称三相电路的瞬时功率

对称三相电路中，如果以 u_U 为参考正弦量，各相的瞬时功率可以表示为

$$p_U(t) = u_U(t) i_U(t) = 2U_P I_P \sin\omega t \cdot \sin(\omega t - \varphi)$$
$$= U_P I_P [\cos\varphi - \cos(2\omega t - \varphi)]$$
$$p_V(t) = u_V(t) i_V(t) = 2U_P I_P \sin(\omega t - 120°) \cdot \sin(\omega t - 120° - \varphi)$$
$$= U_P I_P [\cos\varphi - \cos(2\omega t - 240° - \varphi)]$$
$$p_W(t) = u_W(t) i_W(t) = 2U_P I_P \sin(\omega t + 120°) \cdot \sin(\omega t + 120° - \varphi)$$
$$= U_P I_P [\cos\varphi - \cos(2\omega t + 240° - \varphi)]$$

从该表达式中可以看出，$p_U(t)$、$p_V(t)$、$p_W(t)$ 中，都只含有一个交变分量，且相位上互差 120°，这三个交变分量的代数和为零。所以

$$p_U(t) + p_V(t) + p_W(t) = 3U_P I_P \cos\varphi = \sqrt{3} U_L I_L \cos\varphi$$

即对称三相电路中，虽然各相功率是随时间变化的，但三相瞬时总功率确等于平均功

率，是不随时间变化的常数。所以三相电动机的转矩是恒定的，运转平稳，这种对称三相电路也称为平衡三相电路。但在单相电路中瞬时功率 $p(t)=UI\cos\varphi-UI\cos(2\omega t-\varphi)$，以 2ω 的角频率变化，如果负载是单相电动机，运转是不稳定的，这就是三相电路的重要优点之一。

本节小结

1. 三相电路中三相负载所吸收的功率为各负载吸收功率之和。

2. 对称三相电路无论是△形联结还是 Y 形联结，有功功率均为 $P=\sqrt{3}U_L I_L\cos\varphi$，无功功率均为 $Q=\sqrt{3}U_L I_L\sin\varphi$，视在功率均为 $S=\sqrt{3}U_L I_L$。

3. 不对称三相电路的视在功率 $S=\sqrt{P^2+Q^2}$，它不是各相的电压与电流乘积的代数和。等效功率因数角为 $\varphi'=\arccos(P/S)$，它与每相负载的阻抗角无关；仅在电路计算中有用。

4. 对称三相电路的瞬时功率是恒定值，故对称三相制称为平衡三相制。

练 习

4-5-1　参考［例 4-4］，如果三相对称电路线电压为 380V，功率因数为 0.8，每一相负载的功率 2kW，求线电流？若负载 Y 形联结时等效阻抗 Z_Y，为多少？

4-5-2　对称三相电路负载△形联结，线电压为 380V，线电流为 10A，且各线电压分别与对应的线电流同相位，求三相负载的功率及等效阻抗 $Z_\triangle$。

4-5-3　额定电压 380V 的三相异步电机△形联结，功率因数为 0.86，效率 $\eta=0.9$，电动机输出功率为 2.2kW。求三相电源的功率及输电线上的电流。

本 章 小 结

本章讨论了三相正弦交流电路的分析与计算。

三相电路是交流复杂电路的一种特殊形式，它的分析与计算的依据仍然是基尔霍夫两条定律。它的特殊性在于三相发电机的三相电动势是对称的，使得发电机与负载都有三角形与星形两种接法，形成三相三线与三相四线两种连接方式，与单相制相比较，在输送同样功率条件下，节约了用铜量，减少了输电损失。

对于三相电动机，三相总瞬时功率是一恒定值，产生的机械转矩也是恒定的，因而运转平衡，所以对称三相制又称平衡三相制。因为有以上优点，整个动力用电动机几乎都是三相感应电动机，从而使整个电力系统，包括发电、输配电也几乎全部采用三相制，即使需要单相电源的设备，也从三相制中取得所需的电压。

因此，虽然三相电路可以用复杂电路方法分析，但由于其应用广泛，很有必要单独列为一章，根据三相电动势对称的特点对三角形联结与星形联结进行分析计算。

第 五 章

线性动态电路的分析

在直流电路只含耗能元件电阻 R，在正弦交流电路中，除研究电阻外，还研究了两种储能元件电感 L 和电容 C（或称动态元件），由于正弦交流的计时起点是任意的，所以我们只是进行了稳态的分析，没有涉及变化规律，更没有涉及交流电路的瞬态过程。

研究瞬态过程，能理解电路的新的稳态是如何建立起来的，而且在正弦交流电路的瞬态过程中，可能产生比稳态大得多的过电压和过电流，有可能引起故障和损坏电气设备，因此，有必要研究瞬态过程以防止故障的产生。另一方面，在自动控制、自动调节电路中，有时候甚至一直在瞬态过程中工作，研究瞬态过程可以为设计、制造、选用和整定控制设备和保护装置提供理论依据。

本章将研究含动态元件的交直流电路是怎样从初始状态转变到新的稳态的。

第一节　稳　态　与　瞬　态

在前面研究的直流电路和正弦交流电路中，电路都处于稳定状态，简称**稳态**。直流电路中，电路各部分电流、电压都是恒定不变的，这是稳态；正弦交流电路中，虽然电压、电流都随时间变化，但振幅、频率都是恒定的，即它们按正弦规律稳定变化，仍然是稳态。

物理课程中，大家学习过电容器充电和放电的规律，都是由一个稳态变到另一个稳态，它需要一个过程；电感线圈中电流由一个确定的量变到另一确定的量也是由一个稳态变到另一个稳态，也需要一个过程。由于这个过程一般很短，所以过程中电路所处的状态便称为瞬态，又称**暂态**。之所以需要瞬态过程，是因为电容器上电压不能突变，电感线圈上电流也不能突变。至于电阻元件上电压和电流都是可以突变，可以从一个稳态突然变化到另一种稳态，不需要瞬态过程。其原因如下：在电阻、电感、电容三种电路元件上，电流和电压的关系分别为 $u_R(t) = Ri_R(t)$，$u_L(t) = L\dfrac{di_L(t)}{dt}$，$i_C(t) = C\dfrac{du_C(t)}{dt}$。由此可见，如果 $i_L(t)$ 能突变，$\dfrac{di_L(t)}{dt}$ 将为无穷大；同理，如果 $u_C(t)$ 能突变，$\dfrac{du_C(t)}{dt}$ 将为无穷大，这都是不可能的。正像运动物体的速度不能突变一样，否则 $\dfrac{dv}{dt}$，即加速度将为无穷大，也是不可能的，因此电感 L 和电容 C 称为动态元件。含有动态元件的电路称为动态电路。

动态电路不仅要研究稳态，还要研究瞬态，即研究电路是怎样从原有稳态经过瞬态过渡到新的稳态的。

一、换路

原未充电的电容 C 与电阻 R 串联，如图 5-1（a）所示。在与直流电源接通时，电容被充电，由开始的稳态 $u_C(0) = 0$、$q_C(0) = 0$，经过瞬态，达到新的稳态 $q_C(\infty) = Q_C$，$u_C(\infty) = U_C = U_S$，如图 5-1（b）所示。引起瞬态过程的原因是开关的接通，称之为换路。

所谓**换路**指的不仅是电路的接通、断开，还包括电路参数的突然改变，或者连接方式的突然改变，电源的突然变动（例如脉冲电源）。

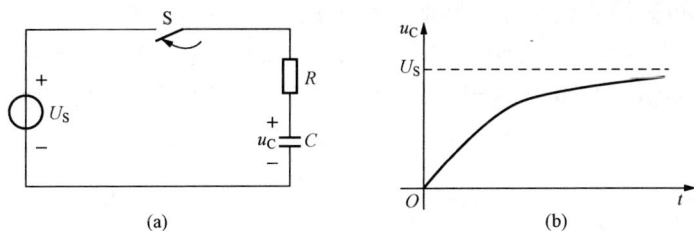

图 5-1　换路

（a）RC 串联电路；（b）瞬态过程中的 u_C

二、换路时的初始值

电路在 $t=0$ 时换路，令该时刻作为计时开始时间。换路前一瞬间为 $t=0_-$，换路后一瞬间为 $t=0_+$，在正弦交流电路中。$t=0$ 的选择是任意的，在 $t=0$ 之前电路已进入稳态。在这里 $t=0$ 是换路时刻，有确定的物理意义。

在换路开始的瞬间（$t=0_+$），电容上的电压和电感上的电流均为有限值时，则 u_C、i_L 都应保持换路前（$t=0_-$）的数值不能突变，这一数值称为初始值，这一规律称为换路定律，于是有

$$u_C(0_+) = u_C(0_-), \quad i_L(0_+) = i_L(0_-) \tag{5-1}$$

应该注意，在图 5-1 中，已知电容器原未充电，$u_C(0_-)=0$，所以 $u_C(0_+)=0$，这是在"原未充电"条件下的结果；如果在换路时，电容已充电，$u_C=U_{C0}$，则 $u_C(0_+)=u_C(0_-)=U_{C0}$。同理，电感中的电流也是如此。

还应指出，换路定律只确定 u_C（以及 q_C）、i_L（以及 ψ_L），它们不能突变；而电容电流 i_C，电感上电压 u_L 是可以突变的，电阻上电流电压都可突变，它们在 $t=0_+$ 时的数值遵循基尔霍夫定律，与 $t=0_-$ 时数值无关。

三、换路后新的稳态

换路开始之后，电容器上电压 $u_C(t)$、电感上电流 $i_L(t)$ 从初始值开始变化，经历了瞬态过程，理论上讲需无穷大时间，达到新的稳态值 $u_C(\infty)$ 和 $i_L(\infty)$。下面研究新稳态值是如何确定的。

1. 直流电路

（1）电容的电流与电压的确定。在直流电路中，换路时电容上的电压从初始值开始变化，达到新的稳态时，电容器电压 u_C 不再变化，$\dfrac{\mathrm{d}u_C(t)}{\mathrm{d}t}=0$。于是 $i_C(\infty)=0$，即含电容器的支路没有电流，相当于**开路**，电容器的电压 $u_C(\infty)$ 便是这一支路的开路端电压，可由基尔霍夫定律求解。例如，图 5-1 所示的电路中，电容器充电后，开关并未断开，但 $i_C(\infty)=0$，$u_C(\infty)=U_S$（这里要注意，并不是所有的条件下，电容器都会充电到等于电源的电压）。

（2）电感的电流与电压的确定。在直路电路中，换路时，电感上的电流从初始值开始变化，达到新的稳态，电感电流不再变化 $\dfrac{\mathrm{d}i_L(t)}{\mathrm{d}t}=0$，于是 $u_L(\infty)=0$，电感上没有电压，相当于**短路**。含电感支路的电流可按 $u_L(\infty)=0$，根据基尔霍夫定律求得。

2. 正弦交流电路

达到稳定状态时电容器上的电压 $u_C(t)$、电流 $i_C(t)$，电感上的电流 $i_L(t)$、电压 $u_L(t)$ 都是稳定的正弦量，可按照正弦交流电路的计算方法确定。

【例 5-1】 如图 5-2（a）所示电路，当 $t=0$ 时将开关闭合，求换路时各支路电流初始值，电感上电压初始值。当电路达到稳态后各支路电流稳定值、电容上电压稳定值。已知 $U_S=12V$，$R_0=4\Omega$，$R_1=R_2=8\Omega$，$u_C(0_-)=0$，$i_L(0_-)=0$。

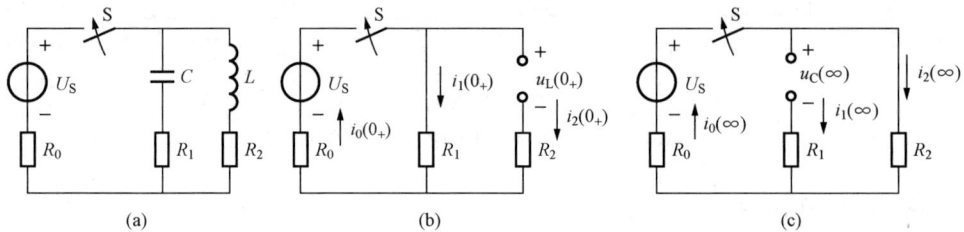

图 5-2　［例 5-1］图

解 （1）由换路定律可知 $u_C(0_+)=u_C(0_-)=0$，电容器在 $t=0$ 时相当于短路；$i_L(0_+)=i_L(0_-)=0$，电感在 $t=0$ 时相当开路。

因此，换路时等效电路如图 5-2（b）所示。

各支路电流初始值

$$i_0(0_+)=i_1(0_+)=\frac{U_S}{R_0+R_1}=\frac{12}{4+8}=1(A)$$

$$i_2(0_+)=i_L(0_+)=0$$

电感电压初始值

$$u_L(0_+)=R_1 i_1(0_+)=8\times1=8(V)$$

由此可见，i_2 受 i_L 制约不能突变，而 i_0、i_1、u_L 都分别由零突变到 1A、1A 和 8V。

（2）电路稳定后 $u_C(\infty)=U_C$，$i_C(\infty)=0$，电容相当于开路；$u_L(\infty)=0$，电感相当于短路，稳定后等效电路如图 5-2（c）所示。

各支路电流稳定值

$$i_0(\infty)=i_2(\infty)=\frac{U_S}{R_0+R_2}=\frac{12}{4+8}=1(A)$$

$$i_1(\infty)=i_C(\infty)=0$$

电容电压稳定值

$$u_C(\infty)=R_2 i_2(\infty)=8\times1=8(V)$$

【例 5-2】 如图 5-3 所示电路，电阻 $R=100\Omega$ 与电容 $C=10\mu F$ 串联，在 $t=0$ 时与正弦电源 $u_S=220\sqrt{2}\sin(\omega t+30°)$ V 接通，$f=50Hz$。已知 $u_C(0_-)=0$，求换路瞬间的 u_C 和 i，稳定后 u_C 和 i。

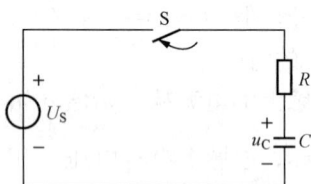

图 5-3　［例 5-2］图

解 已知 $u_C(0_-)=0$，故 $u_C(0_+)=u_C(0_-)=0$，换路瞬间，电容器相当于短路。电流只由电阻决定（注意换路瞬间的 $t=0$ 正是正弦电压的计时起点），即

$$u_S(0_+)=220\sqrt{2}\sin30° \text{ V}$$

如果以另一个时间为换路时间，则电源电压必为另外的值，所以以换路瞬间为 $t=0$，正弦量的计时起点必须与之一致。故，换路瞬间的 u_C 和 i 为

$$u_C(0_+) = u_C(0_-) = 0$$

$$i(0_+) = \frac{u_s(0_+)}{R} = \frac{220\sqrt{2}\sin30°}{100} = 1.1\sqrt{2} \approx 1.56(\text{A})$$

注意 $i(0_+) \neq i(0_-)$，所以换路时，电流是跃变的。

换路稳定后，电路是稳定的交流电路。

$$Z = R - jX_C = R - j\frac{1}{2\pi fC} = 100 - j\frac{1}{2 \times 3.14 \times 50 \times 10 \times 10^{-6}}$$

$$= (100 - j318)\Omega = 333e^{-j72.5°}\Omega$$

$$\dot{I} = \frac{\dot{U}_S}{Z} = \frac{220e^{j30°}}{333e^{-j72.5°}} = 0.66e^{j102.5°}\Omega$$

$$\dot{U}_C = \dot{I}(-jX_C) = 0.66e^{j102.5°} \times 318e^{-j90°} = 210e^{j12.5°}\text{V}$$

故稳定后，u_C 和 i 为

$$i(t) = 0.66\sqrt{2}\sin(\omega t + 102.5°)\text{A}$$

$$u_C(t) = 210\sqrt{2}\sin(\omega t + 12.5°)\text{V}$$

本节小结

1. 电路的工作状态发生改变如接通、断开、参数变化等称为换路。

2. 电感、电容都是储能元件或动态元件，换路时，当 $i_L(0_-)$，$u_C(0_-)$ 为有限值时，$i_L(t)$ 和 $u_C(t)$ 都不能突变。$i_L(0_+) = i_L(0_-)$，$u_C(0_+) = u_C(0_-)$ 称为换路定律。

3. 如电感 L 原无电流 $i_L(0_-) = 0$，则换路瞬间 $i_L(0_+) = 0$，相当于开路；同理，如电容原未充电，换路瞬间 $u_C(0_+) = u_C(0_-) = 0$，相当于短路。

4. 换路之后达到新的稳态，在直流电路中，电感 L 相当于短路，电容 C 相当于开路。在正弦交流电路中稳态值便是正弦交流电路的解。

5. 在由初始值变化到新的稳态值要经历瞬态过程，其间电路状态是瞬态。

练习

5-1-1　如图 5-4 所示电路，$U_S = 20\text{V}$，$R_1 = 2\text{k}\Omega$，$R_2 = 3\text{k}\Omega$，$C = 4\mu\text{F}$，原电路已达稳态。试求开关 S 断开时 $u_C(0_+)$、$i_C(0_+)$、$u_{R1}(0_+)$、$u_{R1}(\infty)$、$u_C(\infty)$。

5-1-2　如图 5-6 所示电路，已知 $U_S = 3\text{V}$，$R_1 = 10\Omega$，$R_2 = 20\Omega$，$R_3 = 5\Omega$，$L = 0.1\text{H}$，原电路已达稳态，求开关打开后的 $u_L(0_+)$、$i_L(0_+)$、$u_L(\infty)$、$i_L(\infty)$。

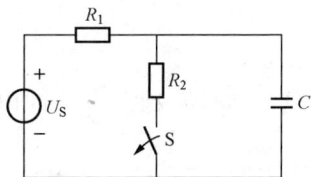

图 5-4　题 5-1-1 图

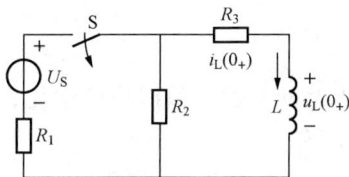

图 5-5　题 5-1-2 图

第二节　RC 串联电路在直流激励下的响应

电容 C 与电阻 R 串联接在直流电路中，激励是恒定的。它的输出电流和电压称为响应。下面研究它的三种情况。

一、零输入响应

如图 5-6 所示电路，设电容器已充电到两端电压为

$$U_0 = U_S$$

即

$$u_C(0_-) = U_0$$

其参考方向如图 5-6 所示。在 $t=0$ 时，将开关 S 由位置 1 突然扳到位置 2，使电容 C 开始对 R 放电。此时所研究的电路已经没有电源 U_S 的作用，即输入信号为零。此电路响应只是由电容的初始状态所引起的。电路在没有外加输入时的这种响应称为**零输入响应**。

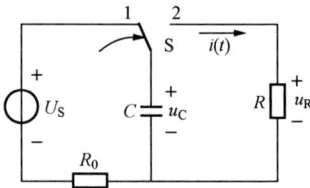

图 5-6　零输入响应

根据图中 $u_C(t)$ 和 $i(t)$ 的参考方向，由基尔霍夫电压定律 KVL 可写出回路电压方程为

$$u_C(t) - u_R(t) = 0 \quad (t \geqslant 0) \tag{5-2}$$

由于

$$i(t) = -C\frac{\mathrm{d}u_C(t)}{\mathrm{d}t}$$

式中负号是因为电流 $i(t)$ 与电容电压 $u_C(t)$ 的参考方向相反，所以有

$$u_R(t) = Ri(t) = -RC\frac{\mathrm{d}u_C(t)}{\mathrm{d}t}$$

代入式（5-2）得

$$RC\frac{\mathrm{d}u_C(t)}{\mathrm{d}t} + u_C(t) = 0 \quad (t \geqslant 0) \tag{5-3}$$

这是一阶线性常系数齐次微分方程，它的通解为

$$u_C(t) = Ae^{pt}$$

解出的 u_C 是时间 t 的函数，式中 A 是待定的积分常数，由初始条件确定，p 是特征方程的根，因特征方程为

$$RCp + 1 = 0 \tag{5-4}$$

求得特征根为

$$p = -\frac{1}{RC} = -\frac{1}{\tau}$$

$$\tau = RC$$

式中：τ 为时间常数。根据换路定律，当 $t=0$ 时，有 $u_C(0_+) = u_C(0_-) = U_0$，而由 u_C 的通解表达式，有

$$u_C(0_+) = Ae^0 = U_0$$

得

$$A = U_0$$

所以，电容通过电阻放电时，u_C 的表达式为

$$u_C(t) = U_0 \mathrm{e}^{-\frac{1}{RC}t} = U_0 \mathrm{e}^{-\frac{t}{\tau}} \quad (t \geqslant 0) \tag{5-5}$$

此解是激励为零时所得，即为零输入响应。它表明电容器在放电时电压 u_C 随时间 t 变化的规律。

电阻电压和放电电流随时间变化的规律为

$$u_R(t) = u_C(t) = U_0 \mathrm{e}^{-\frac{t}{\tau}} \quad (t \geqslant 0) \tag{5-6}$$

$$i(t) = \frac{u_R(t)}{R} = \frac{U_0}{R} \mathrm{e}^{-\frac{t}{\tau}} \quad (t \geqslant 0) \tag{5-7}$$

u_C、u_R、i 随时间变化的曲线如图 5-7 所示。

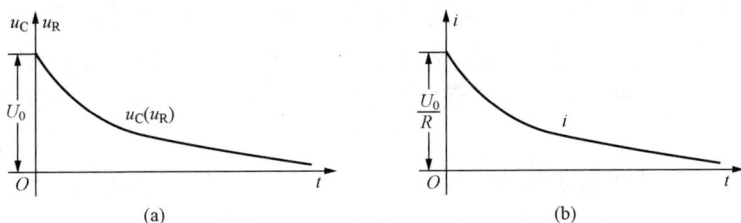

图 5-7 u_C、u_R、i 随时间变化的曲线
(a) $u_C(u_R)$ —t; (b) i—t

由图 5-7 可见，u_C 从初始值 U_0 开始随时间按指数规律衰减，开始时下降较快，随后变慢，最后趋近零值。而 u_R 和 i 则由零值**跃变**到最大值 U_0 和 U_0/R，之后也按指数规律随时间逐渐衰减至零。这是因为电容器上电压和所充电荷（$Q=Cu_C$）不能跃变，只能由初始值 U_0 逐步下降到新的稳定值 $[u_C(\infty)=0，Q(\infty)=0]$。在放电过程中，正电荷由正极板经电阻 R 到负极板与负电荷中和，形成电流。开始时电压高，电荷多，电流由零跃变到 U_0/R，然后衰减为零。电阻电压 u_R 则始终受 KVL 的约束，在 $t=0$ 时跃变到 U_0，然后保持与 u_C 同样的变化。数学分析则进一步帮助我们了解到，它们的变化都是一条按指数规律下降的曲线。这一过程的实质就是电容器把最初所储存的电场能量转换给电阻变为热能而消耗的过程。

由式（5-5）～式（5-7）可知，u_C、u_R 和 i 都是按同一指数规律衰减，都要经过很长的时间（$t \to \infty$）衰减为零。但衰减的快慢还是可以衡量的，它取决于指数中 $\tau=RC$ 值的大小。因为 R 和 C 的乘积具有时间的量纲，所以称 τ 为 **RC 电路的时间常数**。当 R 的单位为欧（Ω），C 的单位为法（F）时，则时间常数的单位为秒（s）。

τ 值的大小表示时间的长短。由 u_C、u_R 和 i 表达式可见，τ 值越大，电压和电流衰减得越慢，瞬态过程越长；反之 τ 值越小，则衰减得越快，瞬态过程越短。所以，时间常数 τ 是表示瞬态过程中电压和电流变化快慢的一个物理量。

τ 值的大小只与 R 和 C 的乘积有关，这说明时间常数 τ 仅决定于电路参数，而与电路的初始状态无关。电路参数 R 和 C 越大，则 τ 越大，这可以从物理概念来理解：在初始电压 U_0 一定的情况下，电阻 R 越大，放电电流越小，也就是电荷释放过程进行缓慢，电容所储存的电场能量要经过较长的时间才能被电阻消耗掉，所以放电时间长；而电容 C 越大时，

在相同的 U_0 之下，电容 C 所储存的电荷也越多，电场能量必然越大，因而放电的时间也一定越长。

为了进一步理解时间常数的意义，令初始值为 $U_0=1$，把对应于不同时刻的数值列成表（见表 5-1），并画出曲线，如图 5-8（a）所示，此曲线称为指数衰减的通用曲线。

表 5-1 对应于不同时刻的数值

t	0	τ	2τ	3τ	4τ	5τ	...	∞
$e^{-\frac{t}{\tau}}$	1	0.368	0.135	0.050	0.015	0.007	...	0

由表 5-1 中可以看出，当 $t=\tau$ 时，指数函数衰减到初始值的 36.8%，这就是时间常数 τ 的物理意义。从理论上讲需要经历无穷长的时间，函数（电流和电压）才能衰减到零。但从表中可知，只要时间经历 $3\tau\sim5\tau$，函数（电流和电压）已经衰减到了可以忽略不计的程度。在工程上认为电压 u_C 和电流 i 衰减到初始值的 5% 以下，即 $t=4\tau$ 以后，瞬态过程就基本结束了。图 5-8（b）画出了三条不同时间常数的曲线，可以看出，τ 越大，其瞬态过程延续的越长。

时间常数 τ 还可以从指数函数所具有的几何意义上来理解。如图 5-8（c）所示，在指数函数的曲线上任意一点 B 作曲线的切线，则从图上可以得出

$$\tan\alpha = \frac{BC}{CD}$$

$$CD = \frac{BC}{\tan\alpha} = \frac{f(t)}{f'(t)} = \frac{e^{-\frac{t}{RC}}}{\frac{1}{RC}e^{-\frac{t}{RC}}} = RC = \tau$$

即在指数函数曲线上，由任意时刻开始，按照这一点的曲线变化率一直衰减下去，经过时间 τ 后，函数值将衰减到零。例如从 $t=0$ 的 A 点作切线，与时间轴交点的 $t=\tau$。

根据这一概念，即使不知道电路的参数 R 和 C，可利用实验先绘出 u_C 或 i 的变化曲线，就可求得时间常数 τ。

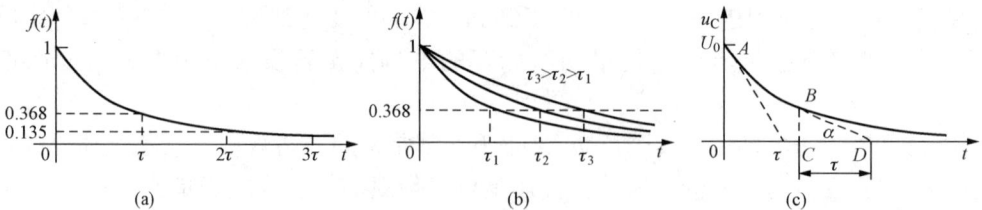

图 5-8 时间常数 τ 的意义

（a）指数衰减的通用曲线；（b）三条不同时间常数的曲线；（c）时间常数 τ 的几何意义

如图 5-6 所示，当开关位于位置 1 时，电容器被电源充电，充电后其储存的电场能为

$$W_C = \frac{1}{2}CU_0^2$$

将开关由位置 1 变换到位置 2，直至新的稳态过程中，电容器放电，电阻 R 所消耗的能量为

$$W_R = \int_0^\infty R i^2 \, dt = \int_0^\infty R \left(\frac{U_0}{R} e^{-\frac{t}{RC}} \right)^2 dt = \left[\frac{RC}{2} \times \frac{U_0^2}{R} e^{-\frac{2t}{RC}} \right]_0^\infty = \frac{1}{2} C U_0^2$$

由此可见，这一瞬态过程中电容器的电场能全部转化为电阻消耗掉的热能。

【**例 5 - 3**】 如图 5 - 9 所示电路，已知 $C = 2\mu F$，$R = 10k\Omega$，开关 S 未闭合前，电容电压 $u_C = U_0 = 100V$，设在 $t = 0$ 时 S 闭合，求 S 闭合后 20ms 时，电容电压 u_C 和放电电流 i 值的大小。

解 由式（5 - 5）可知

$$u_C(t) = U_0 e^{-\frac{t}{\tau}} = U_0 e^{-\frac{t}{RC}}$$

而

$$\tau = RC = 10 \times 10^3 \times 2 \times 10^{-6} = 2 \times 10^{-2} (s) = 20 (ms)$$

当 $t = 20ms$ 时，有

$$u_C(20ms) = 100 e^{-1} = 100/2.717 \approx 36.8(V)$$

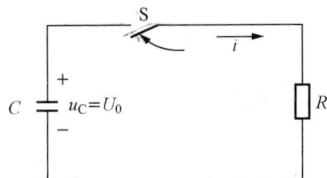

图 5 - 9 ［例 5 - 3］图

此时的放电电流为

$$i(20ms) = \frac{U_0}{R} e^{-\frac{t}{\tau}} = \frac{100}{10 \times 10^3} e^{-1} = 3.68 \times 10^{-3}(A) = 3.68(mA)$$

二、零状态响应

如图 5 - 10 所示，设电容原来未充电。在 $t = 0$ 时将开关闭合，电源 U_S 经电阻 R 给 C 充电。根据图中所设电压、电流的参考方向写出电压回路方程为

$$u_R(t) + u_C(t) = U_S$$

即

$$RC \frac{du_C(t)}{dt} + u_C(t) = U_S \tag{5 - 8}$$

这是一个以 u_C 为变量的一阶线性常系数非齐次微分方程，它的**全解** u_C **由其任意一组特解** u_C' **和对应的齐次方程的通解** u_C'' **（称为补函数）叠加而成**。

由图 5 - 10 可知，当充电结束后电路达到新的稳态时，电容相当于开路，电流为零。因此电容电压 u_C 最后应等于外加电压 U_S，它是式（5 - 8）的特解，即 $u_C'(t) = U_S$，是达到的新的稳态值，称为**稳态分量**。

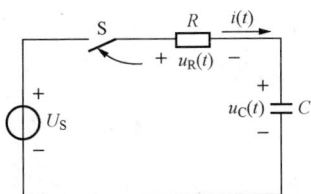

图 5 - 10 零状态响应

由于对应的齐次微分方程为

$$RC \frac{du_C''(t)}{dt} + u_C''(t) = 0$$

其通解为

$$u_C''(t) = A e^{-\frac{t}{\tau}} = A e^{-\frac{t}{RC}}$$

这一分量在达到稳态后衰减为零；即只存在于瞬态过程，故称为**瞬态分量**。

因此，式（5 - 8）的全解为

$$u_C(t) = u_C'(t) + u_C''(t) = U_S + A e^{-\frac{t}{RC}} \quad (t \geqslant 0) \tag{5 - 9}$$

由换路定律，当 $t = 0$，S 闭合，则有 $u_C(0_+) = u_C(0_-) = 0$，代入式（5 - 9），得

$$0 = U_S + A$$

$$A = -U_S$$

故得

$$u_C(t) = U_S - U_S e^{-\frac{t}{RC}} = U_S(1 - e^{-\frac{t}{RC}}) \quad (t \geqslant 0) \tag{5-10}$$

这就是电容电压 $u_C(t)$ 随时间变化的规律。由于此结果是电路中电容原未充电，即电路处于零初始状态下，仅仅有外施激励引起的响应，所以又称为零状态响应。

充电电流为

$$i(t) = C\frac{du_C(t)}{dt} = \frac{U_S}{R}e^{-\frac{t}{RC}} \quad (t \geqslant 0) \tag{5-11}$$

电阻两端电压为

$$u_R(t) = Ri(t) = U_S e^{-\frac{t}{RC}} \quad (t \geqslant 0) \tag{5-12}$$

RC 串联电路，在零状态响应时，$u_C(t)$、$u_R(t)$、$i(t)$ 随时间变化曲线如图 5-11 所示。

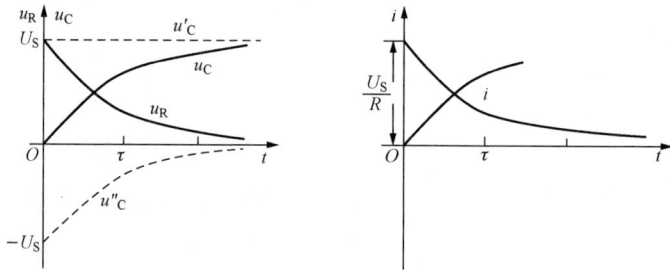

图 5-11　RC 串联电路零状态响应曲线图

由曲线可知，电容电压 u_C 由零开始按指数规律逐渐增大，开始时上升较快，随后变慢，最后达到稳态值，说明电容元件在电路中的作用由开始的短路元件逐渐变成一个开路元件。原因是电容原未充电，$u_C(0_+) = u_C(0_-) = 0$，此时电容相当于短路。电源电压全部加在电阻上，使 u_R 由零跃变为 U_S，充电电流也由零跃变为最大值 U_S/R，此时电容充电速度最快，u_C 上升也最快；随着极板上电荷的不断增加，充电电流 $i(t) = \dfrac{U_S - u_C(t)}{R}$ 就不断减小，充电速度变慢，u_C 上升变慢，当 $u_C(t) = U_S$ 时，电流 $i(t)$ 就衰减为零，此时电容相当于开路，充电过程结束，电路进入新的稳态。

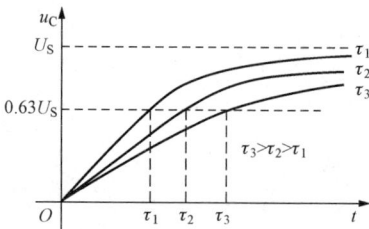

图 5-12　不同 τ 值时的充电曲线

和放电时一样，充电时间常数为 $\tau = RC$，τ 越大，u_C 上升或 i 衰减得就越慢，充电时间就越长。图 5-12 画出不同 τ 值时的充电曲线。由式（5-10）可知，当 $t = \tau$ 时 $u_C(\tau) = U_S(1 - e^{-1}) \approx 0.63U_S$。当 $t = 4\tau$ 时，$u_C(4\tau) \approx 0.98U_S$，说明 u_C 已接近稳态值 U_S，可以认为充电过程结束，电路进入新的稳态。所以时间常数 τ，表明了电容充电过程的长短。充电时电容器从电源吸取电能变换成的电场能量为

$$W_C = \int_0^\infty u_C i dt = \int_0^Q u_C dQ = \int_0^{U_S} Cu_C du_C = \frac{1}{2}CU_S^2 \tag{5-13}$$

充电时电阻所消耗的能量为

$$W_R = \int_0^\infty R i^2 \, \mathrm{d}t = \int_0^\infty \frac{U_S^2}{R} \mathrm{e}^{-\frac{2t}{RC}} \, \mathrm{d}t = \frac{1}{2} C U_S^2 \tag{5-14}$$

可见两部分能量大小相等，并且由式（5-14）可知，电阻上所消耗的能量与 R 无关，这说明在零初始条件下的 RC 串联电路由直流电源充电时，不论电阻 R 多大，电源把能量的一半供给电容器充电，储存在电场中，而另一半消耗在电阻上，即充电效率总是 50%。

【例 5-4】　如图 5-13 所示电路，已知 $C=0.5\mu\mathrm{F}$，$R=100\Omega$，$U_S=220\mathrm{V}$，当 $t=0$ 时，$u_C(0_-)=0$。求（1）S 闭合后电流的初始值 $i(0_+)$ 和时间常数 τ；（2）当 S 接通后 $150\mu\mathrm{s}$ 时电路中的电流 i 和电压 u_C 的数值。

解　（1）电流的初始值。

由于 $u_C(0_+)=u_C(0_-)=0$，即电容器此时相当于短路

所以

$$i(0_+) = \frac{U_S}{R} = \frac{220}{100} = 2.2(\mathrm{A})$$

时间常数

$$\tau = RC = 100 \times 0.5 \times 10^{-6} = 5 \times 10^{-5}(\mathrm{s}) = 50(\mu\mathrm{s})$$

图 5-13　［例 5-4］图

（2）S 接通后 $150\mu\mathrm{s}$ 时，根据

$$u_C(t) = U_S(1 - \mathrm{e}^{-\frac{t}{RC}}) = 220(1 - \mathrm{e}^{-3}) = 209(\mathrm{V})$$

$$i(t) = \frac{U_S}{R} \mathrm{e}^{-\frac{t}{RC}} = \frac{220}{100} \mathrm{e}^{-3} = 0.11(\mathrm{A})$$

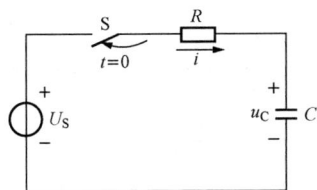

三、RC 电路的全响应

前面分析了 RC 电路的零输入响应和零状态响应。现在来研究初始条件不为零，同时又有电源作用的情况下 RC 电路的响应，这种响应称为**电路的全响应**。

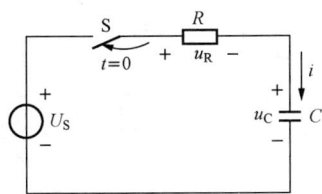

如图 5-14 所示电路，设开关 S 闭合之前电容器已充电至 U_0，极性如图所示。故有

$$u_C(0_+) = u_C(0_-) = U_0$$

此电路的微分方程及其全解与式（5-8）、式（5-9）相同，即电路微分方程为

图 5-14　RC 电路的全响应

$$RC \frac{\mathrm{d}u_C(t)}{\mathrm{d}t} + u_C(t) = U_S$$

其全解为

$$u_C(t) = u_C'(t) + u_C''(t) = U_S + A\mathrm{e}^{-\frac{t}{RC}} \quad (t \geqslant 0)$$

但初始条件不同，待定积分常数 A 必然不同，因

$$u_C(0_+) = u_C(0_-) = U_0$$

所以

$$U_0 = U_S + A$$

得

$$A = U_0 - U_S$$

得电路的全解，即全响应时的 $u_C(t)$ 为

$$u_C(t) = U_S + (U_0 - U_S)e^{-\frac{t}{RC}} \quad (t \geqslant 0) \tag{5-15}$$

这就是初始条件不为零，同时又有电源作用下电容电压 u_C 随时间变化的规律。式 (5-15) 中的 $u_C(t)$ 由两项组成，其中第一项为电路的稳态分量，第二项为电路的暂态分量，即

$$全响应 = 稳态分量 + 暂态分量$$

电阻 R 上的电压为

$$u_R(t) = U_S - u_C(t) = U_S - [U_S + (U_0 - U_S)e^{-\frac{t}{RC}}]$$

$$= (U_0 - U_S)e^{-\frac{t}{RC}} \quad (t \geqslant 0) \tag{5-16}$$

电流

$$i(t) = C\frac{\mathrm{d}u_C(t)}{\mathrm{d}t} = C\frac{1}{RC}(U_0 - U_S)e^{-\frac{t}{RC}}$$

$$= \frac{U_S - U_0}{R}e^{-\frac{t}{RC}} \quad (t \geqslant 0) \tag{5-17}$$

图 5-15 绘出了当 $U_0 < U_S$ 时，$u_C(t)$、$u_R(t)$、$i(t)$ 随时间变化曲线。由图可知，电容器上电压 $u_C(t)$ 由初始值 U_0 按指数曲线上升，最后达到稳态值 U_S，而 $u_R(t)$ 和 $i(t)$ 由零值跃变到 $U_S - U_0$ 和 $\frac{U_S - U_0}{R}$，然后按指数曲线下降到零。

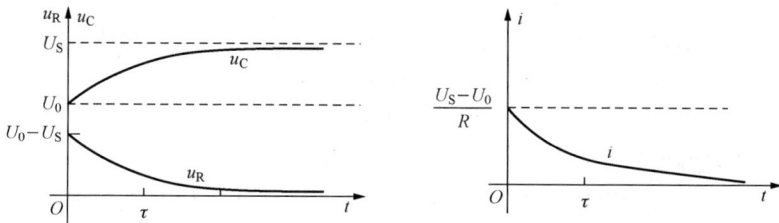

图 5-15　$u_C(t)$、$u_R(t)$、$i(t)$ 随时间变化曲线

如果初始值 $U_0 = U_S$，即电容器已充电到电压等于外加电压，则开关合上之后立即进入稳态，没有瞬态过程。又如 $U_0 > U_S$，则电容器将处于放电过程，直到 $u_C = U_S$ 为止。

另一方面，如果将式 (5-15) 改写成为

$$u_C(t) = U_0 e^{-\frac{t}{RC}} + U_S(1 - e^{-\frac{t}{RC}}) \quad (t \geqslant 0) \tag{5-18}$$

将这一表达形式与式 (5-6) 和式 (5-10) 比较，可以看出，式 (5-18) 的第一项就是前述的零输入响应，第二项就是零状态响应，即

$$全响应 = 零输入响应 + 零状态响应$$

无论将瞬态过程分解为稳态分量与瞬态分量，还是分解为零输入响应与零状态响应，都是应用叠加定理分析电路瞬态过程的方法。不言而喻，它只适用于线性电路。

【例 5-5】 如图 5-16 所示电路，已知 $U_S = 12\text{V}$，$R_1 = 10\text{k}\Omega$，$R_2 = 5\text{k}\Omega$，$C = 1\mu\text{F}$。开关 S 断开前电路已处于稳态。现将在 S 在 $t = 0$ 时打开，求电容电压 $u_C(t)$ 和电流 $i(t)$ 的变化规律。

解　S 断开之前电容电压

$$u_C(0_-) = R_2\frac{U_S}{R_1 + R_2} = 5 \times \frac{12}{15} = 4(\text{V})$$

根据换路定律，S 断开后就有

$$u_C(0_+) = u_C(0_-) = 4V$$

即初始值

$$U_0 = 4V$$

由式（5-15）得全响应为

$$u_C(t) = U_S + (U_0 - U_S)e^{-\frac{t}{\tau}}$$

其中

$$\tau = R_1 C = 10 \times 10^3 \times 1 \times 10^{-6} = 10^{-2}(s) = 10(ms)$$

所以

$$u_C(t) = 12 + (4-12)e^{-100t} = (12 - 8e^{-100t})V$$

电流

$$i(t) = i_C(t) = \frac{U_S - U_0}{R}e^{-\frac{t}{\tau}} = \frac{12-4}{10 \times 10^3}e^{-100t} = 8 \times 10^{-4}e^{-100t}A$$

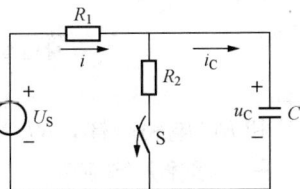

本节小结

1. RC 串联电路零输入响应就是已充电的电容器的放电过程。

2. RC 串联电路零状态响应就是未充电的电容器的充电过程。

3. RC 串联电路的全响应是上列两种情况的叠加。

4. 无论哪一种响应，其分析步骤是：

（1）根据 KVL 列出微分方程式（以 u_C 为变量）；

（2）求方程式的全解；

（3）根据换路定律所得初始条件求积分常数，然后根据 KVL 求出 $i(t)$ 和 $u_R(t)$。

5. 瞬态过程的时间常数 $\tau = RC$。

6. 三种情况都有初始值、瞬态分量和稳态分量。

练习

5-2-1 如图 5-17 所示电路，已知 $U_S = 100V$，$R_0 = R = 10k\Omega$，$C = 1000pF$，当开关 S 在位置 1 时，电路已达稳态。求 S 转到位置 2 后，$u_C(t)$ 和 $u_R(t)$ 的变化方程式；当换路后 $20\mu s$ 时，$u_C(20)$ 和 $u_R(20)$ 的为多少？

5-2-2 题 5-2-1 中如 S 在位置 2 时，电容器已放电完毕，再将开关 S 转到位置 1，使电容器再充电，求换路后 $u_C(t)$、$u_R(t)$ 和时间常数 τ。

5-2-3 如图 5-18 所示电路，换路前电容器已充有电荷 $Q_0 = 850\mu C$，已知 $U_S = 150V$，$R = 1000k\Omega$，$C = 10\mu F$，求开关闭合后的 $u_C(t)$ 和 $i(t)$。

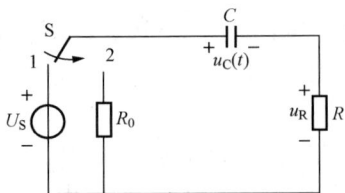

图 5-16 ［例 5-5］图

图 5-17 题 5-2-1图

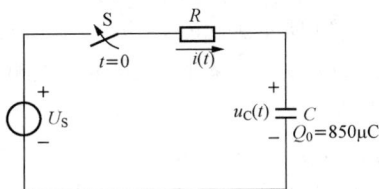

图 5-18 题 5-2-3图

第三节　RL 串联电路在直流激励下的响应

和 RC 电路一样，RL 串联直流动态电路也有下列三种响应。

一、零输入响应

如图 5-19 所示电路，开关 S 断开后，电感 L 通过电阻 R 放电，有

$$L \frac{\mathrm{d}i_{\mathrm{L}}(t)}{\mathrm{d}t} + Ri_{\mathrm{L}}(t) = 0 \quad (t \geqslant 0)$$

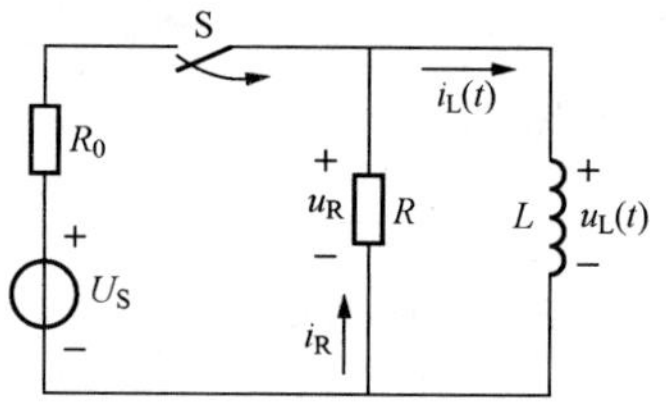

得

$$i_{\mathrm{L}}(t) = A\mathrm{e}^{-t/\tau} \quad (t \geqslant 0)$$

因为

$$i_{\mathrm{L}}(0_+) = i_{\mathrm{L}}(0_-) = I_0 = U_{\mathrm{S}}/R_0$$

得

$$A = U_{\mathrm{S}}/R_0 = I_0$$
$$\tau = L/R \tag{5-19}$$

图 5-19　RL 串联电路的
零输入响应

式中：τ 为时间常数。

电感放电电流为

$$i_{\mathrm{L}}(t) = I_0 \mathrm{e}^{-\frac{t}{\tau}} \quad (t \geqslant 0) \tag{5-20}$$

电阻电压为

$$u_{\mathrm{R}}(t) = Ri_{\mathrm{L}}(t) = RI_0 \mathrm{e}^{-\frac{t}{\tau}} \quad (t \geqslant 0) \tag{5-21}$$

电感电压为

$$u_{\mathrm{L}}(t) = L \frac{\mathrm{d}i_{\mathrm{L}}(t)}{\mathrm{d}t} = LI_0 \left(-\frac{1}{\tau}\right) \mathrm{e}^{-\frac{t}{\tau}} = -RI_0 \mathrm{e}^{-\frac{t}{\tau}} \quad (t \geqslant 0) \tag{5-22}$$

式（5-22）中，负号表示 $u_{\mathrm{L}}(t)$ 实际方向与 $i_{\mathrm{L}}(t)$ 相反，即在短接过程中，L 可看作电源来维持电流不发生突变。

在 $t=0$ 时，储存在电感中的磁场能量

$$W_{\mathrm{L}} = \frac{1}{2}LI_0^2$$

在瞬态过程中，消耗在电阻上的能量为

$$W_{\mathrm{R}} = \int_0^\infty i_{\mathrm{L}}^2(t)R\mathrm{d}t = \int_0^\infty I_0^2 R\mathrm{e}^{-\frac{2t}{\tau}} \mathrm{d}t = \frac{1}{2}LI_0^2$$

即将磁场能量全部转变为热能后，瞬态过程结束。很明显，瞬态的衰变时间 $\tau=L/R$，所以，当 I_0 一定时，L 越大；储存在电感中的磁场能量也越大，电流衰减便越慢；而当 L 一定时，R 越大，消耗能量就越快，瞬态过程便越短。

图 5-20 所示为 $i_{\mathrm{L}}(t)$、$u_{\mathrm{L}}(t)$、$u_{\mathrm{R}}(t)$ 随时间变化曲线。注意：$t=0$ 时，$i_{\mathrm{L}}(t)$ 是不能突变的；而 $u_{\mathrm{L}}(t)$、$u_{\mathrm{R}}(t)$ 都由零发生了突变，突变为 $-RI_0$ 和 RI_0；电阻上的电流 $i_{\mathrm{R}}(t)$ 由原来的零突变为 I_0。

【例 5-6】　如图 5-21 所示，为一实际电感线圈和电阻 R_1 并联后和直流电源接通的电路。已知电源电压 $U_{\mathrm{S}}=220\mathrm{V}$，电阻 $R_1=40\Omega$，实际电感线圈的电感 $L=1\mathrm{H}$，电阻 $r=20\Omega$，试求当开关 S 打开后电流 $i_{\mathrm{L}}(t)$ 的变化规律和线圈两端的电压 $u'_{\mathrm{L}}(0_+)$。（设：打开 S 前电路

已处于稳态）。

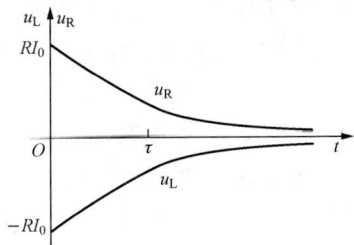

图 5-20　$i_L(t)$、$u_L(t)$、$u_R(t)$ 随时间变化曲线

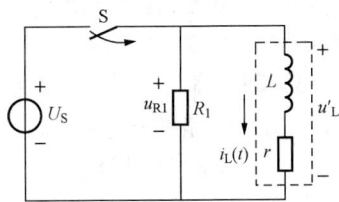

图 5-21　［例 5-6］图

解　S 打开前通过 L 中的电流为

$$i_L(0_-) = I_0 = U_S/r = 220/20 = 11(A)$$

S 打开后，根据

$$i_L(t) = I_0 e^{-\frac{t}{\tau}}$$

而时间常数

$$\tau = \frac{L}{R} = \frac{L}{R_1 + r} = \frac{1}{40 + 20} = \frac{1}{60}(s)$$

所以

$$i_L(t) = I_0 e^{-\frac{t}{\tau}} = 11 e^{-60t} A$$

在 $t=0$ 时，电感线圈两端的电压

$$u'_L(0_+) = -u_{R1}(0_+) = -R_1 i_L(0_+) = -R_1 I_0 = -40 \times 11 = -440(V)$$

此结果说明：

（1）$t=0_-$ 时，$u_R(0_-) = u'_L(0_-) = 220V$，而开关断开这一瞬间，电压由 220V 突然变到 440V。

（2）放电电阻 R_1 不能过大，否则线圈两端的电压会很高，易使线圈绝缘损坏。如果 R_1 是一只内阻很大的电压表，则该表也容易受到损坏。

二、零状态响应

在图 5-22 所示的电路中，开关 S 闭合前电路中电流为零，开关闭合后

$$L \frac{di_L(t)}{dt} + R i_L(t) = U_S \quad (t \geqslant 0)$$

电感的充电电流

$$i_L(t) = \frac{U_S}{R}(1 - e^{-t/\tau}) \quad (t \geqslant 0) \tag{5-23}$$

时间常数

$$\tau = L/R \tag{5-24}$$

电感电压

$$u_L(t) = L \frac{di_L(t)}{dt} = U_S e^{-t/\tau} \quad (t \geqslant 0) \tag{5-25}$$

电阻电压

$$u_R(t) = R i_L(t) = U_S - u_L(t) = U_S(1 - e^{-t/\tau}) \quad (t \geqslant 0) \tag{5-26}$$

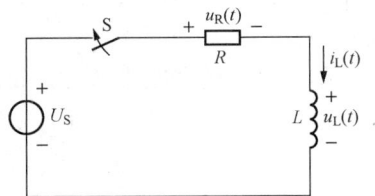

图 5-22　RL 串联电路的零状态响应

图 5-23 所示为 $i_L(t)$、$u_L(t)$、$u_R(t)$ 随时间变化曲线。注意：$t=0$ 时，$i_L(t)$ 是不能突变的，由零按照指数函数曲线上升到新的稳态值 U_S/R；而 $u_L(t)$ 发生了突变，由零突变为 U_S；$u_R(t)$ 由原来的零按照指数曲线上升为新的稳态值 U_S。曲线变化的快慢取决于 $\tau = L/R$ 的大小。

【例 5-7】 如图 5-24 所示电路，已知 $U_S = 20V$，$R = 20\Omega$，$L = 5H$，当开关 S 闭合后，试求（1）电路的稳态电流 I 及电流 $i(t) = 0.632I$ 时所需要的时间；（2）求当时间 $t=0,t=0.5s,t=\infty$ 时线圈两端的电压值。

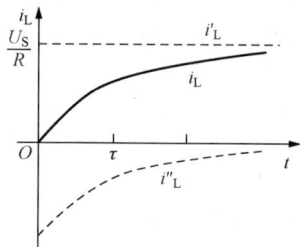

图 5-23 $i_L(t)$、$u_L(t)$、$u_R(t)$ 随时间变化曲线   图 5-24 ［例 5-7］图

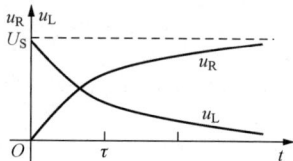

解 （1）当电路达到稳态时，L 相当于短路，故有稳态电流

$$I = \frac{U_S}{R} = \frac{20}{20} = 1(A)$$

因为在瞬态过程中

$$i_L(t) = \frac{U_S}{R}(1 - e^{-t/\tau})$$

所以，当 $i(t) = 0.632I$ 时，即电流上升到稳态值的 63.2% 需要的时间恰为电路的时间常数所需时间

$$t = \tau = \frac{L}{R} = \frac{5}{20} = 0.25(s)$$

（2）由式（5-25）可得电感两端电压

$$u_L(t) = U_S e^{-t/\tau} = 20e^{-4t}V$$

当 $t=0$ 时，$u_L(0_+) = 20e^0 = 20(V)$　（即 L 相当于开路）；

当 $t=0.5s$ 时，$u_L(0.5) = 20e^{-4\times0.5} = 20e^{-2} \approx 2.7V$；

当 $t=\infty$ 时，$u_L(t) = 0V$　（即 L 相当于短路）。

【例 5-8】 图 5-25（a）所示为直流发电机的励磁绕组回路。已知绕组电阻 $R=20\Omega$ 电感 $L=20H$，外加额定电压为 200V，试求（1）当开关 S 闭合后励磁电流 $i(t)$ 的变化规律和电流达到稳态值所需要的时间；（2）如果将电压提高到 250V，励磁电流达到额定值所需时间是多少？

解 （1）根据题中条件，得此电路零状态相应时电流为

$$i_L(t) = \frac{U_S}{R}(1 - e^{-t/\tau}) = \frac{200}{20}(1 - e^{-t/\tau}) = 10(1 - e^{-t/\tau})A$$

时间常数

$$\tau = \frac{L}{R} = \frac{20}{20} = 1(s)$$

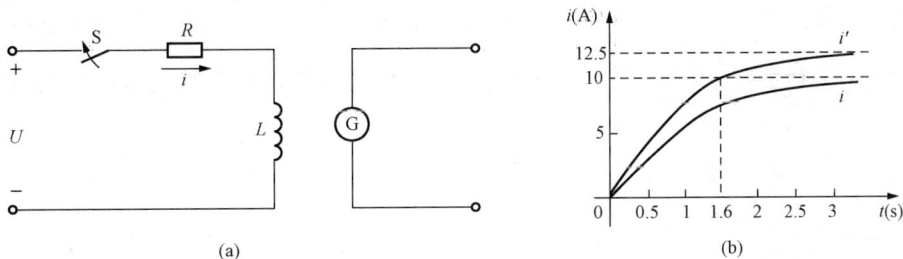

图 5 - 25　［例 5 - 8］图

故有
$$i_L(t) = 10(1 - e^{-t})\text{A}$$

一般可认为电流达到稳态值所需要的时间为 $4\tau \sim 5\tau$，所以电流 $i_L(t)$ 达到稳态值所需要的时间为

$$t = (4 \sim 5)\tau = (4 \sim 5)\text{s}$$

（2）为了缩短励磁电流达到额定值的时间，加速励磁过程，此题采取了提高电压的方法，此电压称为强迫励磁电压。当电流达到 10A 时应再将电压调回到 200V，否则电压太高，电流超过额定值，励磁绕组会烧坏。这时所需要的时间计算如下

$$i'_L(t) = \frac{U_S}{R}(1 - e^{-t/\tau}) = \frac{250}{20}(1 - e^{-t}) = 12.5(1 - e^{-t})\text{A}$$

设当电流达到 10A 时所需时间 t'，则

$$10 = 12.5(1 - e^{-t'})$$

解得

$$t' = \ln 5 = 1.6\text{s}$$

显然，当电压提高到 250V 比 200V 能更快地达到稳定电流值 10A，其变化曲线如图 5 - 25（b）所示。

三、RL 串联电路的全响应

对于 RL 串联电路与直流电源接通时，如果电感 L 中原来有电流 I_0，即初始值不为零，这时电路的瞬态过程叫电路的全响应。

根据前面 RC 串联电路的结果，不难得出

$$i_L(t) = \frac{U_S}{R} + \left(I_0 - \frac{U_S}{R}\right)e^{-t/\tau} \tag{5-27}$$

或

$$i_L(t) = I_0 e^{-t/\tau} + \frac{U_S}{R}(1 - e^{-t/\tau}) \tag{5-28}$$

表达式（5 - 27）中前项是稳态分量；后项是瞬态分量。式（5 - 28）则表明全响应又可看作是零输入响应和零状态响应的叠加。

【例 5 - 9】　在图 5 - 26 所示电路中，已知电源电压 $U_S = 100\text{V}$，$R_0 = 150\Omega$，$R = 50\Omega$，$L = 2\text{H}$，在开关 S 闭合之前电路已处于稳态。在 $t = 0$ 时将开关 S 闭合，求闭合后电流 $i_L(t)$ 和电压 $u_L(t)$ 的变化规律。

解　在开关 S 闭合前电路已处于稳态，故有

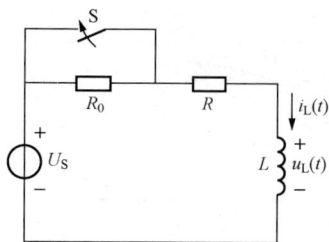

图 5-26　[例 5-9]图

$$i_L(0_-) = I_0 = \frac{U_s}{R_0 + R} = \frac{100}{150 + 50} = 0.5(\text{A})$$

当开关 S 闭合后，R_0 被短路，电路变为 RL 串联电路。电路的时间常数 $\tau = \dfrac{L}{R} = \dfrac{2}{50} = 0.04(\text{s})$

所以

$$i_L(t) = I_0 e^{-t/\tau} + \frac{U_s}{R}(1 - e^{-t/\tau})$$

$$= 0.5 e^{-25t} + \frac{100}{50}(1 - e^{-25t}) = (2 - 1.5 e^{-25t})\text{A}$$

$$u_L(t) = L\frac{di_L(t)}{dt} = L[-1.5 \times (-25)e^{-25t}] = 2 \times 1.5 \times 25 e^{-25t} = 75 e^{-25t}\text{V}$$

本节小结

1. RL 电路瞬态过程的分析方法与 RC 电路完全相同，不同的只是电感元件是储存或释放磁场能量，电感电流不能突变。对 RL 电路主要分析电感电流的变化规律，其时间常数由 L、R 决定。

2. RL 电路的瞬态过程也有三种情况：零输入响应、零状态响应、全响应。三种情况下电感电流的变化规律与 RC 电路中电容电压的变化规律相类似。

练 习

5-3-1　如图 5-27 所示电路，已知 $R=10\Omega$，$L=0.5\text{H}$，$U=100\text{V}$，试求（1）时间常数 τ，电流的初始值和稳态值；S 接通后 0.03s 和 0.1s 时的电流值；（2）电流增大到 $10A$ 时所需要的时间。

5-3-2　如图 5-28 所示电路，开关 S 闭合前线圈中有 10A 的稳态电流值。当 S 闭合后经过 0.1s 线圈中电流衰减到原值的 1%。设 $L=0.1\text{H}$，试求 R 值为多少？

5-3-3　如图 5-29 所示电路，已知 $U=220\text{V}$，$R_1=8\Omega$，$R_2=12\Omega$，$L=0.6\text{H}$，开关 S 闭合前电路已达稳态，试求（1）开关 S 闭合后电流 $i_L(t)$ 的变化规律；（2）开关 S 闭合后要经过多长时间电流才能上升到 15A？

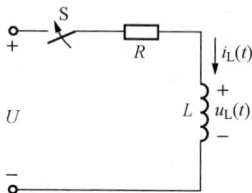

图 5-27　题 5-3-1 图　　　图 5-28　题 5-3-2 图　　　图 5-29　题 5-3-3 图

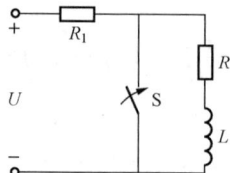

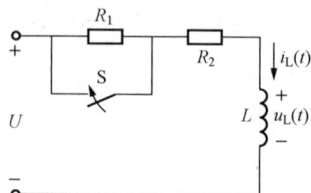

第四节　一阶直流线性电路瞬态过程的三要素法

前面讨论了 RC 串联电路和 RL 串联电路的瞬态过程，它们有一共同点，就是只有一个储能元件，所以，根据基尔霍夫电压定律列出的回路方程是一阶微分方程，因此这种只含一个或者简化后只剩下一个独立储能元件的电路称为一阶电路。

回顾一下前面的讨论过程，可以得到一种求解一阶电路瞬态过程的简便方法。即三要素法。

对于一阶电路，其微分方程的一般表达式

$$a\frac{\mathrm{d}x(t)}{\mathrm{d}t} + bx(t) = c$$

此方程的全解为

$$x(t) = x'(t) + x''(t)$$

式中：$x'(t)$ 为方程特解；$x''(t)$ 为一阶线性常系数齐次微分方程的通解。

在电路中，选择新的稳态值作为特解，即

$$x'(t) = x(\infty)$$

而

$$x''(t) = Ae^{-t/\tau}$$

其中

$$A = x(0_+) - x(\infty)$$

$$\tau = \frac{a}{b}$$

所以一阶微分方程的全解为

$$x(t) = x(\infty) + [x(0_+) - x(\infty)]e^{-t/\tau} \quad (t \geqslant 0) \tag{5-29}$$

由此可以看出，只要求出以下三个量就可以得到瞬态过程的全解：①稳态值 $x(\infty)$；②初始值 $x(0_+)$；③时间常数 τ。这三个量称为电路瞬态过程的三要素，利用它们求解一阶电路瞬态过程的方法称为三要素法。

三要素法简便易算，对于一些较为复杂的一阶电路尤其方便。

【例 5-10】 如图 5-30 所示，已知 $U_s = 12V$，$R_1 = R_2 = R_3 = 3k\Omega$，$C = 10^3 pF$，开关 S 未打开时，$u_C(0_-) = 0$，在 $t = 0$ 时将开关 S 打开，试求电压 $u_C(t)$ 的变化规律。

解 先求电路的三要素。

(1) 初始值为 $u_C(0_+) = u_C(0_-) = 0$

(2) 稳态值：当 S 打开，电路达到稳态时，电容相当于开路。所以

$$u_C(\infty) = \frac{U_s}{R_1 + R_2 + R_3}R_2 = \frac{12}{9 \times 10^3} \times 3 \times 10^3 = 3 = 4(V)$$

(3) 时间常数：由 RC 串联回路零输入状态分析的过程可

知，特征方程的根 $p = \frac{1}{\tau}$ 是由零输入时相应的一阶线性常系数

图 5-30 ［例 5-10］图

微分方程求出的。即开关 S 打开电路达到稳态，且电源不工作时，串联的"等效电阻"与"等效电容"的乘积。

从图 5-30 可知，当开关 S 打开电路达到稳态、电源短路，电路相当于 R_1、R_3 串联在与 R_2 并联组成"等效电阻"；再与电容 C 组成 RC 闭合回路。可以得到时间常数为

$$\tau = RC = \frac{(R_1 + R_3)R_2}{R_1 + R_2 + R_3}C = \frac{(3+3) \times 3}{3+3+3} \times 10^3 \times 10^3 \times 10^{-12}(s) = 2(\mu s)$$

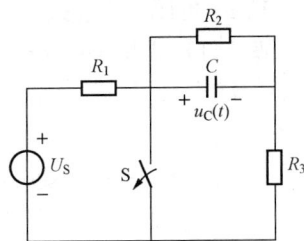

所以将三要素代入一阶微分方程的全解中，得

$$u_C(t) = u_C(\infty) + [u_C(0_+) - u_C(\infty)]e^{-t/\tau} = 4 - 4e^{-5\times10^5 t}\text{V}$$

【例 5 - 11】 如图 5 - 31 所示，已知 $U_S = 180\text{V}$，$R_1 = R_3 = 10\Omega$，$R_2 = 40\Omega$，$L = 0.1\text{H}$，试求当 $t = 0$ 时，将开关 S 闭合后电感中的电流 $i_L(t)$。

解 首先确定电路的三要素。

（1）初始值

$$i_L(0_+) = i_L(0_-) = \frac{U_S}{R_1 + R_2} = \frac{180}{10 + 40} = 3.6(\text{A})$$

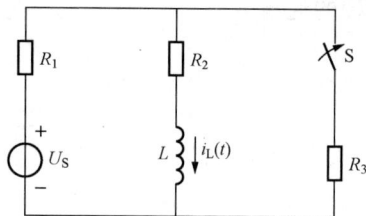

（2）稳态值

$$i_L(\infty) = \frac{U_S}{\dfrac{R_2 R_3}{R_2 + R_3} + R_1} \cdot \frac{R_3}{R_2 + R_3}$$

$$= \frac{U_S R_3}{R_2 R_3 + R_1(R_2 + R_3)}$$

$$= \frac{180 \times 10}{40 \times 10 + 10 \times 50} = 2(\text{A})$$

图 5 - 31　[例 5 - 11] 图

（3）时间常数：将电源短路，S 闭合；电路的"等效电阻"为：R_1 与 R_3 并联，然后与 R_2 串联，即

$$R = \frac{R_1 R_3}{R_1 + R_3} + R_2 = \frac{10 \times 10}{10 + 10} + 40 = 5 + 40 = 45(\Omega)$$

所以

$$\tau = \frac{L}{R} = \frac{0.1}{45} = 0.0022(\text{s})$$

可以得到电感瞬态电流为

$$i_L(t) = i_L(\infty) + [i_L(0_+) - i_L(\infty)]e^{-\frac{t}{\tau}} = 2 + (3.6 - 2)e^{-\frac{t}{0.0022}} = (2 + 1.6e^{-\frac{t}{0.0022}})\text{A}$$

【例 5 - 12】 如图 5 - 32 所示电路，$U_S = 80\text{V}$，$R_1 = R_2 = 10\Omega$，$L = 0.2\text{H}$ 先闭合开关 S1，经过 12ms 再闭合开关 S2，求闭合开关 S2 后经过多长时间电流才能达到 5.66A？

解 （1）求出 t = 12ms 电路中的电流 $i_L(12)$。

1）闭合开关 S1 电路的初始值为

$$i_L(0_+) = i_L(0_-) = 0$$

2）闭合开关 S1 电路的稳定值为

$$i_L(\infty) = \frac{U_S}{R_1 + R_2} = \frac{80}{10 + 10} = 4(\text{A})$$

3）闭合开关 S1 电路的时间常数

$$\tau = \frac{L}{R_1 + R_2} = \frac{0.2}{20} = 0.01(\text{s})$$

由此可得闭合开关 S1 后电路瞬态电流的表达式为

$$i_L(t) = i_L(\infty) + [i_L(0_+) - i_L(\infty)]e^{-t/\tau} = 4 - 4e^{-100t}\text{A}$$

闭合开关 S1 后 12ms，电路中的电流为

$$i_L(12) = 4 - 4e^{-1.2} = 2.8\text{A}$$

（2）求闭合开关 S2 后电流上升为 5.66A 的时间。

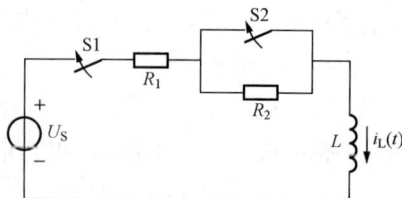

图 5 - 32　[例 5 - 12] 图

1）闭合开关 S2 电路的初始值为

$$i'_L(0_+) = i'_L(0_-) = i_L(12) = 2.8A$$

2）闭合开关 S2 后电路的稳定值

$$i'_L(\infty) = \frac{U_S}{R_1} = \frac{80}{10} = 8(A)$$

3）闭合开关 S2 电路的时间常数

$$\tau' = \frac{L}{R_1} = \frac{0.2}{10} = 0.02(s)$$

当开关 S2 也闭合后，电路瞬态表达式为

$$i'_L(t) = i_L(\infty) + [i'_L(0_+) - i'_L(\infty)]e^{-t/\tau'} = 8 + (2.8 - 8)e^{-50t}A \qquad ①$$

如果 $i'_L(t') = 5.66A$，代入式①，得

$$t' = 0.02\ln\frac{5.2}{2.34} = 0.016(s) = 16(ms)$$

本节小结

1. 只含一个储能元件的电路称为一阶电路。

2. 一阶电路的瞬态过程可以通过三要素来求解。初始值、稳态值、时间常数为三要素。

3. 三要素法对复杂的一阶电路很有用，可以直接通过三要素法来求解。

练 习

5-4-1 如图 5-33 所示，已知 $R_1 = R_2 = 50\Omega$，$R_3 = 12.5\Omega$，$L = 12.5mH$，$U_S = 150V$，电路稳定后将开关 S 打开，求线圈中的电流 $i_L(t)$。

5-4-2 如图 5-34 所示，已知 $U_S = 100V$，$C = 100\mu F$，$R_1 = 10k\Omega$，$R_2 = 1k\Omega$，$u_C(0_-) = 0$，试求：（1）闭合开关 S，当电容器充电到 6V 时所需时间，并写出 $u_C(t)$ 的表达式；（2）当电容器充电到 6V 时，再断开开关 S，求 $u_C(t)$ 的表达式。

5-4-3 如图 5-35 所示，在开关 S 闭合前电路已处于稳态。在 $t=0$ 时将开关 S 闭合，试求开关 S 闭合后的电流 $i_L(t)$。已知 $U_{S1} = 10V$，$U_{S2} = 20V$，$R_1 = 50\Omega$，$R_2 = 5\Omega$，$L = 0.5H$。

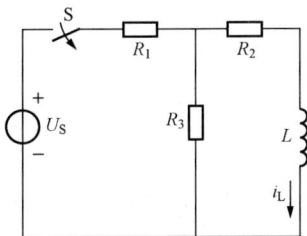

图 5-33 题 5-4-1图　　　　图 5-34 题 5-4-2图　　　　图 5-35 题 5-4-3图

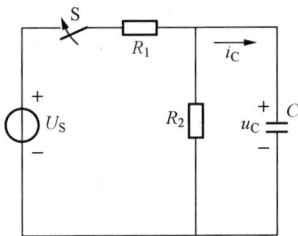

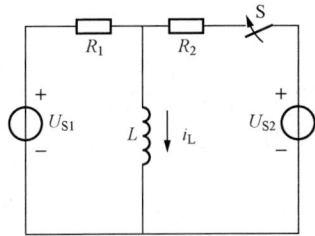

第五节　一阶电路在正弦交流电压激励下的响应

在前面已经研究了在直流电源激励下的一阶电路的全响应，如果激励是正弦交流电压，

其分析方法与直流电源基本相同。由于激励是时间正弦函数，所以，电压与电流的新稳态值仍然是时间的正弦函数，即

$$f(t) = f'(t) + f''(t) = f'(t) + Ae^{-t/\tau}$$
$$f''(t) = Ae^{-t/\tau}$$

式中：$f'(t)$ 为稳态分量，$f''(t)$ 为瞬态分量。

当 $t = 0_+$ 时，$f(t)$ 的初始值为 $f(0_+) = f'(0_+) + A$

所以

$$A = f(0_+) - f'(0_+)$$

一阶电路接通电压后的全响应为

$$f(t) = f'(t) + [f(0_+) - f'(0_+)]e^{-t/\tau}$$

因此，对于交流激励的一阶电路全响应，其三要素为：①稳态分量 $f'(t)$；②初始值 $f(0_+)$ 和 $f'(0_+)$；③时间常数 τ。与直流电路瞬态过程相比，不同之处在于常数 A 的确定。当外加的电压为正弦量 $u = U_m\sin(\omega t + \psi)$ 时，换路的时刻不同，正弦量的初相角 ψ 不同，得到的常数 A 不同。ψ 被称为接入相位角。

一、RC 串联电路正弦激励下的全响应

1. 电容电压全响应 $u_C(t)$

如图 5-36 所示 $u = U_m\sin(\omega t + \psi)$，在 $t=0$ 时，将开关 S 合上，则电路的稳态分量 $u'_C(t)$ 是一正弦量。其相量表达式为

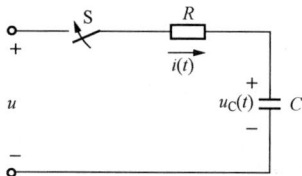

图 5-36 电容电压全响应

$$\dot{U}_C = \dot{I}(-jX_C) = \frac{\dot{U}}{R - jX_C}(-jX_C) = \frac{U}{|Z|}X_C e^{j(\psi-\varphi-90°)}$$

解析式为

$$u'_C(t) = \frac{U_m}{|Z|}X_C\sin(\omega t + \psi - \varphi - 90°)$$

设

$$u_C(0_-) = U_0$$

则

$$u_C(0_+) = u_C(0_-) = U_0$$

又

$$u'_C(0_+) = \frac{U_m}{|Z|}X_C\sin(\psi - \varphi - 90°)$$

所以，电容器上电压 $u_C(t)$ 的全响应为

$$u_C(t) = u'_C(t) + [u_C(0_+) - u'_C(0_+)]e^{-t/\tau}$$
$$= \frac{U_m}{|Z|}X_C\sin(\omega t + \psi - \varphi - 90°) + \left[U_0 - \frac{U_m}{|Z|}X_C\sin(\psi - \varphi - 90°)\right]e^{-t/\tau} \quad (t \geqslant 0)$$

$$(5-30)$$

其中　$\tau = RC$

式中：Z 为时间常数。

从式（5-30）中可以看出，正弦电压激励下的 RC 串联电路，与直流电压激励状态相比，瞬态分量的初始值的与接入相位角 ψ 有关。下面我们进行三种特殊情况的讨论。为了讨论方便，假设电容未充电，即 $u_C(0_-) = 0$。这时，瞬时分量的初始值为 $u''_C(0_+)$，即

$$u''_C(0_+) = -\frac{U_m}{|Z|} X_C \sin(\psi - \varphi - 90°) \tag{5-31}$$

（1）当 $\psi = \varphi + 90°$ 时（由于容性电路的 φ 为负值，所以这时的 $\psi < 90°$），$u''_C(t) = 0$。电路没有瞬态分量，既没有瞬态过程。开关闭合时，电路就进入了新稳态。且

$$u_C(t) = u'_C(t) = \frac{U_m}{|Z|\omega C} \sin\omega t \tag{5-32}$$

即电容器上的电压是初相位为零的正弦量，$u_C(0_+) = 0$，此时外加电压全部加在电阻 R 上。即 u_R 是跃变的。

（2）当 $\psi = \varphi$ 时（即 ψ 也为负值），电容电压的瞬态分量初始值最大，且等于稳态的最大值，即 $u''_C(0_+) = -\frac{U_m}{|Z|} X_C \sin(\psi - \varphi - 90°) = \frac{U_m}{|Z|\omega C}$。此时

$$u_C(t) = u'_C(t) + u''_C(t) = \frac{U_m}{|Z|\omega C} \sin(\omega t - 90°) + \frac{U_m}{|Z|\omega C} e^{-\frac{t}{\tau}} \tag{5-33}$$

从式（5-33）中可以看出，在换路时，稳态分量是负的余弦函数，在 $t = T/2$ 时，达到正的最大值，这是电容上的电压为

$$u_C(t) = \frac{U_m}{|Z|\omega C_C} + \frac{U_m}{|Z|\omega C} e^{-\frac{T}{2\tau}}$$

如果时间常数 $\tau \gg T$，则瞬态分量几乎没有衰减。电容承受的瞬间电压近似稳态最大值的 2 倍。这种现象发生在换路时，所以称为操作过电压。在电力工程上必须要注意。

（3）当 $\psi = \varphi + 180°$ 时，有

$$u_C(t) = u'_C(t) + u''_C(t) = \frac{U_m}{|Z|\omega C_C} \sin(\omega t + 90°) - \frac{U_m}{|Z|\omega C} e^{-\frac{t}{\tau}}$$

在 $t = T/2$ 时，$u_C(t)$ 会出现负的最大值。

2. 电容电流全响应

电流全相应的表达式为

$$i(t) = C\frac{du_C(t)}{dt} = C\frac{du'_C(t)}{dt} + C\frac{du''_C(t)}{dt}$$

$$= \omega C \frac{U_m}{|Z|\omega C} \sin(\omega t + \psi - \varphi) + C\left(-\frac{1}{\tau}\right)\left[U_0 - \frac{U_m}{|Z|\omega C}\sin(\psi - \varphi - 90°)\right]e^{-t/\tau}$$

当 $u_C(0_-) = U_0 = 0$ 时

$$i(t) = \frac{U_m}{|Z|}\sin(\omega t + \psi - \varphi) + \frac{U_m}{|Z|\omega CR}\sin(\psi - \varphi - 90°)e^{-t/\tau} \tag{5-34}$$

和电容电压一样，瞬态电流也与接入相位角 ψ 有关，下面进行两点讨论。

（1）当 $\psi = \varphi + 90°$ 时，有

$$i(t) = \frac{U_m}{|Z|}\sin(\omega t + 90°)$$

电流也没有瞬态分量，立刻进入稳态，较外加电压超前 φ，在 $t = 0$ 时，由 $i(0_-) = 0$ 跃变为 $i(0_+) = U_m/|Z|$。

（2）当 $\psi = \varphi$ 时，有

$$i(t) = \frac{U_m}{|Z|}\sin\omega t - \frac{U_m}{|Z|\omega RC}e^{-t/\tau}$$

当 $t = 0_+$ 时，瞬态分量取负峰值，但和稳态正弦量的最大值相比并不相等，是稳态正弦量最大值的 $1/\omega RC$。如果 $\omega RC \ll 1$，电流瞬态值可能远大于稳定正弦量的最大值。对于电动机来说，瞬间的大电流，会产生很大的机械力，可能使电气设备损坏。另外，在接通空载电力电缆时，会产生很大的冲击电流，所以必须串联电阻以防止损坏设备。

【例 5 - 13】　如图 5 - 37 所示，已知 $u(t) = 10\sin(314t - 45°)\text{V}$，$U_\text{S} = 2\text{V}$，$R = 10\Omega$，$C = 200\mu\text{F}$，开关 S 原接位置 1，当电路稳定后，在 $t = 0$ 时，开关由位置 1 换接到位置 2，试求电容电压 $u_\text{C}(t)$ 和电流 $i(t)$。

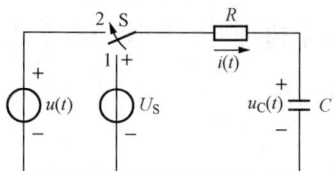

图 5 - 37　　［例 5 - 13］图

解　电路的三要素为

（1）初始值为

$$u_\text{C}(0_+) = u_\text{C}(0_-) = U_0 = 2\text{V}$$

（2）电路稳定分量和稳态分量初始值在开关 S 变换到 2 位置时，电路的总阻抗为

$$|Z| = \sqrt{R^2 + \left(\frac{1}{\omega C}\right)^2}$$

$$= \sqrt{10^2 + \left(\frac{1}{314 \times 2 \times 10^{-4}}\right)^2} = 18.8(\Omega)$$

电路的阻抗角为

$$\varphi = \arctan\frac{1/\omega C}{R} = \arctan\frac{1}{314 \times 10 \times 2 \times 10^{-4}} = -57.8°$$

所以

$$\dot{U}_\text{Cm} = \frac{\dot{U}_\text{m}}{Z}(jX_\text{C}) = \frac{10\text{e}^{-j45°}}{18.8\text{e}^{-j57.8°}} \times 15.9\text{e}^{-j90°} = 8.46\text{e}^{-j77.2°}\text{V}$$

$$u'_\text{C}(t) = 8.46\sin(314t - 77.2°)\text{V}$$

在 $t = 0_+$ 时，

$$u'_\text{C}(0_+) = 8.46\sin(-77.2°) = -8.25\text{V}$$

（3）时间常数为

$$\tau = RC = 10 \times 2 \times 10^{-4} = 2 \times 10^{-3}(\text{s})$$

根据三要素法

$$u_\text{C}(t) = u'_\text{C}(t) + [u_\text{C}(0_+) - u'_\text{C}(0_+)]\text{e}^{-t/\tau}$$

$$= 8.46\sin(314t - 77.2°) + (2 + 8.25)\text{e}^{-500t}$$

$$= 8.46\sin(314t - 77.2°) + 10.25\text{e}^{-500t}\text{V}$$

$$i(t) = C\frac{\text{d}u_\text{C}(t)}{\text{d}t} = C[314 \times 8.46\cos(314t - 77.2°) - 500 \times 10.25\text{e}^{-500t}]$$

$$= 2 \times 10^{-4}[314 \times 8.46\sin(314t + 12.8°) - 5125\text{e}^{-500t}]$$

$$= [0.53\sin(314t + 12.8°) - 1.025\text{e}^{-500t}]\text{A}$$

二、RL 串联电路正弦激励下的全响应

当 RL 串联电路与正弦电压接通时，电路如图 5 - 38 所示，这一电路也是一阶电路，它的瞬态分析方法与 RC 电路完全类似，只是在 RL 电路中不能突变的是电流 $i_\text{L}(t)$。当外加电压为 $u = U_\text{m}\sin(\omega t + \psi)$，应用三要素法，得

$$i_L(t) = i'_L(t) + [I_0 - i'_L(0_+)]e^{-t/\tau}$$

其中

$$i'_L(t) = \frac{U_m}{|Z|}\sin(\omega t + \psi - \varphi)$$

$$i'_L(0_+) = \frac{U_m}{|Z|}\sin(\psi - \varphi)$$

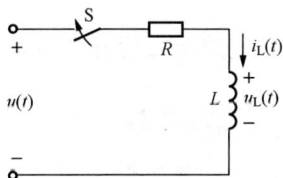

图 5 - 38　RL 串联电路与正弦电压接通

上面各式中的 φ 是电路的阻抗角，$\varphi = \arctan\dfrac{\omega L}{R}$，而 $I_0 = i_C(0_-)$，τ 为时间常数，$\tau = \dfrac{L}{R}$。

电感电流的 $i_L(t)$ 为

$$i_L(t) = \frac{U_m}{|Z|}\sin(\omega t + \psi - \varphi) + \left[I_0 - \frac{U_m}{|Z|}\sin(\psi - \varphi)\right]e^{-t/\tau} \tag{5 - 35}$$

由式（5 - 35）可知，瞬态分量的起始值也与接入相位角有关。在 $I_0 = 0$ 时，瞬时分量的起始值在 0 与 $\pm U_m/|Z|$ 之间变动。

当 $\psi = \varphi$ 时，电流即可进入稳态，没有瞬态过程；当 $\psi = \varphi \pm 90°$ 时，瞬态分量的起始值最大，$i_L(t)$ 可能出现操作过电流。

【例 5 - 14】　如图 5 - 39 所示电路，已知外加电压 $u = 220\sqrt{2}\sin(314t + \psi)\text{V}$，$R = 30\Omega$，$L = 0.2\text{H}$，电路的初始条件 $i_L(0_-) = 0$。求下面两种情况下电路中的电流；（1）开关 S 闭合时，$\psi = 0$；（2）开关 S 闭合时，$\psi = 64.5°$。

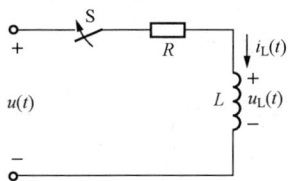

图 5 - 39　[例 5 - 14] 图

解　此电路的三要素如下

（1）初始值

$$i(0_+) = i(0_-) = I_0 = 0$$

（2）电路的稳态分量及稳态分量初始值。

电路处于稳态时的复阻抗

$$Z = R + jX_L = 30 + j62.8 = 69.6e^{j64.5°}\Omega$$

稳态分量

$$i'_L(t) = \frac{U_m}{|Z|}\sin(\omega t + \psi - \varphi) = \frac{220\sqrt{2}}{69.6}\sin(314t + \psi - 64.5°)\text{A}$$

$$i'_L(0_+) = \frac{U_m}{|Z|}\sin(\psi - \varphi) = \frac{220\sqrt{2}}{69.6}\sin(\psi - 64.5°)\text{A}$$

（3）时间常数

$$\tau = \frac{L}{R} = \frac{0.2}{30} = 6.67 \times 10^{-3}(\text{s})$$

电路瞬态过程中，电感电流

$$i_L(t) = 4.47\sin(314t + \psi - 64.5°) - 4.47\sin(\psi - 64.5°)e^{-150t}\text{A}$$

当 $\psi = 0$ 时

$$i_L(t) = 4.47\sin(314t - 64.5°) - 4.47\sin(-64.5°)e^{-150t}$$

$$= 4.47\sin(314t - 64.5°) + 4.02e^{-150t}\text{A}$$

当 $\psi = 64.5°$ 时

$$i_L(t) = 4.47\sin314t\,A$$

此时电路接通后没有瞬态,立刻进入稳态。

本节小结

1. 一阶电路接通正弦电压时的瞬态分析方法和接通直流电压时一样。具体步骤:①列出微分方程;②求特解和补函数即齐次方程的通解;③利用初始条件确定积分常数;④求时间常数。也可利用三要素法,这种方法更为简洁。

2. 稳态分量是与电源同频率的正弦量,因而常数 A 还与电源的接入相位角 ψ 有关。

3. 在零状态下,当接入相位角 $\psi = \varphi + 90°$ 时,RC 电路没有瞬态过程,当 $\psi = \varphi$ 时,RC 电路瞬态过程中的峰值可能为最大稳态值的 2 倍,出现过电压的现象。

4. 在零状态下,RL 电路在 $\psi = \varphi$ 时,没有瞬态过程;在 $\psi = \varphi \pm 90°$ 时,可能出现过电流现象。

练 习

5-5-1 如图 5-40 所示,已知 $u(t) = 220\sqrt{2}\sin314t\,V$,$R = 20\Omega$,$C = 400\mu F$,在 $t = 0$ 时,将开关 S 接通,试求开关 S 接通后的 $i(t)$ 和 $u_C(t)$。

5-5-2 如图 5-41 所示,已知 $u(t) = 220\sqrt{2}\sin(314t + 30°)V$,$R = 50\Omega$,$L = 0.2H$,在 $t = 0$ 时,将开关 S 闭合,求电路中的 $i(t)$。

5-5-3 题 5-5-2 的电路中,在 $t = 0$ 时接到 $u(t) = [30 + 220\sqrt{2}\sin(314t + 30°)]V$ 的非正弦电源上,试求开关 S 接通后的 $i(t)$。

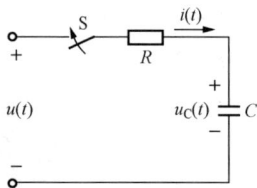

图 5-40 题 5-5-1图

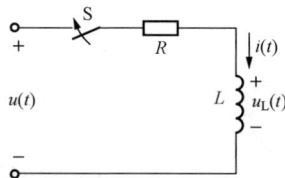

图 5-41 题 5-5-2图

*第六节 二阶线性动态电路简介

当电路中同时含有电感和电容量两种动态元件时,由于对电感 $u_L(t) = L\dfrac{di_L(t)}{dt}$,而对电容 $i_C(t) = C\dfrac{du_C(t)}{dt}$,所以,当电感与电容串联时,$i_L(t) = i_C(t)$,则 $u_L(t) = L\dfrac{d^2u_C(t)}{dt^2}$,出现了二阶微分,电路称为二阶线性动态电路。

RLC 串联的二阶线性动态电路的换路,可能是与直流电源接通的过程;也可能是与正弦电源接通的过程;还可能是已经充电的电容器通过 RL 串联电路在无电源的情况下的放电过程(即 RLC 串联的零输入响应)等。下面简单介绍一下 RLC 串联电路的零输入响应的规律。

如图 5 - 42 所示电路，已知电容器已经充电到电压为 U_0。当开关 S 在 $t=0$ 时闭合。根据换路定律有

$$i(0_+) = i_L(0_+) = i_L(0_-)$$

$$u_C(0_+) = u_C(0_-) = U_0$$

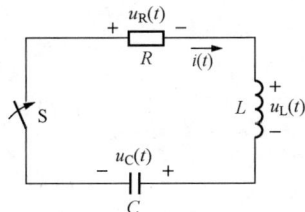

图 5 - 42 二阶线性动态电路

因为

$$Ri(t) + L\frac{\mathrm{d}i(t)}{\mathrm{d}t} + u_C(t) = 0$$

由于

$$i(t) = i_C(t) = C\frac{\mathrm{d}u_C(t)}{\mathrm{d}t}$$

所以

$$LC\frac{\mathrm{d}^2 u_C(t)}{\mathrm{d}t^2} + RC\frac{\mathrm{d}u_C(t)}{\mathrm{d}t} + u_C(t) = 0$$

这是一个以 $u_C(t)$ 作为变量的常系数二阶线性齐次微分方程，它的解为

$$u_C(t) = A_1 \mathrm{e}^{p_1 t} + A_2 \mathrm{e}^{p_2 t} \qquad (5 - 36)$$

式中：p_1、p_2 为特征方程 $LCp^2 + RCp + 1 = 0$ 的两个根。

$$p_{1,2} = -\frac{R}{2L} \pm \sqrt{\left(\frac{R}{2L}\right)^2 - \frac{1}{LC}} \qquad (5 - 37)$$

令

$$\alpha = R/2L; \quad \omega_0 = 1/\sqrt{LC}（电路的谐振角频率）$$

则

$$p_{1,2} = -\alpha \pm \sqrt{\alpha^2 - \omega_0^2} \qquad (5 - 38)$$

因此，换路后 $u_C(t)$ 和 $i(t)$ 的变化情况比较复杂。下面看一种特殊情况下的结果。设 $R=0$。这时 $\alpha=0$，$p_{1,2} = \pm\sqrt{-\omega_0^2} = \pm\mathrm{j}\omega_0$。将其代入式（5 - 36），得

$$u_C(t) = A_1 \mathrm{e}^{\mathrm{j}\omega_0 t} + A_2 \mathrm{e}^{-\mathrm{j}\omega_0 t}$$

$$i(t) = C\frac{\mathrm{d}u_C(t)}{\mathrm{d}t} = A_1 C(\mathrm{j}\omega_0)\mathrm{e}^{\mathrm{j}\omega_0 t} + A_2 C(-\mathrm{j}\omega_0)\mathrm{e}^{-\mathrm{j}\omega_0 t}$$

根据

$$u_C(0_+) = U_0 \quad i(0_+) = 0$$

所以

$$u_C(0_+) = A_1 + A_2 = U_0$$

$$i(0_+) = A_1 C(\mathrm{j}\omega_0) + A_2 C(-\mathrm{j}\omega_0) = C\mathrm{j}\omega_0(A_1 - A_2) = 0$$

即

$$\begin{cases} A_1 + A_2 = U_0 \\ A_1 - A_2 = 0 \end{cases}$$

解之得

$$A_1 = A_2 = \frac{U_0}{2}$$

故

$$u_C(t) = U_0 \frac{e^{j\omega_0 t} + e^{-j\omega_0 t}}{2} = U_0 \cos\omega_0 t \qquad (5-39)$$

$$i(t) = C\frac{du_C(t)}{dt} = -U_0(\omega_0 C)\sin\omega_0 t = -\frac{U_0}{X_{C0}}\sin\omega_0 t \qquad (5-40)$$

$$u_L(t) = -L\frac{di(t)}{dt} = -\frac{U_0 X_{L0}}{X_{C0}}\cos\omega_0 t = -U_0\cos\omega_0 t \qquad (5-41)$$

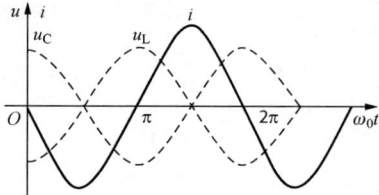

图 5-43　$u_C(t)$，$u_L(t)$，$i(t)$ 为正弦函数

结论很简单，$u_C(t)$，$u_L(t)$，$i(t)$ 都是正弦函数，如图 5-43 所示。这是因为换路开始时，电容器释放其储存的电场能，而电感立刻将其转换成磁场能储存在电感中。$u_C(t)$，$u_L(t)$ 一个下降，而另一个上升，如此周而复始，形成电磁振荡，振荡的频率正好是电路的固有谐振频率 ω_0。

事实上电路都有电阻存在，每个振荡周期都有一定的能量损耗，振荡不可能长久保持下去。当 R 不大时，只要 $\alpha < \omega_0$，有

$$u_C(t) = U_0 e^{-\alpha t}\frac{\omega_0}{\omega}\sin(\omega t + \beta) \qquad (5-42)$$

其中 $\omega = \sqrt{\omega_0^2 - \alpha^2}$，$\beta = \arctan(\omega/\alpha)$。

这是一个衰减振荡，振荡频率小于谐振频率（$\omega < \omega_0$）。理论上 $t \to \infty$ 时衰减到零。而实际上，$\tau = 1/\alpha = 2L/R$，当 $t = 5\tau$ 时，衰减即接近为零。变化曲线如图 5-44 所示。

还有一种特殊的情况是电阻 R 大到 $\alpha = \omega_0$ 时，$p_1 = p_2 = -\alpha$，此时 $u_C(t)$ 的表达式为 $u_C(t) = (A_1 + A_2 t)e^{pt}$，代入初始条件 $u_C(0_+) = U_0$，$i(0_+) = 0$ 得 $A_1 = U_0$，$A_2 = U_0\alpha$。则 $u_C(t)$，$u_L(t)$，$i(t)$ 的表达式分别变为

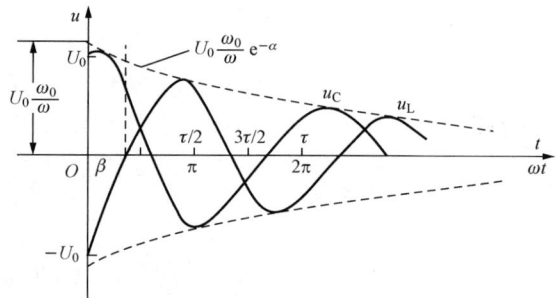

图 5-44　变化曲线

$$u_C(t) = U_0(1 + \alpha t)e^{-\alpha t} \qquad (5-43)$$

$$i(t) = -\frac{U_0}{L}t e^{-\alpha t} \qquad (5-44)$$

$$u_L(t) = -U_0(1 - \alpha t)e^{-\alpha t} \qquad (5-45)$$

由此可知，$u_C(t)$ 由 U_0 单纯下降。即电容始终处于放电状态。直至放电完毕。由（5-45）可知：

当 $t = \tau = 1/\alpha = 2L/R$ 时，$u_L(t) = 0$，$i(t) = -\frac{U_0}{\alpha L}e^{-1} = -\frac{U_0}{\omega_0 L}e^{-1}$ 为最大。

当 $t < \tau$（即 $\alpha t < 1$）时，$u_L(t) < 0$ 为负值，$i(t)$ 的绝对值在增加。

当 $t > \tau$（即 $\alpha t > 1$）时，$u_L(t) < 0$ 为正值，$i(t)$ 仍为负值，但绝对值在减少。

$u_C(t)$，$u_L(t)$，$i(t)$ 随时间都趋于零，其变化曲线如图 5-45 所示。

由图可知，当 $t < \tau$ 时，电容器释放电场能，一部分消耗在电阻上，一部分转化为磁场能；$t > \tau$ 以后，电场、磁场同时释放能量，在电阻上转化为热。

电阻 R 大到 $\alpha = \omega_0$ 是一临界状态，电路不再发生振荡，只要 $\alpha < \omega_0$ 就会发生振荡。所

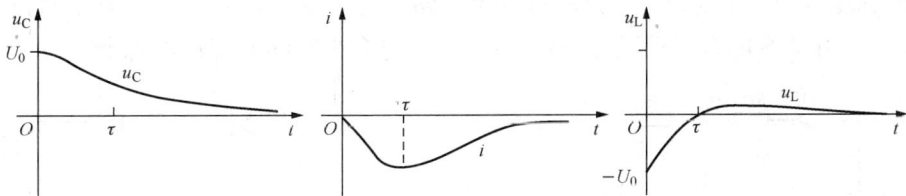

图 5-45 $u_C(t)$，$u_L(t)$，$i(t)$ 随时间变化曲线

以 $\alpha = \omega_0$ 时的电阻 $R = 2\sqrt{L/C}$ 被称为临界电阻。

本节小结

1. 含有电感 L、电容 C 两种动态元件的电路的瞬态过程要列出二阶微分方程求解，比较繁复。但初始条件仍由 u_C 和 i_L 不能突变确定，新的稳态由 KCL、KVL 求解。

2. RLC 串联的零输入响应是二阶动态电路最简单的。关键是已充电的电容释放能量，如果 $R=0$，则能量在电场和磁场中来回转换，发生不衰减的正弦振荡。有了电阻 R，振荡就会衰减。当 $R \geqslant 2\sqrt{L/C}$ 时，就不发生振荡。$R=2\sqrt{L/C}$ 时是临界状态。

本 章 小 结

本章分析了线性动态电路的响应问题，研究由一种稳定状态到新的稳定状态的动态过程。在分析时，要看重两个基本问题：

1. 因为电路含有储能元件电感 L 和电容 C，由于能量不能突变，故电感电流 i_L 和电容电压 u_C 不能突变，因而有 $u_C(0_+) = u_C(0_-)$ 和 $i_L(0) = i_L(0_-)$。

2. 在任何瞬间，电流、电压的瞬时值仍然受基尔霍夫两条定律所制约。

因此，无论电路是简单的或复杂的，都根据基尔霍夫电压定律和基尔霍夫电流定律列出微分方程式。其特解就是新的稳态分量，其补函数（对应的齐次微分方程的通解）则为暂态分量，根据换路定律与输入函数确定积分常数。

本章先讨论了一阶电路的瞬态过程，即只含一个储能元件的 RC 与 RL 串联电路。变量的初始值可能为零（零状态），可能不为零 $[u_C(0_+) = U_0$ 或 $i_L(0_+) = I_0]$；输入可能为零（零输入）；可能为直流电压 U_S，也可能为正弦交流 $u(t) = U_m\sin(\omega t + \psi)$。条件不同，结果当然不同，但瞬态分量的形式 $Ae^{-t/\tau}$ 则是共同的，从而导出一阶电路瞬态过程的三要素法。

至于 RLC 串联的二阶线性动态电路的零输入响应，要根据参数 R 是大于、等于还是小于 $2\sqrt{L/C}$ 来求出振荡、非振荡和临界放电的结论。

习 题

5-1 如图 5-46 所示电路，电容原未充电，在 $t=0$ 时，合上开关 S2，求 $u_C(t)$ 和 $i(t)$（开关 S1 仍打开）。

5-2 题 5-1 中的电路达到稳定后，再将开关 S1 合上，求 $u_C(t)$、$i_1(t)$ 和 $i_2(t)$。

5-3　如图 5-47 所示为直流发电机励磁电路，已知绕组 $R=25\Omega$，$L=30\mathrm{H}$，外加电压 $U_\mathrm{S}=100\mathrm{V}$，当开关 S 闭合后求励磁电流 $i_1(t)$，经过多少时间电流达到稳定。

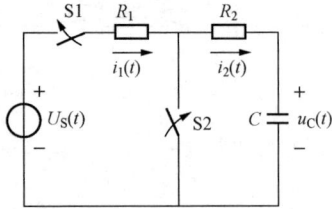 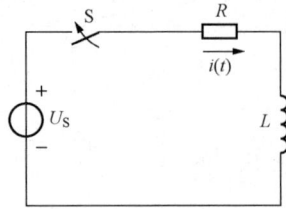

图 5-46　题 5-1 图　　　　　　　　　　　图 5-47　题 5-3 图

5-4　如图 5-48 所示，$U_\mathrm{S}=10\mathrm{V}$，$R_1=2\mathrm{k}\Omega$，$R_2=R_3=4\mathrm{k}\Omega$，$L=200\mathrm{mH}$，电路原已处于稳态，求开关 S 打开后的 $i_\mathrm{L}(t)$ 和 $u_\mathrm{L}(t)$。

5-5　如图 5-49 所示，已知 $U_\mathrm{S}=6\mathrm{V}$，$R_1=10\mathrm{k}\Omega$，$R_2=20\mathrm{k}\Omega$，$C=1000\mathrm{pF}$，$u_\mathrm{C}(0_-)=0$，求开关 S 合上后，R_2 上电压 $u(t)$。

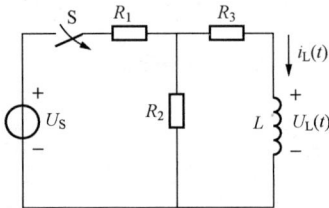 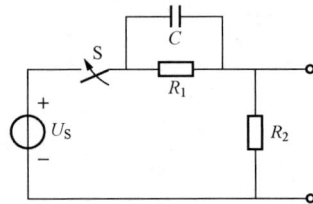

图 5-48　题 5-4 图　　　　　　　　　　　图 5-49　题 5-5 图

5-6　如图 5-50 所示电路，$u_\mathrm{S}(t)$ 为正弦电压，$U_\mathrm{sm}=100\mathrm{V}$，$\omega=314\mathrm{rad/s}$，$C=100\mu\mathrm{F}$，$R_1=R_2=10\Omega$。在 $t=0$ 时合上开关，此时 $\psi_u=30°$。求 $u_\mathrm{C}(t)$。

5-7　如图 5-51 所示电路，$u_\mathrm{S}(\mathrm{t})=100\sin(314t+\psi_u)$ V，在 $t=0$ 合上开关 S，此时 $\psi_u=45°$，$i_\mathrm{L}(0_-)=0$，求开关 S 合上后的 $i_\mathrm{L}(t)$。

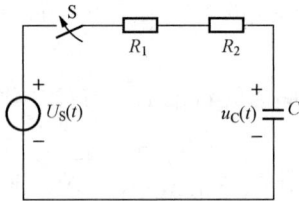 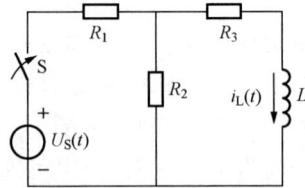

图 5-50　题 5-6 图　　　　　　　　　　　图 5-51　题 5-7 图

第 六 章

磁 路 与 变 压 器

有很多电工设备如电机、变压器、电磁铁、电工测量仪表及其他各种铁磁元件等，不仅存在电路问题，同时还存在磁路问题。只有同时掌握了电路和磁路的基本理论，才能对各种电工设备作全面分析。由于电场和磁场是相辅相成的，因此电路和磁路往往是相互关联的。

第一节 铁磁物质的磁化

铁磁物质具有特殊磁性能：①它的相对磁导率 μ 很大；②磁感应强度 B 与磁场强度 H 存在非线性关系；③磁性能与原有磁化情况有关，即具有磁滞现象。铁磁物质在电工技术中有重要用途。

一、铁磁物质的磁化

铁磁物质的特性主要是由电子的自旋引起的。在很小的区域内这些电子的自旋形成了很小的磁化区域，叫作磁畴。每一磁畴相当于一个很小的磁铁，具有很强的磁性，在没有外磁场作用的铁磁物质中，各个磁畴的磁场方向排列是杂乱无章的，故磁效应互相抵消，对外不显磁性，如图 6-1（a）所示。当外磁场 H_0 由零逐渐增大时，最初是**各磁畴的体积发生变化**，与外磁场方向接近一致的这部分磁畴的边界首先扩大；与外磁场方向相反的磁畴体积缩小，这是磁畴界壁的移动，如图 6-1（b）所示。当外磁场 H_0 增加到一定程度时，那些与外磁场方向相反的磁畴甚至缩小为零，如图 6-1（c）所示。这一界壁移动阶段是可逆的，此时只要外磁场减至零，磁畴可恢复原状。当外磁场超过一定程度时，磁畴向外磁场的方向转动，这就是**磁畴的转向**，如图 6-1（d）所示。直至最后全部磁畴的方向都转到与外磁场 H_0 一致的方向，达到**磁饱和状态**，如图 6-1（e）所示，这时铁磁物质的磁性很强。当外磁场很大时，这一磁化过程是不可逆的，即使外磁场减到零，铁磁物质仍具有一定磁性（剩磁）。

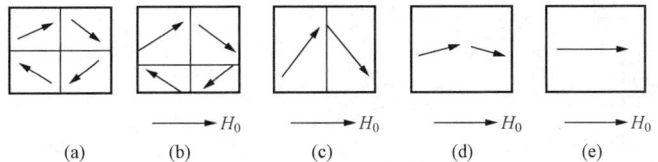

图 6-1 铁磁物质的磁化

（a）对外不显磁性；（b）磁畴界壁的移动；（c）与外磁场方向相反的磁畴缩小为零；（d）磁畴的转向；（e）磁饱和状态

二、磁化曲线

首先，强调一下关于描述磁场强弱的两个物理量及其二者的关系。在物理课程中学过描述磁场强弱的物理量是磁感应强度 B，它与磁介质有关。而表征各种介质磁性能的是磁导率 μ。而磁场强度也是用来表征磁场强弱的物理量，用 H 表示，但其与磁介质无关。

因此
$$B=\mu H$$

B 和 H 是方向相同但数值上相差 μ 倍的两个矢量。

1. 起始磁化曲线

在真空或空气中的磁感应强度 B 与磁场强度 H 成线性关系，如图 6-2 所示的直线①所示。但在铁磁物质中由于铁磁物质的磁化，有磁性饱和的特点，故铁磁物质中 B 与 H 的关系是非线性的，即 μ 不是常数，铁磁材料 μ 是 H 的函数。铁磁物质中 B 与 H 的关系可用实验求得。在图 6-2 中作出 B—H 曲线②与 μ—H 曲线③。这里作出的 B—H 曲线称为起始磁化曲线。

在铁磁物质的 B—H 曲线的 Oa 段，磁感应强度 B 增加较慢，主要是由可逆的磁畴界壁移动造成的；在曲线的 ab 段，H 已较强，磁感应强度 B 的上升很快，这一段主要是由于不可逆磁畴转向引起的；在 bc 段，H 很强，这里 B 的上升减慢，主要是由磁畴的转向来增大磁感应强度，但转向已经接近饱和；在 c 点以后，磁畴的方向均转到与外磁场的方向一致，磁性到了饱和状态，达到饱和后，再增大外磁场，其磁感应强度的增量是很小的，与真空或空气中一样。所以 c 点以后近于直线，这阶段的磁化过程又是可逆的。

2. 磁滞回线

当磁场强度由零增加到 H_m，使铁磁物质的磁性饱和，磁感应强度对应的为 B_{ma1} 后，再将 H 减小，则磁感应强度 B 由 B_{ma1} 沿着比起始磁化曲线高的曲线下降，如图 6-3（a）所示，这是由于磁畴的翻转过程不可逆引起的。将铁磁物质在 H_m 与 $-H_m$ 之间反复磁化多个循环后，就可得一个近似对称于原点的闭合曲线 $abcdefa$ 如图 6-3（b）所示，这个闭合曲线叫作磁滞回线。在反复磁化的过程中，B 与 H 的变化规律按磁滞回线进行，而不是按起始磁化曲线进行，即在同一个 H 下，去磁时的 B 比起始磁化时的 B 大些。当 H 降到零值时，B 并不为零，有剩磁存在。这种 B 的变化落后于 H 变化的现象，叫磁滞现象。磁滞回线的 bc（或 ef）段叫去磁曲线。

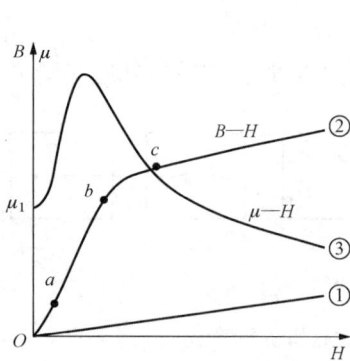

图 6-2 起始磁化曲线

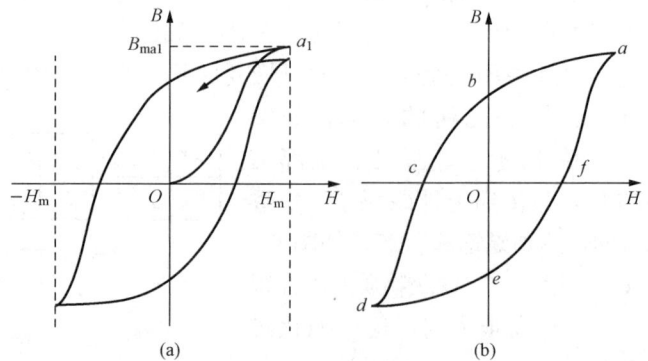

图 6-3 磁滞回线

3. 基本磁化曲线

选择不同的磁场强度最大值 H_m 进行反复磁化，则得到一系列大小不同的磁滞回线，如图 6-4 所示。将各个磁滞回线的顶点连接起来得到一条曲线，叫作平均磁化曲线（或称基本磁化曲线）平均磁化曲线和起始磁化曲线不同，但差别不大。在电工技术中常用的是平均磁化曲线。

在电机、变压器等的设计中，为方便起见，常将磁化曲线用表格形式列出，常用的铁磁材料的磁化曲线数据表见本书后附表。

4. 铁磁物质的去磁

在工作中有时需要对铁磁材料进行去磁处理，例如从平面磨床的电磁吸盘表面卸下来的工件，常保持一定的剩磁，为了消除工件的剩磁，可采用直流去磁法和交流去磁法。

直流去磁法是把要去磁的工件放在直流励磁线圈产生的磁场中，在线圈中通过多次正负变化而大小逐渐减小的直流电流，使剩磁沿着逐渐缩小的磁滞回线去掉。交流去磁因交流电流方向是交变的，所以只要使电流逐渐减小到零，就可达到去磁目的。

三、铁磁材料的分类

1. 软磁材料

一些铁磁物质的磁滞回线狭长，如图 6-5 所示的曲线①，磁滞损失较小，这种铁磁材料叫软磁材料，如纯铁、铸铁、铸钢、硅钢片、坡莫合金等，这类材料适用于制造电机变压器的铁芯。

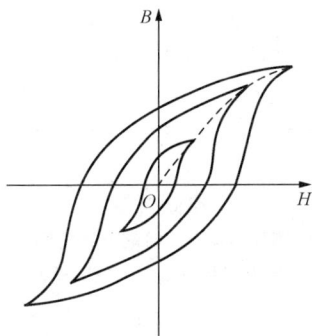

图 6-4　基本磁化曲线　　　　　图 6-5　磁滞回线

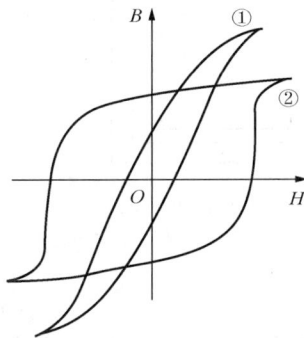

2. 硬磁材料

和软磁材料比较，如图 6-5 所示曲线②，磁滞回路面积大，H 大，剩磁 B 也大这种材料称为硬磁材料。如碳钢、钨钢、钴钢及铁镍钴合金等。硬磁材料适宜作永久磁铁。

除上述金属磁性材料外，还有非金属磁性材料，如铁淦氧磁性物质（也叫铁氧体或磁性瓷）是由一种或多种金属（如锌、锰、铜、镍、镁等）氧化物与三氧化二铁混合烧结而成。铁氧体的电阻率比金属电阻率大得多，而且磁导率又高，故在高频技术中用得很广。在计算机的记忆装置中，需要大量的存储磁芯，这种磁芯具有矩形的磁滞回线。对于有矩形磁滞回线的材料，常称为矩磁材料。

本节小结

1. 铁磁材料由于电子自旋作用，自发形成小的磁畴，磁畴杂乱排列，对外不显磁性。

2. 在外磁场作用下，铁磁物质内部磁畴壁可发生位移，磁畴发生转向，其结果宏观上出现与外磁场一致的附加磁场。铁磁物质的 $\mu > 1$，且是外磁场 H 的函数，即 $B—H$ 曲线是非线性的。

3. 铁磁材料具有磁饱和现象。

4. 在足够大的外磁场条件下，铁磁物质的磁化是不可逆的，因而出现磁滞现象，交变磁化时有磁滞回线。注意起始磁化曲线与基本磁化曲线的联系和区别。

5. 软磁材料磁滞回线狭窄，硬磁材料磁滞回线宽大，矩磁材料磁滞回线近似矩形。

第二节 磁路和磁路定律

一、铁芯线圈、电路和磁路的关系

如图 6-6 所示，线圈中通入电流后，铁芯中就会产生磁通 Φ。电流 i 称为励磁电流。当励磁电流为恒定直流时，磁通也为恒定的磁通。其电路模型可以简单地等效成一纯电阻，如图 6-7（a）所示。用电路欧姆定律可以分析其伏安特性。当励磁电流为正弦交流时，则磁通一定也是交变磁通。其电路模型比较复杂，但可以近似等效成一非线性电感元件与电阻串联，如图 6-7（b）所示。电感与电阻都是电流的函数，不同的励磁电流，其伏安特性也不同。

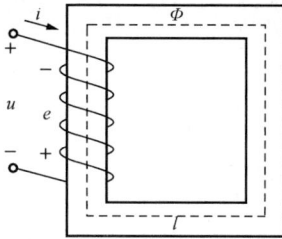

图 6-6 铁芯线圈的磁通

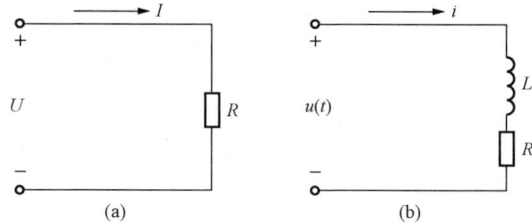

图 6-7 电路模型
（a）励磁电流为恒定电流时的电路模型；
（b）励磁电流为正弦电流时的电路模型

铁芯线圈电路与磁路的分析，主要是解决产生一定磁场需要多大励磁电流和已知励磁电流可以产生多大磁场的问题，在分析时必须注意电路和磁路的联系。

二、磁路的概念

磁路是磁通所经过的路径。由于铁磁材料的磁导率 μ 很大，用较小的励磁电流可以获得较大的磁通，因此在电工设备中多采用铁磁材料制成一定形状的铁芯，使磁场比较集中在铁芯中，构成所需要的磁路。图 6-8（a）～（c）是电机、变压器、磁电式仪表的磁路。图中绝大部分磁通沿铁芯闭合，这部分磁通叫作主磁通，用 Φ 表示。另有很少一部分磁通经过一段铁心后漏到空气中而闭合，称为漏磁通，用 Φ_σ 表示。例如在图 6-8（a）和图 6-8（c）中磁通由一铁芯经过空气隙进入另一铁芯仍是连续的。不会为空气所阻断所以是主磁通。图 6-8（b）的 Φ_σ 是漏磁通。漏磁通比主磁通小得多，分布也较复杂。在磁路计算中，一般 Φ_σ 很小，可以忽略不计。

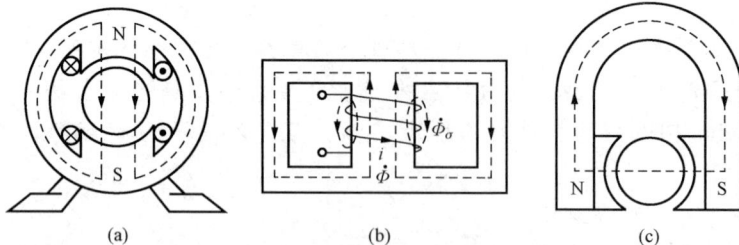

图 6-8 磁路
（a）电机；（b）变压器；（c）磁电式仪表

三、磁路的基本定律

磁路的计算，要用到磁路欧姆定律和磁路的基尔霍夫定律，它们是由描述磁场基本性质的磁通连续性原理和安培环路定律导出的。

1. 磁路欧姆定律

图 6-9 所示为由铁磁物质构成的无分支磁路，若磁路的平均长度（即中心线长度）为 l 比横截面 A 的线性尺寸大得多，则在横截面上的磁通可近似地认为是均匀分布的。

在此磁路中，取均匀的一段，其长度为 l_1，截面为 A，穿过的磁通为 Φ，则

$$\Phi = BA = \mu HA \cong \frac{Hl_1}{l_1/\mu A} = \frac{U_m}{R_m}$$

$$U_m = Hl_1 \tag{6-1}$$

式中：U_m 为该段磁路的磁位差，其 SI 单位为安（培）、符号为 A。

式（6-1）形式上与电路的欧姆定律相似，称为磁路的欧姆定律。

$$R_m = \frac{l_1}{\mu A} \tag{6-2}$$

式中：R_m 为该段磁路的磁阻，SI 单位为每亨（利），表示符号为 H^{-1}。

磁阻的倒数称为磁导，符号为 Λ，即

$$\Lambda = \frac{1}{R_m} = \frac{\mu A}{l_1} \tag{6-3}$$

式中：Λ 的 SI 单位为亨（利），表示符号为 H。

由于铁磁物质的磁导率 μ 伴随磁场强度 H 的大小变动，所以铁磁材料的磁阻呈非线性，不能直接用磁路的欧姆定律来计算磁路。而在空气隙中，因为磁导率 μ_0、磁阻 R_m 是常数，所以可以直接应用磁路的欧姆定律。

2. 磁路的基尔霍夫定律

图 6-10 所示为一分支磁路的示意图，分支点的 c 点和 d 点称为磁路的结点，连在结点间的分支磁路称为支路。在线圈 N_1 及 N_2 中分别通以电流 I_1 和 I_2，三条支路的磁通分别为 Φ_1、Φ_2 和 Φ_3。磁通与电流的参考方向如图 6-10 所示，它们之间的关系符合右手螺旋法则。

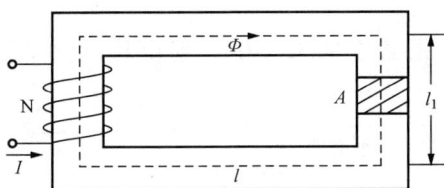

图 6-9　由铁磁物质构成的无分支磁路

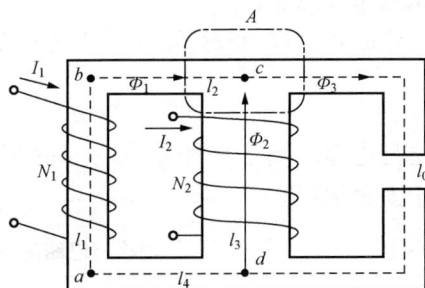

图 6-10　分支磁路示意图

作任意闭合面 A 包围结点 c 根据磁通连续性原理为

$$\oint_A B\,\mathrm{d}A\cos\theta = 0$$

式中：θ 为 B 方向与 $\mathrm{d}A$ 法线间的夹角。

不难看出在图 6-10 中 $\theta = 0°$。

磁通连续性原理告诉我们，穿过闭合面磁通的代数和等于零。如果把穿出 A 的磁通取正值，穿入的磁通取负值，则

$$-\Phi_1 - \Phi_2 + \Phi_3 = 0$$

即
$$\sum \Phi = 0 \qquad (6-4)$$

式（6-4）与电路的基尔霍夫电流定律相似，故称**磁路的基尔霍夫第一定律，即在磁路中，穿过任一结点的磁通的代数和恒等于零**。

在磁路中沿任一闭合回路的磁位差应符合安培环路定律

即
$$\oint_l H \,\mathrm{d}l \cos\theta = \sum I$$

在图 6-10 中，假设磁路的材料和各处的截面都相同，把磁路分成若干段，每一段中各点的 H 是相同的。现将回路 $abcda$ 分成四段，各段的平均长度分别为 $\overline{ab} = l_1$，$\overline{bc} = l_2$，$\overline{cd} = l_3$，$\overline{da} = l_4$。相应段的磁场强度为 H_1，H_2，H_3，H_4。取回路的绕行方向为顺时针方向，则由安培环路定律可得

$$\oint_l H \,\mathrm{d}l \cos\theta = \sum I = I_1 N_1 - I_2 N_3$$

式中：θ 为 H 与 $\mathrm{d}l$ 之间的夹角。

在图 6-10 中，$\theta = 0°$，则上式改写为

$$H_1 l_1 + H_2 l_2 - H_3 l_3 + H_4 l_4 = I_1 N_1 - I_2 N_2$$

即
$$\sum (Hl) = \sum (IN) \qquad (6-5)$$

其中，H 的方向与绕行方向一致，Hl 取正值；否则取负值；电流 I 与绕行方向符合右手螺旋定则 IN 取正值，否则取负值。

式（6-5）中的 $\sum IN$ 称为磁路的磁通势，用 F 表示，SI 单位为安（培），表示符号 A，即

$$F = IN$$

式（6-5）表明，**沿任意回路磁位差的代数和恒等于磁通势的代数和**。该结论称为**磁路的基尔霍夫第二定律**。

将磁路欧姆定律与磁路基尔霍夫定律结合起来不难得出磁路欧姆定律的另一种表达式为

$$\Phi = \frac{F}{R_m} = \frac{IN}{R_m} \qquad (6-6)$$

磁路与电路的基本物理量及它们的规律，在形式上非常相似，现将其对比（见表 6-1），便于大家记忆。

表 6-1　　　　　　　　　　　磁路与电路的基本物理量及它们的规律

电路基本物理量		磁路基本物理量	
名　称	单　位	名　称	单　位
电动势 E	伏（特）V	磁通势 $F = IN$	安（培）A
电流 I	安（培）A	磁通 Φ	韦（伯）Wb
电阻 $R = \dfrac{l}{\gamma A}$（γ—电导率）	欧（姆）Ω	磁阻 $R_m = \dfrac{l}{\mu A}$（μ—磁导率）	每亨（利）H^{-1}

电路基本物理量		磁路基本物理量	
名　称	单　位	名　称	单　位
电导 $G=\dfrac{1}{R}$	西（门子）S	磁导 $\Lambda=\dfrac{1}{R_m}$	亨（利）H
电压（电位差 $U=IR$）	伏（特）V	磁位差 $U_m=Hl=\Phi R_m$	安（培）A
电路基本定律		磁路基本定律	
欧姆定律	$I=\dfrac{U}{R}$	欧姆定律	$\Phi=\dfrac{U_m}{R_m}$
基尔霍夫定律	$\sum I=0$ $\sum E=\sum U=\sum(IR)$	基尔霍夫定律	$\sum\Phi=0$ $\sum(IN)=\sum(Hl)\ \sum(\Phi R_m)$

必须注意电路和磁路有物理本质上的差异，在电路中虽然有电动势，但不一定有电流（电路开路）；但在磁路中有磁通势必然有磁通；哪怕有空气的间隙也并不会使磁路断开。

【例 6 - 1】 如图 6 - 9 所示为一铸钢磁路，横截面均匀，$A=6\text{cm}^2$，磁路的平均长度为 40cm，$N=1000$ 匝，若在此磁路中开有长度为 $l_0=0.2\text{cm}$ 的气隙，当气隙的磁感应强度 $B=1\text{T}$ 时，试求（1）空气隙及铁芯的磁阻；（2）此时铁芯线圈的电感（空气的 $\mu_0=4\pi\times10^{-7}\text{H/m}$；$B=1\text{T}$ 时，铸钢的 $\mu=\dfrac{1}{924}\text{H/m}=0.001\,08\text{H/m}$）。

解（1）因空气隙的磁阻为

$$R_{m0}=\frac{l_0}{\mu_0 A_0}=\frac{0.2\times10^{-2}}{4\pi\times10^{-7}\times6\times10^{-4}}=26.5\times10^5(\text{H}^{-1})$$

铁芯的平均长度近似取 40cm，则铁芯磁阻为

$$R_m=\frac{l}{\mu A}=\frac{924\times0.4}{6\times10^{-4}}=6.16\times10^5(\text{H}^{-1})$$

可见气隙虽小而磁阻却很大，因此在磁路中若有空气隙存在，会使磁阻大大增加。因为磁导率越小其磁阻越大，而气隙的磁导率是很小的，这样气隙的磁阻便会占整个磁路磁阻的大部分。所以在定性分析时，可先忽略铁心磁阻而用气隙磁阻作初步估算。

（2）由磁路基尔霍夫定律 $\sum IN=\sum\Phi R_m$ 得

$$IN=\Phi(R_{m0}+R_m)$$

所以

$$\Phi=\frac{IN}{R_{m0}+R_m}$$

铁芯线圈的电感

$$L=\frac{N\Phi}{I}=\frac{N^2}{R_{m0}+R_m}=\frac{1000^2}{26.5+6.16}\times10^{-5}=0.31(\text{H})$$

注意：由于磁阻是非线性的，电感 L 也是非线性，上面求出 L 只是 $B=1\text{T}$ 时的值。

四、恒定磁通磁路的计算

计算磁路时，磁路的几何尺寸是已知的，磁路的材料及其 B—H 曲线（或 B—H 数据表）也是事先测出的，这是计算磁路必须具备的基本资料。

关于磁路的计算一般分为两类：一类是已知磁通求磁通势，称为正面问题；另一类是已知磁通势求磁通，称为反面问题。例如发电机的电动势 E 与每个磁极的磁通量 Φ 有关，根

据所需的 Φ 去求励磁绕组的磁通势 F，这就属于正面问题。

　　按铁芯的结构不同，磁路可分为无分支磁路和分支磁路两种，分支磁路有对称分支磁路与不对称分支磁路。

　　下面讨论的由恒定电流励磁的恒定磁通无分支磁路的正面问题，其计算方法分述如下：在忽略漏磁通时，磁路中的磁通 Φ 在每个截面上都相等。根据这一特点，可以按照下述步骤进行计算。

　　（1）将磁路分成若干段，材料相同和截面积相同的作为一段，在这一段内 B，H 值处处相同。

　　（2）确定磁路的几何尺寸，并算出各段的截面积 A、平均长度 l（磁路中心线长度）。

　　1）电工钢片的有效横截面积的计算。按几何尺寸算出的面积为视在面积，把电工钢片之间的绝缘漆厚度扣除以后所得的面积为有效面积。

令　　　　　　　　　　　　　$$k = \frac{\text{有效面积}}{\text{视在面积}}$$

式中：k 为填充系数。磁通穿过的实际面积为

$$\text{有效面积} = k \times \text{视在面积}$$

其中 $k<1$，其值由铁片和绝缘漆厚度而定。一般厚度为 0.5mm 的钢片，k 取 0.92 左右，厚度为 0.35mm 的钢片 k 取 0.86 左右。

　　2）空气隙有效面积的计算。在空气隙中，磁感线向外扩张，形成所谓边缘效应，使得气隙的有效面积增大，如图 6-11 所示。当气隙长度 l_0 很短时，气隙的有效面积可按下述近似公式计算。

　　当铁芯截面积为矩形时，如图 6-12（a）所示，空气隙的有效面积的经验公式近似为

$$A_0 = (a + l_0)(b + l_0) \approx ab + (a + b)l_0$$

当铁芯截面积为圆形时，如图 6-12（b）所示，气隙的有效面积的经验公式近似为

$$A_0 = \pi\left(r + \frac{l_0}{2}\right)^2 \approx \pi r^2 + \pi r l_0$$

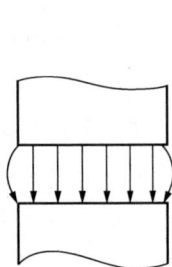

图 6-11　边缘效应　　　　　　　　　　图 6-12　空气隙

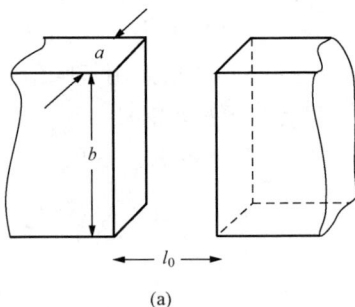

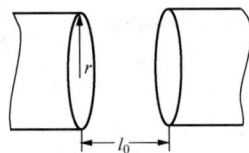

　　　　　　　　　　　　　　　　　　　（a）铁芯截面为矩形；（b）铁芯截面为圆形

　　（3）由已知的磁通 Φ 和各段的截面积 A，求出各段的磁感应强度 $B = \Phi/A$。

　　（4）由 B 求出各段的磁场强度 H，对于铁磁材料，可有基本磁化曲线（B—H 曲线）或数据表上查出与 B 对应的 H。对于气隙可按照下面的公式计算

$$H_0 = \frac{B_0}{\mu_0} = \frac{B_0}{4\pi \times 10^{-7}} = 8 \times 10^7 B_0$$

（5）由各段的磁场强度和中心线长度求出各段的磁位差 H_1l_1，H_2l_2，H_3l_3，…。

（6）由磁路基尔霍夫第二定律求出闭合磁路所需的磁通势为

$$NI = \sum(Hl)$$

将上述计算步骤简化成下面的程序，即 $\Phi/A \rightarrow B$（查 B—H 曲线或数据表）$\rightarrow H(\times l) \rightarrow Hl \rightarrow \sum Hl$（代数和）$= NI$（磁通势）。

【例 6 - 2】　一直流电磁铁如图 6 - 13 所示，图中尺寸的单位为 cm，铁芯由 D_{21} 硅钢片叠成，填充系数为 0.92，衔铁为铸钢。要使空气隙中的磁通量为 $\Phi = 3 \times 10^{-3}$ Wb。试求（1）所需磁通势；（2）若线圈匝数 $N = 1000$ 匝，求励磁电流（书后附录有常用铁磁材料基本磁化曲线数据表）。

解　（1）将磁路分成铁芯、气隙、衔铁三段。

（2）求出各段的中心长度，有效面积。

铁芯中心长度为

$$l_1 = [(30 - 6.5) + 2 \times (30 - 3.25)] = 77(\text{cm})$$

衔铁中心长度为

$$l_2 = (30 - 6.5) + 2 \times 4 = 31.5(\text{cm})$$

气隙中心长度为

$$l_0 = 2 \times 0.1 = 0.2(\text{cm})$$

由于气隙很小，忽略边缘效应，各段有效截面积为

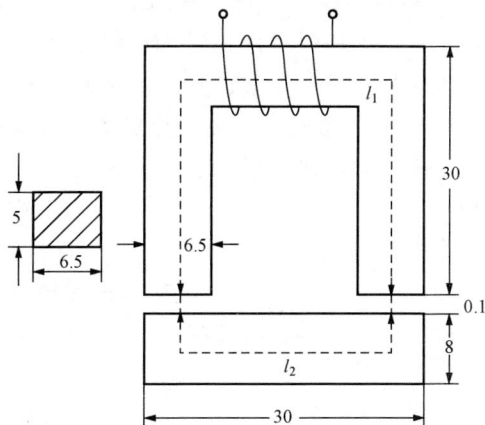

图 6 - 13　［例 6 - 2］图

$$A_1 = 6.5 \times 5 \times 0.92 \approx 30(\text{cm})^2, \quad A_2 = 8 \times 5 = 40(\text{cm})^2$$

由于气隙薄，设气隙截面积就等于铁芯截面积

$$A_0 = A_1 = 30\text{cm}^2$$

（3）每段的磁感应强度

$$B_1 = \frac{\Phi}{A_1} = \frac{3 \times 10^{-3}}{30 \times 10^{-4}} = 1\text{T}$$

$$B_2 = \frac{\Phi}{A_2} = \frac{3 \times 10^{-3}}{40 \times 10^{-4}} = 0.75\text{T}$$

$$B_0 = B_1 = 1\text{T}$$

（4）查表得磁场强度

$$H_1 = 536\text{A/m} \quad H_2 = 632\text{A/m}$$

而气隙的磁场强度为

$$H_0 = 8 \times 10^7 B_0 = 8 \times 10^7 \times 1 = 8 \times 10^7 (\text{A/m})$$

（5）所需磁通势为

$$F = IN = \sum Hl = H_1l_1 + H_2l_2 + H_0l_0$$
$$= 536 \times 0.77 + 632 \times 0.315 + 8 \times 10^7 \times 0.002$$
$$= 2212(\text{A})$$

励磁电流为

$$I = \frac{F}{N} = \frac{2212}{1000} = 2.2(\text{A})$$

从本例也可看出气隙虽短，其磁位差 $H_0 l_0$ 却占总磁通势的 72.3%。另一方面，在设计直流电磁铁时，可以根据所需的吸力及铁芯的尺寸，求出磁感应强度或磁通。然后从磁通出发，按正面问题的步骤求出磁通势，这样就能确定电磁铁励磁绕组的匝数和电流。

在电路方面，恒定电流由欧姆定律所确定，其中 R 是励磁线圈的电阻。当外加电压已知时，根据所需的磁通势，选择适当的线圈匝数和导线截面，使线圈的电阻能够获得所需的电流。

本节小结

1. 磁路。铁磁材料具有比空气大得多的导磁率，为此电气设备中常使磁通通过铁芯构成的磁路。铁磁材料磁化到饱和即不再有高导磁率。为充分利用铁磁材料的增磁作用，电气设备的铁芯都设计正常工作在磁化曲线的膝部。

2. 计算磁路的基本定律为磁路的欧姆定律和磁路的基尔霍夫定律。从磁通的定义出发导出了磁通、磁阻与磁位差的关系式

$$\Phi = U_{\mathrm{m}}/R_{\mathrm{m}}$$

此式为磁路的欧姆定律。

3. 恒定磁场的基本方程可根据磁通连续性原理和安培环路定律可以分别导出磁路的基尔霍夫第一定律和第二定律

$$\sum \Phi = 0$$
$$\sum Hl = \sum IN$$

4. 恒定磁通无分支磁路的正面问题，其计算步骤为：$\Phi \rightarrow B \rightarrow H \rightarrow Hl \rightarrow \sum Hl \rightarrow IN$。

练 习

6-2-1 用铸钢制成圆环形铁芯，铁芯横截面均匀，$A = 4\mathrm{cm}^2$，圆环中心长度为 $l = 12\mathrm{cm}$，圆环上有一气隙 $l_0 = 0.1\mathrm{cm}$，铁芯的 $N = 500$ 匝，若气隙的 $B = 1\mathrm{T}$，试求（1）铁芯与气隙的磁阻；（2）线圈的电感。（空气的 $\mu_0 = 4\pi \times 10^{-7}\mathrm{H/m}$；$B = 1\mathrm{T}$ 时，铸钢的 $\mu = \dfrac{1}{924}$ H/m = 0.00108H/m）

6-2-2 [例6-2] 中，将已求得的磁通势减少一半，即减为 1106A，但仍保持气隙磁通为 $3 \times 10^{-3}\mathrm{Wb}$，试问气隙长度应减为多少？

第三节 交流铁芯线圈的电压与磁通的关系

当铁芯线圈接在交流电路中时，它的电路模型仍可用一个电阻与电感串联表示。但由于铁芯中的磁通和励磁电流的关系是非线性的，电感也不是常数，电感上电压 u_{L} 不能用 $L\dfrac{\mathrm{d}i}{\mathrm{d}t}$ 计算，而要用 $u_{\mathrm{L}} = N\dfrac{\mathrm{d}\Phi}{\mathrm{d}t}$ 进行分析。如前所述，由于铁芯的 μ 值很大，磁通基本上集中在铁芯中与整个线圈交链，忽略漏磁。

如果 $\qquad\qquad\qquad \Phi = \Phi_{\mathrm{m}}\sin\omega t$

则 $\qquad\qquad\qquad u_{\mathrm{L}} = N\dfrac{\mathrm{d}\Phi}{\mathrm{d}t} = N\Phi_{\mathrm{m}}\omega\sin(\omega t + 90°)$

反之，如加在铁芯线圈上的电压为正弦函数时，忽略线圈电阻和漏磁，铁芯中磁通也是正弦函数，较电压滞后 $90°$。电压有效值与磁通最大值的关系为

$$U_L = \frac{N\Phi_m\omega}{\sqrt{2}} = \frac{2\pi}{\sqrt{2}}fN\Phi_m = 4.44fN\Phi_m \qquad (6-7)$$

由式（6-7）可知，当 f 与 N 给定后，磁路中的最大工作磁通 Φ_m 决定于线圈两端电压的有效值 U_L，而电流的大小则要利用已知磁通求磁通势的磁路正面问题来求解。因此当磁路参数变动时，磁通不变，而电流发生变化，从而对电路模型有直接影响。

式（6-7）表明，只要外电压一定，铁芯中就必定有与之对应的幅值为 Φ_m 的正弦交变磁通，称为工作磁通。电压和磁通之间有着严格的对应关系，这一概念在分析铁芯线圈电路时十分重要。下面我们通过定性分析的实例来说明这一点。

【例 6-3】 一个交流电磁铁，因出现机械故障，通电后，长时间衔铁不能吸合，结果把线圈烧坏，试分析其原因。

分析 因衔铁长时间不能吸合，铁芯不闭合造成磁路中有一个很大的空气隙，如图 6-14，磁阻大大增加。

由于线圈上所加电压未变，所以磁路中的工作磁通 Φ_m 与 U 必须严格对应，不能因铁芯未吸合而改变，在磁阻大的情况下保持磁通幅值不变，必须增大电流以产生足够的磁通势，因此电流要超出正常值。时间一长，导致线圈过热烧坏。

【例 6-4】 一个交流电磁铁，因电源电压波动，超过额定值的 15%，结果线圈烧坏，试分析其原因。

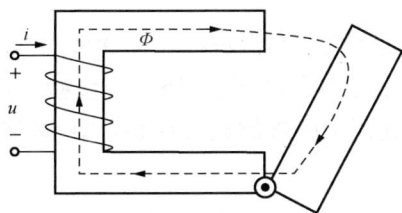

图 6-14 ［例 6-3］图

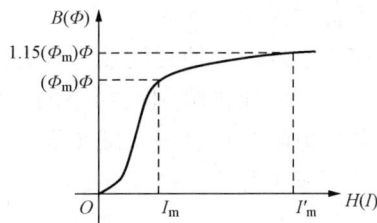

图 6-15 ［例 6-4］图

分析 若电源电压提高 15%，因 Φ_m 与 U 的严格对应关系，Φ_m 也应增加 15%。为充分利用铁芯材料磁化增强磁场的作用，铁芯线圈正常工作时，磁通值一般处于接近磁化曲线饱和的位置，再增加 15% 将进入饱和区，所以电流的增加量将远大于 15%（见图 6-15），造成线圈过热烧坏。

由此可知，具有铁芯线圈的电气设备，切忌在过电压（虽然未超过很多）的情况下工作。

第四节 磁滞和涡流

电气设备中的线圈，通交流电者居多，铁芯中产生交变磁场时，有两种现象必须注意，一种是磁滞现象；另一种是涡流现象。这两种现象会带来功率的损耗，铁芯的这种功率损耗称为铁心损耗，简称铁损。下面我们来讨论这两种现象。

一、磁滞和磁滞损耗

铁磁物质在交变磁场中交变磁化，由于其内部的磁畴在不断改变其排列方向时造成不可逆转的能量损耗，称为磁滞损耗。磁滞损耗转换为热能，这部分能量是从电路中通过磁场转化吸收的，使铁芯的温度升高。实验可以证明，交变磁化一周在铁芯的单位体积内产生的磁滞损耗与磁滞回路所围面积成正比。

对同一磁性物质来说，磁滞回路的面积随着磁感应强度的最大值 B_m 的增大而增大。所以，在实际选用磁性材料制作铁芯时，为了较少磁滞损耗，应选择磁滞回路面积小的材料。在工程上常用下面的经验公式来计算磁滞损耗的大小

$$P_h = \sigma_h \Big(\frac{f}{100}\Big) B_m^n G \tag{6-8}$$

式中：σ_h 为与材料有关的系数，由实验确定；f 为交变频率；B_m 为最大磁感应强度；G 为铁芯的质量；n 为与 B_m 有关的指数，对电工钢来说，$0.1T < B_m < 1T$ 时，$n \approx 1.6$；$1T < B_m < 16T$ 时，$n \approx 2$。

常用的磁路 $n = 2$，所以

$$P_h = k_1 f B_m^2$$

其中　　　　　　　　　　　$$k_1 = \frac{1}{10^2} \sigma_h G \tag{6-9}$$

二、涡流和涡流损耗

铁芯线圈在交变电源的作用下，产生交变磁通穿过铁芯，因为铁芯也是导体，它相当于电阻很小的闭合导线，根据电磁感应原理，它所包围的磁通变化时要产生感应电流。铁芯中这种感应电流称为涡流，如图 6-16（a）所示。

涡流将使铁芯发热并消耗能量，称为涡流损耗。为减小涡流损耗，常采用片间绝缘的叠片铁芯，这样可使涡流被限制在很小的截面上，如图 6-16（b）所示，以减少涡流，同时设法增大铁芯的电阻率以进一步减小涡流。例如硅钢中所含的硅可提高电阻率。硅钢片制成的铁芯，广泛用于工频交流的设备。

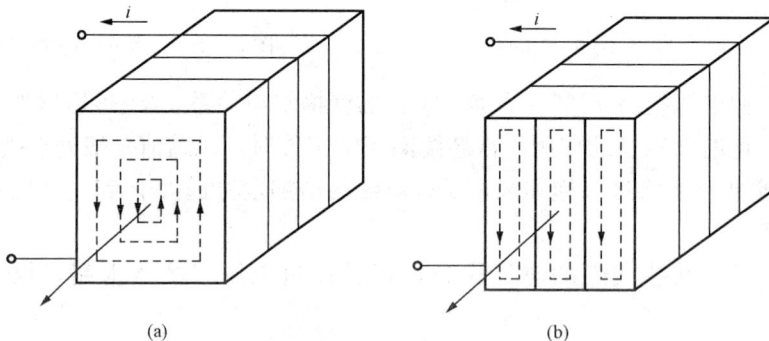

图 6-16　涡流与涡流损耗
(a) 涡流；(b) 叠片铁芯限制涡流

高频交流线圈铁芯，常用铁的氧化物制成粉状，烧结成形后称为铁淦氧磁体（简称铁氧体），这就把涡流限制到更小的范围，同时铁的氧化物电阻率也很高，可以在高频磁场中使用。

涡流损耗与 f^2 和 B_m^2 成正比关系，在工程上常用经验公式计算涡流损耗，即

$$P_e = \sigma_e \left(\frac{f}{100}B_m\right)^2 G \tag{6-10}$$

式中：σ_e 为与铁心的电导率、钢片厚度及磁通波形有关的系数，由实验确定；f 为交变频率；B_m 为最大磁感应强度；G 为铁芯的质量。

式（6-10）可写成如下形式

$$P_e = k_2 f^2 B_m^2$$

其中

$$k_2 = \frac{1}{10^4}\sigma_e G \tag{6-11}$$

三、铁芯损耗

磁滞和涡流在铁芯中造成的能量损耗之和，称为铁芯损耗（简称铁损），即

$$P_{Fe} = P_h + P_e = k_1 f B_m^2 + k_2 f^2 B_m^2 \tag{6-12}$$

在电机和变压器等电器的设计中，B_m 一般取 $1\sim1.6$T 之间，工频为 $f=50$Hz，这时的磁滞损耗比涡流损耗大，一般不必分别计算 P_h 和 P_e。为简化计算，常用下面的方法计算铁损，即

$$P_{Fe} = P_0 G \tag{6-13}$$

其中 G 是以千克为单位的铁芯的质量；P_0 为每千克铁损，叫**比铁损**。书后附录给出了 $f=50$Hz 时部分电工钢片的比铁损 P_0 值。

涡流的存在使电机、变压器的效率降低，但另一方面，涡流也可以用于加热，工业上应用的感应电炉即基于产生涡流的原理，感应电炉升温速度快，杂质污染少，温度和加热深度都容易调节和控制，使用的电源有工频（50Hz），中频（50Hz～10kHz），高频（10kHz 以上有的高达 200～300kHz）几种。可用于熔炼金属，加热金属容器中的物料，加热进行淬火的工件，加热电真空件等等。

【例 6-5】 已知用 D_{41} 硅钢片制成的铁芯质量为 10kg，片厚为 0.5mm，铁芯中的磁感应强度为 1.2T，试估计工频下的铁芯损耗是多少？

解 查附录表格可知 $P_0=2.3$W/kg，

故 $$P_{Fe}=P_0 G=2.3\times10=23 \text{（W）}$$

第五节　变压器的结构和工作原理

变压器的主要功能是把某一数值的交流电压转换成同频率的另一数值的交流电压。

变压器的基本结构是，一个闭合铁芯上绕有两个线圈（或称为**绕组**），如图 6-17 所示。输入电能的一边称为一次侧；输出电能的一边称为二次侧。

首先根据理想情况来分析它的工作原理，即略去一次、二次绕组电阻和漏磁通，没有铁损，一次、二次绕组的电感无限大；然后再逐步考虑这些因素在实际应用时产生的影响。

变压器有变换电压、变换电流、变换电阻的作用。

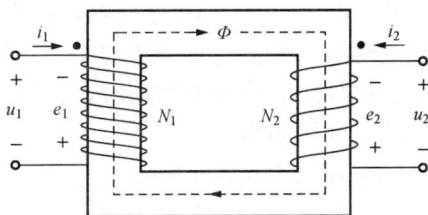

图 6-17　变压器基本结构

一、变换电压

在图 6 - 18 中，令二次绕组开路（开关 S 打开），变压器二次侧处于空载状态。这时的一次绕组是一个有闭合铁芯的线圈，根据本章第三节学过的知识，铁芯中的工作磁通必须与一次电压 U_1 严格对应。正常情况下，铁芯闭合且不饱和，一次绕组匝数又很多，流过一次绕组的电流很小，称为空载电流，用 I_0 表示。因为是这个电流产生了工作磁通，所以也称为**励磁电流**。

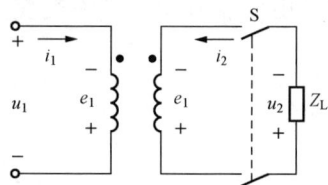

图 6 - 18　变换电压

工作磁通同时穿过一次、二次两个绕组，分别在其中产生感应电动势 e_1 和 e_2，由于穿链圈的是同一磁通，因此每匝线圈感应的电动势有效值必然相等，由多匝线圈组成的绕组电动势大小必然与其匝数成正比。即

$$u_1 = -e_1 = N_1 \frac{\mathrm{d}\Phi}{\mathrm{d}t}, \quad u_2 = e_2 = N_2 \frac{\mathrm{d}\Phi}{\mathrm{d}t}$$

故

$$\frac{u_1}{u_2} = \frac{-N_1}{N_2}$$

或

$$\frac{\dot{U}_1}{\dot{U}_2} = \frac{-N_1}{N_2}$$

得

$$\frac{U_1}{U_2} = \frac{N_1}{N_2} = k$$

$$k = \frac{N_1}{N_2} \tag{6 - 14}$$

式中：k 为**变压器的匝数比**或变比。若 $k > 1$ 为降压变压器；若 $k < 1$ 为升压变压器。

二、变换电流

当二次边接以负载 Z_L 时，如图 6 - 18 所示（开关 S 闭合）。变压器处于有载状态，负载中的电流 i_2。由于理想变压器磁导材料的 $\mu \to \infty$，只要有极微小的磁化电流就可以产生一定的工作磁通 Φ。故产生工作磁通 Φ 的磁通势接近为零。在图 6 - 17 的参考方向下，电流都从同名端流入，i_1 和 i_2 产生的磁通方向一致，磁路中的磁通 Φ 是由合成磁通势（$N_1 i_1 + N_2 i_2$）产生的。由于合成的磁通势近似为零，即

$$F = N_1 i_1 + N_2 i_2 = 0 \tag{6 - 15}$$

$$\frac{i_1}{i_2} = -\frac{N_2}{N_1} = -\frac{1}{k} \quad \text{或} \quad \frac{\dot{I}_1}{\dot{I}_2} = -\frac{1}{k} \tag{6 - 16}$$

得

$$\frac{I_1}{I_2} = \frac{1}{k} \tag{6 - 17}$$

式（6 - 17）表明了变压器变换电流的作用。而另一方面，从式（6 - 15）看出，一次侧的磁通势与二次侧的磁通势的作用正好相反，因此二次侧的电流 i_2 对一次侧电流 i_1 来说总是起去磁作用。当负载增加时，I_2 增加时必然引起 I_1 也增加。

三、变换电阻

如果在二次侧接上阻抗 Z_L，如图 6 - 19（a）所示，则从一次侧看进去的等效阻抗为

$$Z_1 = \frac{\dot{U}_1}{\dot{I}_1} = \frac{-k\dot{U}_2}{-\frac{1}{k}\dot{I}_2} = k^2 \frac{\dot{U}_2}{\dot{I}_2} = k^2 Z_L$$

或
$$|Z_1| = k^2 |Z_L| \tag{6-18}$$

式（6-18）中的 $|Z_L|$ 是负载阻抗的模，所以变压器具有变换阻抗的作用。二次侧阻抗 $|Z_L|$ 折合到一次侧以后的数值为 $|Z_1| = k^2 |Z_L|$。图 6-19（b）所示为图 6-19（a）的等效电路图。在电子线路中常用的输入和输出变压器，

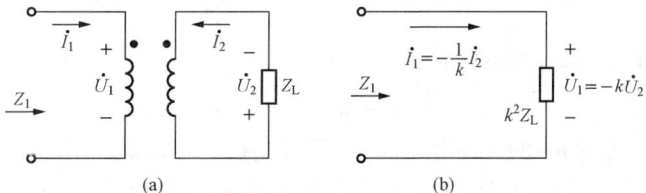

图 6-19 变换电阻
(a) 二次侧上接阻抗 Z_L；(b) 等效电路

就是通过变换阻抗达到阻抗匹配的目的，使得负载获得最大的功率。设原边所需的阻抗为 Z_1，只需匝数比满足

$$k = \sqrt{\frac{|Z_1|}{|Z_L|}} \tag{6-19}$$

即可实现。

四、负载的功率

在二次侧接有负载 Z_L 时，变压器处于有载状态，如图 6-19（a）所示，负载的电流为

$$I_2 = \frac{U_2}{|Z_L|}, \quad \cos\varphi_2 = \frac{R_2}{|Z_L|}$$

负载消耗的功率为

$$P_2 = U_2 I_2 \cos\varphi_2$$

而视在功率

$$S_2 = U_2 I_2 = \frac{U_1}{k} k I_1 = U_1 I_1 = S_1 \tag{6-20}$$

根据能量守恒定律，负载消耗的功率应由一次侧电源提供。由此可见，一次侧输入的功率等于二次侧输出的功率，理想变压器本身并不消耗能量也不储存能量。

【例 6-6】 放大器的输出端接有输出变压器，如图 6-20 所示。一次侧 $N_1 = 240$ 匝，二次侧 1—3 端 $N_2 = 80$ 匝。有一扬声器的音圈阻抗为 8Ω，接在 1—3 端，阻抗是匹配的。现在如有 4Ω 的扬声器，单独接在 1—2 端，问匹配时 1—2 端的匝数应为多少？

解 输出变压器近似为理想变压器，改接前是匹配的，故放大器所需匹配阻抗为

$$|Z_1| = k^2 |Z_L| = \left(\frac{240}{80}\right)^2 \times 8 = 72(\Omega)$$

设 1—2 端的匝数为 N_2'，于是要使 1—2 端出现阻抗匹配则，匝数比为

$$k' = \sqrt{\frac{Z_1}{Z_L'}} = \sqrt{\frac{72}{4}} = 4.2$$

所以

$$N_2' = \frac{N_1}{k'} = \frac{240}{4.2} = 67(\text{匝})$$

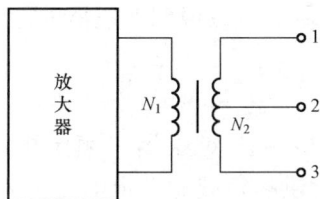

【例 6-7】 如图 6-21 所示的电路，线圈部分是理想变压器，$k = 10$。已知 $\dot{U}_1 = 110\angle 0° \text{V}$，试求 $\dot{I}_2$。

解 将二次侧阻抗折算成原边的阻抗

$$|Z_1| = k^2 |Z_L| = 10^2 \times 1 = 100\Omega$$

则，一次侧电流为

图 6-20 [例 6-6] 图

$$\dot{I}_1 = \frac{\dot{U}_1}{|Z_1|} = \frac{110\mathrm{e}^{\mathrm{j}0°}}{100} = 1.1\mathrm{e}^{\mathrm{j}0°}\,\mathrm{A}$$

所以，二次侧的电流

$$\dot{I}_2 = -k\dot{I}_1 = -10 \times 1.1\mathrm{e}^{\mathrm{j}0°} = -1.1\mathrm{e}^{\mathrm{j}0°} = -1.1\angle 0°\,\mathrm{A}$$

【例 6 - 8】 如图 6 - 22 所示电路，输电线的电流有效值为 100A，电流互感器二次侧电流表已达满刻度 5A。试求电流互感器的匝数比。

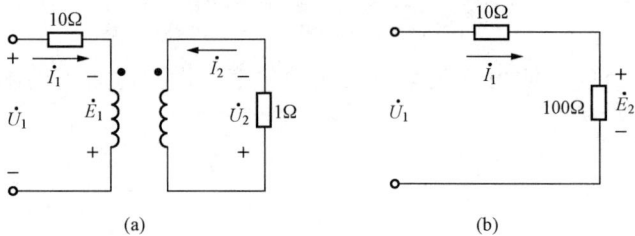
图 6 - 21 [例 6 - 7] 图

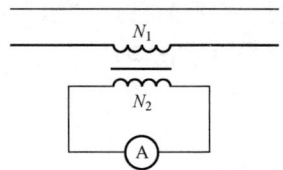
图 6 - 22 [例 6 - 8] 图

解 电流互感器可看作是理想变压器，则

$$k = \frac{N_1}{N_2} = \frac{I_2}{I_1} = \frac{5}{100} = 0.05$$

所以电流互感器是升压的变压器。应当注意，电流互感器在使用过程中，二次侧不允许开路。

五、变压器的外特性

式（6 - 14）、式（6 - 15）是说明变压器原理的重要关系式，但因它们是在理想状态下导出的，因此与实际情况略有差异。在实际应用中有以下几个问题应予注意。

1. 变压器的外特性

变压器二次侧向负载输出的电压 U_2 是随负载电流的增大而下降的，其主要原因是一次、二次绕组自身都有一定的阻抗压降，它随负载电流的增大而增大，使二次侧输出电压降低。图 6 - 23 所示变压器的外特性，一般情况下，输出电压是基本稳定的。例如电力变压器，从空载到满载电压下降幅度约为额定电压的 3%～5%，小型变压器下降的百分数略高一些。为保证供电电压不致在满载时过低，一般的电源变压器在设计时都使其空载电压高于供电电压的额定值 5%。

2. 变压器的额定容量

变压器在制作出厂时，不可能预先知道在使用过程中要接什么性质的负载，在它的铭牌上只能标注额定电压 U_N，额定电流 I_N，不可能标注额定功率 P_N，因为功率因数要视其所接负载情况而定，通常标注额定视在功率 S_N，以说明变压器的额定容量

$$S_N = U_N I_N = S_1 = S_2 \qquad (6 - 21)$$

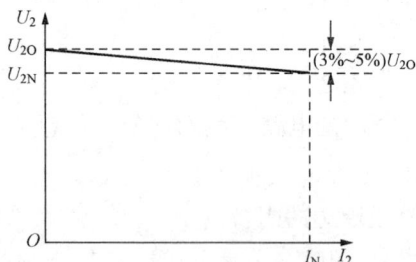
图 6 - 23 变压器的外特性

【例 6 - 9】 一台单相降压变压器，额定电压 $U_{1N} = 10\mathrm{kV}$，$U_{2N} = 400\mathrm{V}$，供给负载的额定电流 $I_{2N} = 250\mathrm{A}$。求变比 k，一次侧的额定电流 I_{1N}，额定容

量 S_N。

解
$$k = \frac{U_1}{U_2} = \frac{10\ 000}{400} = 25$$

$$I_{1N} = \frac{I_{2N}}{k} = \frac{250}{25} = 10(A)$$

$$S_N = U_{1N}I_{1N} = U_{2N}I_{2N} = 10\ 000 \times 10 = 100\ 000(V \cdot A) = 100(kV \cdot A)$$

3. 变压器的损耗和效率

变压器工作时，自身的损耗包括两部分：铁损和铜损。

铁心的磁滞、涡流损耗称为铁损，它是固定损耗，只要变压器投入运行，铁损就时时存在。因为外加交变电压一定，工作磁通 Φ 一定，这部分损耗就不变。

绕组的电阻通过电流发热损耗的功率称为铜损。它与电流有效值的平方成正比，随负载电流的大小而改变，所以它是可变损耗。

以上两种损耗最终部转换为热，使变压器温度升高。变压器的效率是输出功率 P_2 与输入功率 P_1 之比，而输入功率是输出功率 P_2、铁损耗 P_{Fe}、铜损耗 P_{Cu} 之和，因而有以下公式

$$\eta = \frac{P_2}{P_1} \times 100\%$$

$$= \frac{P_2}{P_2 + P_{Fe} + P_{Cu}} \times 100\% \qquad (6\text{-}22)$$

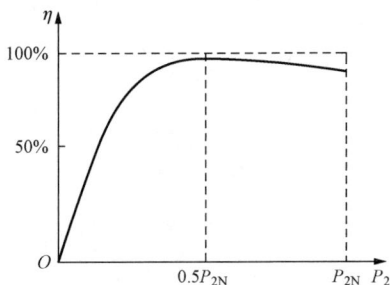

图 6-24

与一般设备相比，变压器的效率是比较高的。供电变压器的效率都在 95% 以上，大型变压器达到 99%。同一台变压器在不同负载时的效率也不同，通常供电用的变压器约在 40%～50% 额定负载时效率最高（见图 6-24）。负载再增大，效率略有降，若负载很轻，则效率下降很多。

本节小结

1. 在铁芯线圈的基础上增加一个副线圈则成为变压器。理想变压器无损耗、无漏磁、铁芯 $\mu \to \infty$，磁化电流可以忽略不计。

2. 和无铁芯的空心变压器不同，理想变压器不能用电路参数 L_1、L_2 和 M 进行分析。供给一次侧的功率全部转移到二次侧，其电压比、电流比、阻抗比全由变比 k 确定，即变比是理想变压器唯一的参数。

3. 实际变压器在使用时，应注意其外特性；功率容量和效率的问题。

练习

6-5-1　放大器的输出端所需配接的电阻为 200Ω，今扬声器的音圈电阻为 8Ω，故要采用输出变压器配接。已知二次侧 $N_2 = 60$ 匝，试求一次侧 N_1 为多少匝？

本　章　小　结

本章讨论了磁路计算和交流铁芯线圈，并介绍了铁芯线圈的应用。磁路一般是由铁磁材

料构成的，有的磁路有气隙。计算磁路的基本定律是欧姆定律和基尔霍夫定律。由于铁磁材料的 $B—H$ 曲线是非线性的，所以铁芯磁路是非线性的。

对于直流励磁的铁芯磁路，没有铁损耗，也没有感应电动势。一般运用磁路基本定律就能完成计算。交流励磁的铁芯线圈就要复杂得多。在这里我们只介绍了交流电压与工作磁通的关系。

交流铁心线圈的磁路中存在着铁损。一般实际中可用经验公式对其进行计算。

对于理想变压器来说，输入的能量等于输出的能量，变压器并不消耗和储存能量。其工作中可以实现对电压、电流和阻抗的变换。变比是其唯一的参数。

第 七 章

电 工 基 础 实 验 指 导

第一节　电工基础实验教学要求

一、电工基础教学的重要意义

实验是一种用来检验和验证理论的实践手段，电工基础是一门实践性很强的课程，实验教学过程是整体教学中必不可少的重要组成部分，是掌握电工基础理论的重要手段，也是培养学生动手能力的重要途径。

通过实验教学，可以加深学生对理论的认识，并使学生牢固掌握基础理论；同时可以训练学生理论联系实际的能力，培养学生独立思考和独立操作的能力；可以培养学生严肃的工作态度和实事求是的科学作风；通过实验还可以激发学生对电学知识的爱好和兴趣，从而调动学生的学习积极性，为专业课程的学习打下良好的基础。

二、电工基础实验课的目的及要求

（1）让学生对电路有一个感性认识，对所学的理论知识进行验证和巩固，加强对所学电路的基本概念、基本定律的理解。

（2）让学生了解和掌握有关电工仪器和设备的使用方法，提高学生的动手能力。

（3）培养学生分析问题、解决问题的能力。

（4）培养学生严谨认真、踏实细致、理论联系实际的工作作风和团结协作的优良品质。培养良好的组织纪律性。

（5）养成安全用电的习惯。

三、实验前的准备工作

（1）仔细阅读实验教材，复习学过的相关理论。明确每次实验的目的、内容和原理。

（2）明确实验线路的连接方法和实验操作步骤，了解要测试、记录的实验数据，以及所用仪器设备的规格型号与使用方法。

（3）明确实验过程中的安全注意事项。

四、实验过程中的注意事项

（1）实验过程中，每位同学都应积极动手，尽可能增加动手的机会，使自己得到全面训练。

（2）实验电路的连接应正确、整齐、牢固，连接时应保证不带电操作。

（3）实验电路连接好后，经检查无误后方可通电。

（4）如果发生了异常状况，要第一时间关闭电源。

（5）得出实验数据后，应确认合理再拆开实验电路。

（6）实验结束后，应清点、整理仪器设备，摆放整齐，如有损坏应向老师报告。

五、实验报告

实验结束后，每位同学都应独立书写一份实验报告，按要求交给指导老师。

实验报告的具体内容如下：

（1）实验名称。

（2）实验目的。

（3）实验原理与实验电路。

（4）实验仪器。

（5）实验步骤及内容。

（6）实验数据（表格或图形）及实验数据处理。

（7）实验结论。

六、安全操作知识

（1）对电源要分清直流和交流，搞清楚电压的数值，选择正确的量程，直流还要分清正负极。

（2）对仪器设备要搞清规格型号和额定值，并熟悉其使用方法。

（3）线路接好后，要先检查后通电，用一只手开关电源。若发生异常立刻切断电源。通电后，不可离开实验台。

（4）不允许带电连线和操作，当电压大于安全电压时就有可能发生触电事故。

（5）实验过程中调节电压、电流和电路的其他参数时，一定要按照操作规则仔细进行。

（6）试验结束后，应随手关闭电源。

（7）与本实验无关的仪器设备，不允许乱动。

第二节　基本实验项目

实验一　直流稳压电源和万用表的使用

●实验目的

1. 了解实验室配置情况，识别仪表的种类。

2. 掌握稳压电源、万用表的一般使用方法。

3. 掌握被测量估算、仪表量程选择及正确的读数方法。

●实验原理

一、直流稳压电源

稳压电源的作用是把交流电（经变压、整流、滤波、稳压环节）转换为稳定的直流电。

它一般有独立的两路输出，有的产品能在负载电流超过限额时自动转换成稳流电源。一般都具有自动保护作用，故障排除后可自动恢复工作。现以 JW-2 直流稳压电源为例介绍。

1. 面板图（见图 7-1）

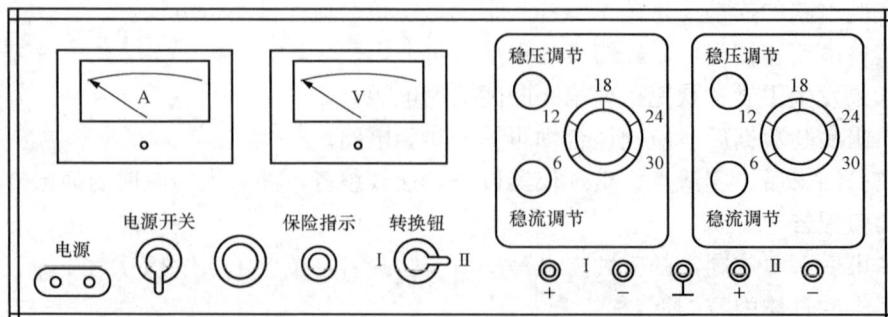

图 7-1　JW-2 直流稳压稳流电源面板图

2. 技术指标

输出电压：1～30V 分五挡可调；

输出电流：Ⅰ路 2A，Ⅱ路 0.5A；

输入电压：交流 220(1＋10％)V、50Hz；

电压稳定度：0.03％；

纹波：≤0.5mV。

3. 使用方法

(1) 将电源线接入 220V、50Hz 的交流电源上。

(2) 开启电源开关，指示灯亮，表示电源接通，预热 15min。

(3) 将"稳流调节"旋钮逆时针方向旋到底。(此时电源供给的最大稳流电流即保护电流为：Ⅰ路 2A，Ⅱ路 0.5A) 根据所需电压先调节波段开关至某一挡，再调节"稳压调节"使电压表指示为所需电压。

当过载或短路时，电压表指示下降或为零，电流表指示将达到保护值。此时可切断稳压。

电源的输出电路，电源自动恢复，排除故障后再使用。

(4) 输出电压由"＋""－"两接线柱供给，"地"接线柱与机壳相连。

(5) 两路电源公用电压表与电流表，标有"Ⅰ、Ⅱ"的开关为转换开关，表示电压表接于Ⅰ路或Ⅱ路。

4. 注意事项

(1) 接通电源后，两路稳压电源不管接不接电表，同时都有输出。

(2) 本仪器所带电压表、电流表准确度较差，实验时应使用准确度较高的表要量输出电压和电流。

(3) 本仪器只能向外供电，不能作为反电动势在充电状态下工作。

(4) 使用时不能使输出端短路。

二、万用表

万用表是一种多用途的电表，主要功能是测量交直流电压、电流及电阻，在检修各种电气设备时经常使用，故称万用表。它主要由磁电式测量机构（俗称表头）、若干分流电组、倍压电阻、干电池、调节电阻、晶体二极管及转换开关等组成。现以 MF-18 型万用表为例介绍。

1. 面板图（见图 7-2）

2. 使用方法

(1) 交流电压、电流的测量。用万用表测量交流电压、电流时，首先要将右侧的转换旋钮旋至 AC 的位置，将左侧的量程旋钮按待测量的大小旋至适当的量程位置。将红表笔插入"＋"、黑表笔插入"＊"输出端

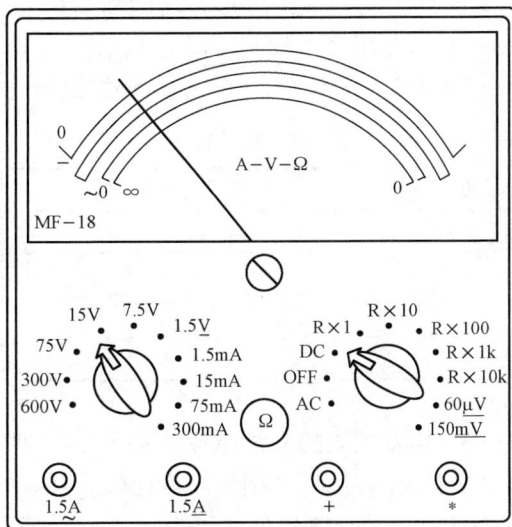

图 7-2　MF-18 型万用表面板图

钮，测量结果从镜面下方的刻度上读取。

（2）直流电压、电流的测量。用万用表测量直流电压、电流时，首先要将右侧的转换旋钮旋至 DC 的位置，将左侧的量程旋钮按待测量的大小旋至适当的量程位置。（直流 150mV、直流 60μA 为固定量程，由右侧转换旋钮直接选择）将红表笔插入"＋"、黑表笔插入"＊"输出端钮，测量结果从镜面上方的刻度上读取。

当测量较大的交、直电流时，可选择固定量程 1.5A 或 1.5A，这时只需将红表笔移到"1.5A"或"1.5A"输出端钮上即可。

（3）电阻的测量。按待测电阻值的大小将右侧的转换旋钮旋至适当的电阻挡位；将红表笔插入"＋"、黑表笔插入"＊"输出端钮，然后将两表笔短路，此时仪表指针指向最右侧，调整欧姆调零旋钮，使指针指示在零欧姆位置上，然后将表笔分开，在待测电阻两端测量电阻。如果电阻挡位选择合适的话，表的指针应尽可能指在"中值电阻"附近（电阻刻度盘中间）测量结果比较准确。如果偏离太大，应改变电阻的测量挡位（量程）。同时还应注意，被测电阻元件必须在无电流通过的情况下才能测量。

（4）使用完毕将右侧的旋钮旋至 OFF 位置，以切断表内直流电源。

实验仪器见表 7 - 1。

表 7 - 1　　　　　　　　　　　实 验 仪 器

仪器名称	数　　量	推荐型号及参数	实际选用型号及参数
直流稳压电源	1 台	JW-2 型	
万用表	1 只	MF-18 型	
电阻器	若干		
电阻箱	1 只		

● **实验步骤**

（1）学习认识实验室的规则，实验操作规范和安全用电常识。

（2）认识实验室的直流电源和交流电源。

（3）熟悉万用表的外形、功能和测量范围，将观察结果记入表 7 - 2 中。

（4）用万用表直流电压挡 7.5、15、75V 分别测量直流稳压电源 3、6V 的电压。将测量结果记入表 7 - 3 中，总结一下用哪挡测量比较合适。

表 7 - 2　　　观 察 结 果

功　　能	测 量 范 围

表 7 - 3　　　测 量 结 果

量程＼被测电压	3V	6V
7.5V		
15V		
75V		

（5）用万用表的交流电压 300、600V 两个挡位分别测量 220V 交流电压。记下测量结果，再想一想，用哪个挡位测量比较合适。

用 300V 挡位测量的结果为＿＿＿＿＿ V；用 600V 挡位测量的结果是＿＿＿＿＿ V。

（6）用万用表测量任意测量几个定值电阻的阻值，将结果记入表 7 - 4 中。

（7）用旋柄式电阻箱校验一下万用表的中值电阻。

把标准电阻箱的电阻给定为电阻挡某个量程的中值电阻，用万用表测量其阻值，看是否与给定的阻值相符，将结果记入表 7 - 5 中。

表 7 - 4 　　　测 量 结 果

被测电阻标称值	测量值	用哪个挡位

表 7 - 5 　　　测 量 结 果

电阻标称值	测量值	误差＝$(R_标 － R_测)/R_标$

总结与思考

1. 整理实验数据并进行分析。

2. 如果不慎用万用表的电阻档去测量电路中的电压，会产生什么后果？

3. 为什么不可带电测量电阻？

实验二　电位的测定

●**实验目的**

1. 通过典型电路验证一段含源支路的欧姆定律；

2. 掌握测定电位的方法，区别电位和电压的意义。进一步加深对"电位"概念的理解。

●**实验原理**

（1）在图 7 - 3（a）所示的含源支路中

$$U = E - IR$$

在图 7 - 3（b）所示的含源支路中

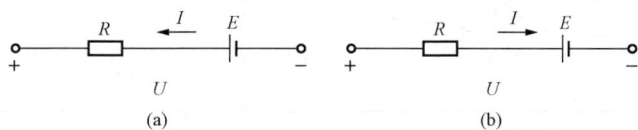

图 7 - 3　含源支路

$$U = E + IR$$

本次实验要组成一个简单的典型电路，取其一段进行实地测量，以验证上述关系。

（2）选定一个参考点（实际电路中常以机壳或线路中的公共接地点为参考点，并非真正与大地相接），令其电位为零，测量电路中各点与参考点之间的电压即为该点的电位。参考点改变，电路中各点电位相应改变，而任意两点之间的电压与参考点无关。

本次实验要练习电位的测量方法，并将测量结果与计算结果对照看是否相符。

实验仪器见表 7 - 6。

表 7 - 6 　　　　　　　　　实 验 仪 器

仪器名称	数量	推荐型号及参数	实际选用型号及参数
直流稳压电源	1 台	6V，使用前要校准	
甲种干电池	1 节	1.5V	
电阻器	3 只	20、30、50Ω 各 1 只，标称值准确度为 0.2 级	
电流表	1 只	直流 0～300mA，1 级	
电压表	1 只	直流 0～7.5V，1 级	

● **实验步骤**

（1）按实验电路图连接电路，如图 7 - 4 所示。

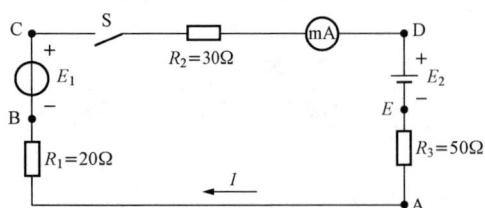

图 7 - 4　实验电路

（2）首先用万用表直流电压挡测出直流稳压电源输出电压 $E_1 =$ ＿＿＿＿＿＿ V；甲电池的电动势 $E_2 =$ ＿＿＿＿＿＿ V。

（3）接通开关 S，记下电流表读数。

（4）验证一段含源支路的欧姆定律。

取 CA、DA 两段电路，根据一段含源支路的欧姆定律计算出 U_{CA} 和 U_{DA}；同时实测 U_{CA} 和 U_{DA}，并将测量结果与计算结果比较，看是否相符，将结果记入表 7 - 7。

表 7 - 7　　　　　　　　　　　　　实 验 结 果

测量结果			计 算 结 果		
I	U_{CA}	U_{DA}	$I=(E_1-E_2)/(R_1+R_2+R_3)$	$U_{CA}=E_1-IR_1$	$U_{DA}=E_2+IR_2$

（5）测量各点电位。

1）选 A 点作参考点，计算 V_B、V_C、V_D、V_E，然后实地测量与之对照，看是否相符，记入表 7 - 8。测量时应将电压表（—）端接 A 点，（＋）端分别接测各点。若电压表正向偏转，读数记正值；若电压表反向偏转，则将（＋）、（—）端互换后读数，并记为负值。

表 7 - 8　　　　　　　　　　　测量结果（A 为参考点）

测 量 结 果				计 算 结 果			
V_B	V_C	V_D	V_E	$V_B=-IR_1$	$V_C=V_B+E_1$	$V_D=V_C-IR_3$	$V_E=V_D-E_2$

2）选 D 点作参考点，再作一次。将结果记入表 7 - 9。

表 7 - 9　　　　　　　　　　　测量结果（D 为参考点）

测 量 结 果				计 算 结 果			
V_A	V_B	V_C	V_E	$V_A=$	$V_B=$	$V_C=$	$V_E=$

总结与思考

1. 画出实验电路，整理实验数据列出表格并进行分析；

（1）实验结果能否说明一段含源支路欧姆定律的正确性？

（2）电位的测量结果与计算结果是否相符？

2. 对实验产生误差的原因进行分析。

实验三　基尔霍夫定律及叠加原理的验证

● **实验目的**

1. 验证基尔霍夫第一、第二定律和它在复杂电路中的应用。

2. 验证叠加原理。

3. 进一步熟悉仪器的使用。

● **实验原理**

（1）基尔霍夫第一定律：电路中任一结点 $\sum I = 0$；

第二定律：电路中任一闭合回路 $\sum U = 0$

本次实验通过一个典型电路完成对上述定律的验证。在实验中用电流表测各支路的电流，验证第一定律；取一个回路，沿回路测各段电压，验证第二定律。

（2）叠加原理：在线性电路中，某一支路的电流等于各个电源单独作用时在该支路所产生的电流的代数和。

在实验中，让两个电压源先分别作用于电路，测各支路的电流，然后再同时作用于电路，测各支路的电流；最后加以比较，看其结果是否符合叠加原理。

实验仪器见表 7-10。

表 7-10 实 验 仪 器

仪器名称	数量	推荐型号及参数	实际选用型号及参数
直流稳压电源	1 台	6V，使用前要校准	
甲种干电池	1 节	1.5V	
电阻器	3 只	100、60、30Ω 各 1 只，标称值准确度为 0.2 级	
电流表	1 只	直流 0~300mA、1 级；附测流板 3 个、插头一个	
电压表	1 只	直流 0~7.5V、1 级	
双刀双掷开关	2 个		

● **实验步骤**

1. 验证基尔霍夫第一、第二定律

（1）按实验电路图连接电路，如图 7-5 所示。

（2）用万用表直流电压挡测出直流稳压电源输出电压 $E_1 = \underline{\hspace{2cm}}$ V；甲电池的电动势 $E_2 = \underline{\hspace{2cm}}$ V，并用双刀双掷开关将 E_1、E_2 都接入电路。

（3）按图示参考方向接测流板，插入电流表时要注意，发现指针反向，应立即拨出，将测流板（＋）、（－）极调换，再测电流并记为负值。测出三个电流之后，可验证其代数和是否为"零"，并将结果记入表 7-11。

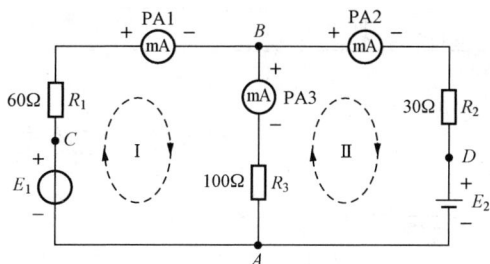

图 7-5 验证基尔霍夫定律实验电路

表 7-11 测 量 结 果

被测量	I_1(mA)	I_2(mA)	I_3(mA)	$\sum I$(mA)
测量值				

（4）沿回路 I 测各段电压 U_{AB}、U_{BC}、U_{CA} 测时应注意参考方向。全部测完之后，验算其

代数和是否为零，并将结果记入表 7 - 12。沿回路测各段电压 U_{BA}、U_{AD}、U_{DB} 方法同前，将结果记入表 7 - 12。

表 7 - 12　　　　　　　　　　　　测 量 结 果

回　　路	实 验 数 据			
Ⅰ	被测量	U_{AB}	U_{BC}	U_{CA}	ΣU
	测量值				
Ⅱ	被测量	U_{BA}	U_{AD}	U_{DB}	ΣU
	测量值				

2. 验证叠加原理

(1) 如图 7 - 6 所示连接电路，把连接 E_2 的双刀双掷开关与电源断开，搬向短路位置，测三个支路的电流。此时电路中的电流是由 E_1 单独作用所产生的，记为 I_1'、I_2'、I_3'。

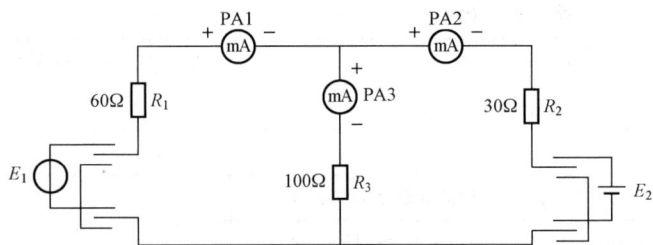

图 7 - 6　验证叠加定理实验电路

(2) 把连接 E_1 的双刀双掷开关与 E_1 断开，搬向短路位置。把连接 E_2 的双刀双掷开关搬回与 E_2 接通，测出三个支路的电流。此时电路中的电流是由 E_2 单独作用所产生的，记为 I_1''、I_2''、I_3''。

(3) 求两次电流的代数和，与验证基尔霍夫定律所测 E_1、E_2 同时作用的 I_1、I_2、I_3 相比较，看是否相同。并将全部结果记入表 7 - 13。

表 7 - 13　　　　　　　　　　　　测 量 结 果

E_1 单独作用时	$I_1'=$	$I_2'=$	$I_3'=$
E_2 单独作用时	$I_1''=$	$I_2''=$	$I_3''=$
两次的代数和	$I_1=I_1'+I_1''$	$I_2=I_2'+I_2''$	$I_3=I_3'+I_3''$
E_1E_2 同时作用	$I_1=$	$I_2=$	$I_3=$

实验四　绝缘电阻表及绝缘电阻的测量

●实验目的

1. 了解绝缘电阻表的工作原理。

2. 掌握绝缘电阻表测量绝缘电阻的方法。

●实验原理

绝缘电阻表（俗称摇表）是测量绝缘电阻的指示仪表。常见的绝缘电阻表由手摇发电机（发电电压有 500，1000，2500，5000V 等）和磁电系流比计组成，如图 7 - 7 所示。

在使用绝缘电阻表时要注意以下几点。

(1) 被测绝缘电阻应接在 L、E 之间。若测设备导电部分与外壳之间的绝缘电阻时，外壳应接 E，在测量过程中需克服被测物表面泄漏电流影响时，可将被测物表面接屏蔽端 G。

（2）测绝缘电阻时一定要切断与之相连的电源，有电容的电路一定要放电。

（3）测量时绝缘电阻表手摇转速应为 120r/min，要低速起动，尤其对电容量较大的设备要逐步加速。达到额定转速后应持续 1min 再读数。

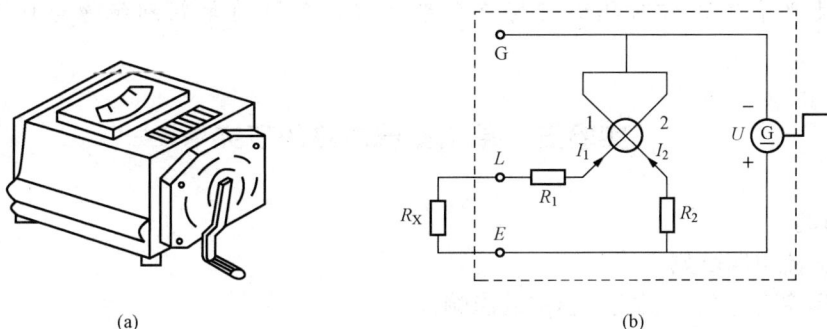

图 7 - 7 绝缘电阻表

（a）外形图；（b）原理图

实验仪器见表 7 - 14。

表 7 - 14 实 验 仪 器

仪器名称	数 量	推荐型号及参数	实际选用型号及参数
兆欧表	1 只	500V	
电动机	1 台	Y-905-4，1kW	
变压器	1 台	500V·A 控制变压器	
双芯导线	1 盘 100m	塑料绝缘软线	

实验步骤

（1）用绝缘电阻表测量三相异步电动机定子绕组之间及定子绕组与机座之间的绝缘电阻，并记入表 7 - 15 中。三相异步电动机定子绕组接线端子如图 7 - 8 所示。

表 7 - 15 测 量 结 果

测量端	U1—V1	V1—W1	W1—U1
绝缘电阻（MΩ）			
测量端	U1—机座	V1—机座	W1—机座
绝缘电阻（MΩ）			

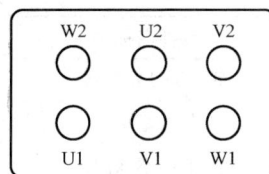

图 7 - 8

（2）用绝缘电阻表测量变压器一次绕组、二次绕组之间及一次、二次绕组对铁芯的绝缘电阻，并记入表 7 - 16 中。

表 7 - 16 测 量 结 果

一次绕组—铁芯	二次绕组—铁芯	一次绕组—二次绕组

（3）用绝缘电阻表测量一盘双芯线导体之间的绝缘电阻 $R=$ _____ MΩ。

总结与思考

1.总结绝缘电阻表的使用方法,在测量异步电机的绕组和机壳之间的绝缘电阻时,绝缘电阻表的 L、E 端子应如何连接?

2.绝缘电阻表不工作时指针可停在任意位置,怎样简单判别绝缘电阻表能否正常工作?

实验五　单相交流电路的研究

●**实验目的**

1.验证交流电路欧姆定律。

2.验证频率对电阻、感抗、容抗的影响。

3.学习低频信号发生器和晶体管、毫伏表的使用方法。

●**实验原理**

(1) 在交流电中
$$\dot{I} = \frac{\dot{U}}{R + j(X_L - X_C)} = \frac{\dot{U}}{Z}$$

本实验从以下几种类型的电路中来验证上述关系。

1) 只含 R 的电路。

2) 含 R 和 X_L 的电路。

3) 只含 X_C 的电路。

4) 含 R、X_L、X_C 的电路。

(2) 在正弦交流电路中,R、X_L、X_C 三个参数中,R 不随频率改变,$X_L = 2\pi f L$ 与频率成正比;$X_C = \dfrac{1}{2\pi f C}$ 与频率成反比。

改变电源频率,观察各参数的变化,可以证实上述关系。

实验仪器见表 7-17。

表 7-17　　　　　　　　　　　实 验 仪 器

仪器名称	数 量	推荐型号及参数	实际选用型号及参数
低频信号发生器	1 台	XD2A 或 XD11	
晶体管毫伏表	1 只	DA—16	
空心电感线圈	1 只	15mH($R=10\Omega$)	
金属膜低介电容	1 只	$0.1\mu F$	
金属膜电阻	2 只	200、20Ω 各 1 只	

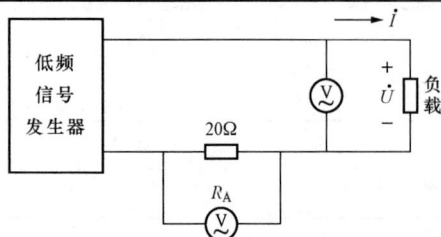
图 7-9　连接电路

●**实验步骤**

(1) 按图 7-9 所示连接电路。因电路中的频率较高,一般电流表不能满足要求,所以采用间接测量法测量电流,即在电路中串一个 20Ω 固定电阻,用晶体管毫伏表测该电阻上的电压,进一步求出电流。

（2）用 200Ω 电阻器作负载。调整信号发生器，使其输出为 $f=1\text{kHz}$、负载两端的电压 $U=2\text{V}$，这时用晶体管毫伏表测量 20Ω 电阻上的压降，求出电流 I；改变负载电压，令 $U=3\text{V}$ 和 $U=4\text{V}$，用同样的方法测出电流 I。

保持电压 $U=3\text{V}$，改变信号发生器的频率令 $f=2\text{kHz}$ 和 $f=3\text{kHz}$，并求出电流 I，计算 R 的值，并将所有结果填入表 7 - 18 中。

表 7 - 18 计 算 值

$f(\text{kHz})$	$U(\text{V})$	I	$R=U/I$
1	2		
	3		
	4		
2	3		
3	3		

（3）用电感线圈作负载（线圈的电阻 R 为已知），然后按上述步骤再做一次。计算阻抗 Z、电抗 X_L 和电感 L，并将结果记入表 7 - 19。

表 7 - 19 计 算 值

$f(\text{kHz})$	$U(\text{V})$	I	$Z=\dfrac{U}{I}$	$X_\text{L}=\sqrt{Z^2-R^2}$	$L=\dfrac{X_\text{L}}{2\pi f}$
1	2				
	3				
	4				
2	3				
3	3				

（4）用电容器作负载，按上述步骤再做一次。计算出容抗 X_C 和电容 C，并将结果记入表 7 - 20 中。

表 7 - 20 计 算 值

$f(\text{kHz})$	$U(\text{V})$	I	$X_\text{C}=\dfrac{U}{I}$	$C=\dfrac{1}{2\pi f X_\text{C}}$
1	2			
	3			
	4			
2	3			
3	3			

（5）从前面的计算结果可知在 1kHz 时，线圈 $R=$＿＿＿＿ Ω、$X_\text{L}=$＿＿＿＿ Ω；电容器的 $X_\text{C}=$＿＿＿＿ Ω。将电感线圈与电容器串联成为 RLC 串联电路，接到 $f=1\text{kHz}$、$U=3\text{V}$ 的电源上，求出电流 I，再测出线圈、电容器两端的电压 U_RL 和 U_C，与计算结果对照是否相符，将测量和计算结果记入表 7 - 21 中。

表 7 - 21　　　　　　　　　　　测 量 和 计 算 结 果

测　量　结　果					计　算　结　果		
f	U	I	U_{RL}	U_C	I	U_{RL}	U_C

总结与思考

1. 画出实验电路，整理实验数据并进行分析。

当频率不变，仅改变电压时，对 R、X_L、X_C 有何影响？

当电压不变，仅改变频率时，对 R、X_L、X_C 有何影响？

从以上实验结果能否证明交流电路欧姆定律的正确性？

2. 总结低频信号发生器和晶体管毫伏表的使用方法。

实验六　串联谐振与并联谐振

●**实验目的**

1. 通过实验求出串联谐振的频率特性。

2. 观察品质因数 Q 值对频率特性的影响。

3. 通过实验求出并联谐振的频率特性。

●**实验原理**

1. 串联谐振

（1）在图 7 - 10 所示的电路中，串联谐振产生的条件是

$$\omega_0 L - \frac{1}{\omega_0 C} = 0$$

此时 $\omega_0 = \frac{1}{\sqrt{LC}}$，或者表示为 $f_0 = \frac{1}{2\pi \sqrt{LC}}$；这是电阻的阻抗为 $Z = R$，取最小值。电流

为 $I = \frac{U}{R}$，取最大值。当电路的频率变大或者变小时，电流都将减小。

（2）品质因数

$$Q = \frac{U_L}{U} = \frac{U_C}{U} \times \frac{\omega_0 L}{R} = \frac{1}{\omega_0 CR}$$

Q 值越大，频率特性 $I(f)$ 越陡直，如图 7 - 11 所示，在 f_0 两侧，电流 I 减小到 $0.707I(f_0)$ 的一段频率范围 Δf 称为通频率带。Q 越小，通频率带越宽。

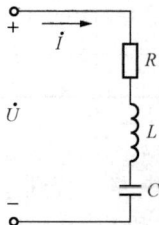

图 7 - 10　RLC 串联电路　　　　图 7 - 11　串联谐振电路频率特性曲线

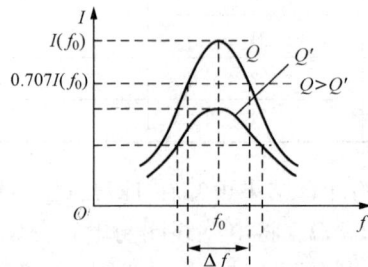

2. 并联谐振

在图 7 - 12 所示的电路中产生谐振时

$$f_0 = \frac{1}{2\pi \sqrt{LC}} \sqrt{1 - \frac{CR^2}{L}}$$

此时 $Z = \frac{L}{RC}$ 为最大值。I 为最小值。因此作出的频率特性曲线 $I(f)$ 其形状与串联谐振相反。

实验仪器见表 7 - 22。

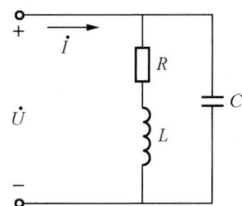

图 7 - 12 并联谐振电路

表 7 - 22 实 验 仪 器

仪器名称	数 量	推荐型号及参数	实际选用型号及参数
低频信号发生器	1 台	XD2A 或 XD11	
晶体管毫伏表	1 只	DA—16	
空心电感线圈	1 只	40mH($R \approx 4\Omega$)	
电容器	1 只	0.1μF	
电阻	2 只	200、20Ω 各 1 只	

● **实验步骤**

1. 串联谐振

(1) 电感线圈可看成 R 和 L 的串联。将线圈与电容按图 7 - 13 所示电路接线,在线路中串一个 20Ω 的固定电阻,测量该电阻上的压降,求出电流 I。

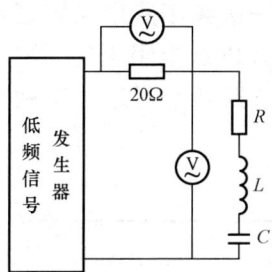

图 7 - 13 串联谐振实验电路

(2) 选定电压(例如 $U = 500$mV),并使其在整个实验过程中保持不变。若有变化要及时调整(用晶体管毫伏表测)。

调整频率使之从低到高,每变一次频率要用晶体管毫伏表测一次电压 U,并使其保持不变。同时测出 20Ω 电阻上的压降,算出电流 I,要估算一下谐振频率,在谐振频率附近要多做几个点,并将结果记入表 7 - 23 中。

表 7 - 23 结 果

序号	U	f	$I = U_R/R$	序号	U	f	$I = U_R/R$
1				6			
2				7			
3				8			
4				9			
5				10			

(3) 串入 100Ω 电阻,如图 7 - 14 所示电路,改变 Q 值再作一次,将结果记入表 7 - 24中。

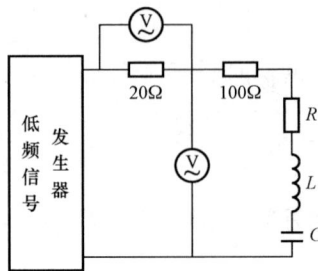

图 7 - 14　串入电阻的串联谐振实验电路

表 7 - 24　　　　　　　　　　　　　结　　　果

序号	U	f	$I=U_R/R$	序号	U	f	$I=U_R/R$
1				6			
2				7			
3				8			
4				9			
5				10			

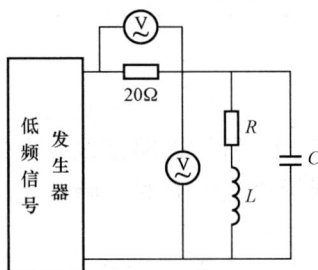

图 7 - 15　并联谐振实验电路

2. 并联谐振

（1）将 R、L 与 C 按图 7 - 15 所示电路连接，同样在电路中串一只 20Ω 的电阻，测该电阻上的压降以求出电流 I。

（2）选定电压（例如 $U=2\mathrm{V}$），并使其在整个实验过程中保持不变。调频率从低到高，每变一次频率要用晶体管毫伏表测电压看是否保持不变，同时测出 20Ω 电阻上的压降，算出电流 I。并应估算谐振频率，在谐振频率附近要多做几个点，将结果记入表 7 - 25 中。

表 7 - 25　　　　　　　　　　　　　结　　　果

序号	U	f	$I=U_R/R$	序号	U	f	$I=U_R/R$
1				6			
2				7			
3				8			
4				9			
5				10			

总结与思考

1. 用坐标纸作出串联谐振时的频率特性曲线，找出谐振频率 f_0，并定出通频带宽度，将不同 Q 值的通频带宽度加以比较。将实验得出的谐振频率 f_0 与用公式 $f_0=\dfrac{1}{2\pi\sqrt{LC}}$ 计算得出的 f_0 进行比较。

2. 串联谐振时电流与用公式 $I=U/R$ 计算结果进行比较。

3. 在实际工作中，哪些场合需要应用谐振？哪些场合要避免产生谐振？

4. 检验此时的电流是否符合公式 $I = \dfrac{U}{Z}\left(Z = \dfrac{L}{RC}\right)$；作并联谐振的频率特性曲线，找出谐振频率 f_0，看其是否符合公式 $f_0 = \dfrac{1}{2\pi\sqrt{LC}}\sqrt{1 - \dfrac{CR^2}{L}}$。

实验七　电感性负载及功率因数提高

●实验目的

1. 练习安装荧光灯电路。

2. 掌握功率表的接线方法。

3. 验证并联电容器提高功率因数的原理。

●实验原理

1. 荧光灯电路的组成

荧光灯电路由荧光灯管、镇流器、启辉器及开关组成。

（1）灯管：玻璃管两端有涂金属氧化物的钨丝，当钨丝通电发热时可以发射电子。玻璃管抽成真空后充入少量的氩气，并放置微量的汞。当灯管放电时产生大量的紫外线，玻璃内壁涂有荧光粉，在紫外线激发下产生可见光，荧光粉一般为金属的硫化物，其成分不同，光的色调也不同，通常多用日光色，故也称为日光灯。

（2）镇流器是一个有铁芯的线圈，在电路中起限流作用。此外，在起动时可产生一个较高的自感电动势，使灯管放电导通。

（3）启辉器：在小玻璃泡中有两个极，其中弯曲的一个是由双金属片制成，它在受热时能伸直而使两极接通。玻璃泡抽成真空后充以氖气。

2. 荧光灯电路及起动过程

电路如图 7-16 所示，接通电源后，首先电源电压全部加在了启辉器的两极间，氖气放电，双金属片电极受热伸直，两极间接通。

通路后，启辉器放电停止，双金属片冷却复原，两极断开。在这一瞬间，镇流器感应一个很高的自感电动势，灯管中的氩放电并很快过渡到汞蒸气放电，灯管导通。

3. 并联电容提高功率因数

荧光灯电路中接有镇流器，因此它是电感性负载，为了提高其功率因数，可用并联电容器的方法，图 7-17 所示的相量图说明了提高功率因数的原理。

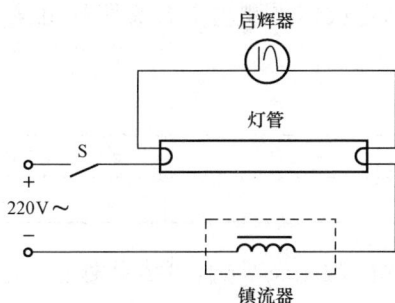

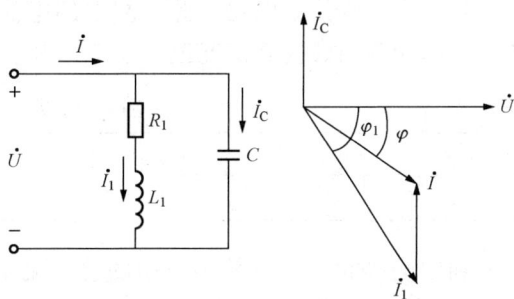

图 7-16　荧光灯电路　　　　　　　图 7-17　并联电容电路及相量图

实验仪器见表 7 - 26。

表 7 - 26 实 验 仪 器

仪器名称	数 量	推荐型号及参数	实际选用型号及参数
荧光灯	1 套	20W 灯管、镇流器、启辉器	
电容器	1 只	250V、2.5μF	
交流电压表	1 只	0～250V、表棒 1 副	
交流电流表	1 只	0～0.5～1A，测流板 2 个、插头	
单相功率表	1 只	250V、1A	

●**实验步骤**

（1）按图 7 - 18 接好实验电路，通电观察起动的过程。

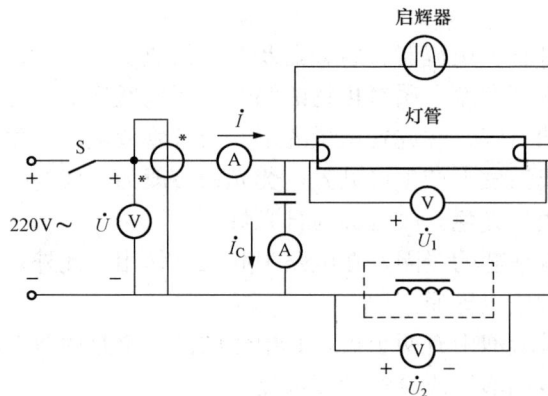

图 7 - 18 提高功率因数实验电路图

（2）测出电路的电压 U、电流 I、功率 P、灯管电压 U_1、镇流器电压 U_2，并计算出荧光灯的功率因数 $\cos\varphi_1$，记入表 7 - 27。

表 7 - 27 测 量 结 果

U	U_1	U_2	P	I_1	$\cos\varphi_1 = P/(UI_1)$

（3）将电容并联接入电路，此时测出的电流 I 是总电流，再测出电容支路的电流 I_C 和功率 P，计算功率因数提高情况记入表 7 - 28。

表 7 - 28 功 率 因 数 提 高 情 况

U	I	I_C	P	$\cos\varphi_1 = P/(UI)$

（4）利用测得的 I_C，计算电路中的总电流 I 和功率因数 $\cos\varphi$ 与上述结果对照，记入表 7 - 29。

表 7 - 29　　　　　　　　　　　　　　　计　算　结　果

$I=\sqrt{(I_1\cos\varphi_1)^2+(I_1\sin\varphi_1-I_C)^2}$	$\cos\varphi=I_1\cos\varphi_1/I$

总结与思考

1. 根据所测数据，画出荧光灯的等效电路模型，并画出相量图。

2. 把测出的荧光灯管消耗的功率与其标称功率对照是否大体相符。

3. 如果要将功率因数提高到 1，应并联多大的电容器？为什么不这样做？

实验八　三相负载星形联结

● **实验目的**

1. 学习三相负载星形联结。

2. 测量三相电路对称和不对称时线电压与相电压，线电流与相电流的关系。

3. 了解三相四线制电路中，中性线的作用。

● **实验原理**

（1）负载星形联结时，电路中各量有如下关系：

相电压　　　　　　　　　　$U_{UN}=U_{VN}=U_{WN}=U_P$

线电压　　　　　　　　　　$U_{UV}=U_{VW}=U_{WU}=U_L$

$$U_L=\sqrt{3}U_P$$

各线电流与对应的相电流相等。

中性线电流 $\dot{I}_N=\dot{I}_U+\dot{I}_V+\dot{I}_W$；当负载对称时 $I_N=0$，此时不用中性线仍能正常工作，当负载不对称时 $I_N\neq0$，此时必须有中性线才能正常工作。

（2）三相对称负载电功率的计算

$$P=\sqrt{3}U_LI_L\cos\varphi_p$$

实验仪器见表 7 - 30。

表 7 - 30　　　　　　　　　　　　　　实　验　仪　器

仪器名称	数　量	推荐型号及参数	实际选用型号及参数
三相灯箱	1 套	20W 灯管、镇流器、启辉器	
电压表	1 只	交流 0～250V、表棒 1 副	
电流表	1 只	交流 0～1A、测流板 4 个、插头 1 个	

● **实验步骤**

本次实验用三相灯箱（或灯板）作负载，以验证上述关系。为使灯泡不致损坏，电源电压应降至 220V/127V，用三相四线制供电，配用 220V 的灯泡。

（1）将三相灯箱组做星形联结，如图 7 - 19 所示电路。

（2）在负载对称的情况下，测量线电压、线电流及中性线电流，验算相电压与线电压的关系，计算三相电功率，记入表 7 - 31。

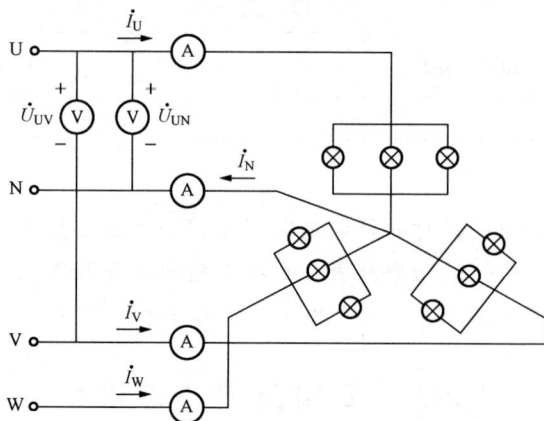

图 7 - 19　三相灯箱星形联结

表 7 - 31　　　　　　　　　　　　**计算结果和测量结果**

测量结果	U_{UN}		U_{VN}		U_{WN}		U_P	
	U_{UV}		U_{VW}		U_{WU}		U_L	
	I_U		I_V		I_W		I_N	
计算结果	$P=\sqrt{3}U_L I_L \cos\varphi_p$				U_L/U_P			

（3）观察中性线的作用，当负载对称时，用电流表测出 I_N，看其是否为零；断开中性线看各相是否仍正常工作。

将负载接成不对称，U 相只开一盏灯，V 相开两盏灯，W 相开三盏灯，将电流表所测 I_N 记入表 7 - 32。此时断开中性线，观察各相灯泡亮度有何变化（只记录现象）。

表 7 - 32　　　　　　　　　　　　**结　　果**

中性线情况	接通中性线				断开中性线		
灯泡亮度（各相电流）	I_U	I_V	I_W	I_N	I_U	I_V	I_W
负载对称							
负载不对称							

总结与思考

1. 根据所测结果，验证在星形联结时 U_L 与 U_P、I_L 与 I_P 的关系，与理论知识是否相符。

2. 在三相四线不对称负载时，据所测 I_U、I_V、I_W 数值，按比例画出相量图。

3. 总结星形联结时中性线的作用，据此分析在运行中应该注意什么问题？

4. 三相电功率计算时 $P=\sqrt{3}U_L I_L \cos\varphi_p$，$\cos\varphi_p$ 指什么？在实验中 $\cos\varphi_p$ 应如何计算。

实验九　三相负载的三角形联结

●**实验目的**

1. 学习三星负载的三角形联结。

2. 验证三相对称负载三角形联结时，线电压与相电压、线电流与相电流的关系。

●**实验原理**

(1) 负载作三角形联结时有如下特点：

1) 对称负载 $U_L = U_P$，$I_L = \sqrt{3} I_P$

2) 不对称负载 $U_L = U_P$

(2) 对称负载时电功率的计算与星形联结时的公式相同 $P = \sqrt{3} U_L I_L \cos\varphi_p$。

实验仪器见表 7-33。

表 7-33　　　　　　　　　　　　　实 验 仪 器

仪器名称	数　量	推荐型号及参数	实际选用型号及参数
三相灯箱	1套	20W 灯管、镇流器、启辉器	
电压表	1只	交流 0～250V、表棒 1 副	
电流表	1只	交流 0～1A、测流板 4 个、插头 1 个	

●**实验步骤**

本次实验用三相灯箱（或灯板）作负载以验证上述关系。为了使灯泡能正常使用，需把电源线电压降至 220V。

(1) 将三相灯箱作三角形连接，如图 7-20 电路所示。

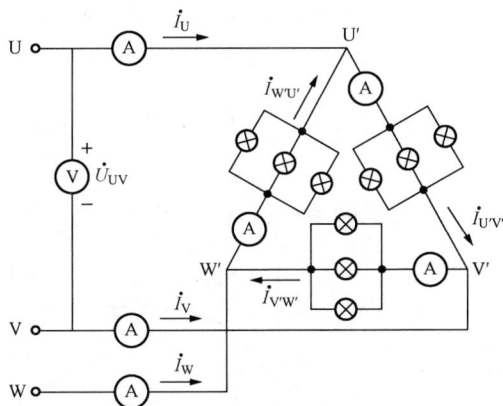

图 7-20　三相灯箱三角形联结

(2) 在对称负载时测量 $U_L(U_P)$，验算 $I_L = \sqrt{3} I_P$ 的关系；计算三相电功率，记入表 7-34。

表 7-34　　　　　　　　　　　　　计 算 结 果

每相灯数	$U_L(U_P)$	I_P	I_L	$P = \sqrt{3} U_L I_L \cos\varphi_p$
1				
2				
3				

(3) 在不对称时测量 $U_L(U_P)$、I_L、I_P，记入表 7-35。

表 7 - 35　　　　　　　　　　　　　　　　测 量 结 果

相	灯数	$U_L(U_P)$	I_P		I_L	
UV	1		$I_{U'V'}$		I_U	
VW	2		$I_{V'W'}$		I_V	
WU	3		$I_{W'U'}$		I_W	

总结与思考

1. 画出实验电路，整理实验数据及观察结果并进行分析。

2. 在对称负载三角形联结时 U_L 与 U_P、I_L 与 I_P 的关系是否与理论知识相符，根据所测数据按比例作出对称负载和不对称负载时的相量图，并与所测结果对照。

3. 用同样的电源，为什么对称负载三角形联结时灯泡的亮度比星形联结时的亮？

实验十　线性电路的过渡过程

● **实验目的**

1. 用示波器观察 RC、RL 电路的过渡过程。

2. 观察时间常数对过渡过程的影响，验证 RC 电路时间常数的计算公式。

● **实验原理**

(1) 在图 7 - 21（a）所示的 RC 电路中，当开关 K 接到 1 时，有

$$u_C = U(1 - e^{-t/\tau})$$

$$i_C = \frac{U}{R} e^{-t/\tau}$$

$$\tau = RC$$

式中：τ 为时间常数，$u_C(t)$ 和 $i_C(t)$ 的波形，如图 7 - 22（a）所示。

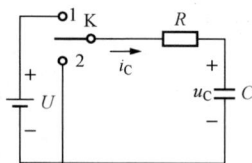

(a)

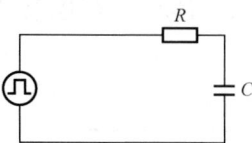

(b)

图 7 - 21　RC 电路

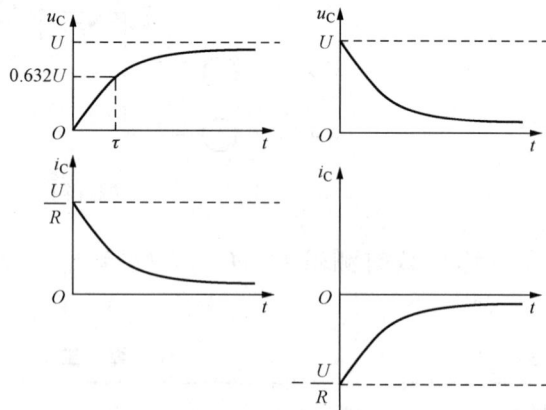

(a)　　　　　　　　　　(b)

图 7 - 22　RC 电路过渡过程波形

当电路充电稳定后，将开关 K 转换接到 2，此时

$$u_C = U e^{-t/\tau}, \quad i_C = -\frac{U}{R} e^{-t/\tau}$$

$u_C(t)$ 和 $i_C(t)$ 的波形，如图 7-22（b）所示。

如果把电源和开关用方波信号源代替如图 7-21（b），并且使连续方波的周期足够长，用示波器在电容两端观察，可连续看到如图 7-22（a）和如图 7-22（b）中的电压波形；在电阻两端观察，可连续看到电流波形。

当示波器显示电压波形时，利用屏幕上的标尺，找出 $0.632U$ 的位置，与之对应的横坐标即为时间常数 τ，可利用示波器上的时标进一步做较精确的测量。

（2）在图 7-23（a）所示的 RL 电路中，当开关 K 接到 1 时，有

$$i_L = \frac{U}{R}(1 - e^{-t/\tau})$$

$$u_L = Ue^{-t/\tau}$$

式中的时间常数 $\tau = \dfrac{L}{R}$ 在实验时取 R 远大于线圈的电阻，因而可将线圈看成纯电感。

$i_L(t)$ 和 $u_L(t)$ 的波形如图 7-24（a）所示，当电源达到稳态后将开关 K 转换接到 2，此时

$$i_L = \frac{U}{R}e^{-t/\tau}$$

$$u_L = -Ue^{-t/\tau}$$

$i_L(t)$ 和 $u_L(t)$ 的波形如图 7-24（b）所示。

用方波信号源［图 7-21（b）］和示波器同样可以连续观察上述波形和测量时间常数 τ，测量 τ 应利用电流波形，因电感线圈中含有电阻，因此两端电压的波形有较大的误差。

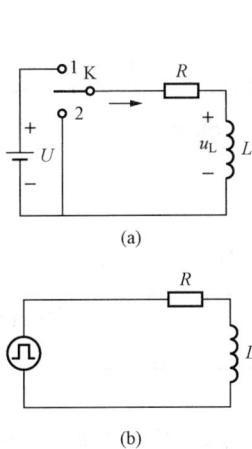

图 7-23　RL 电路

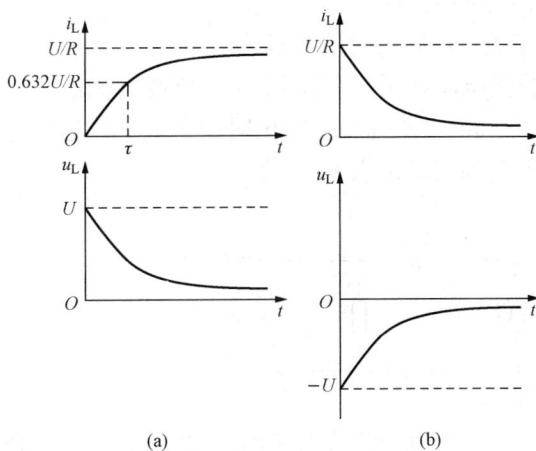

图 7-24　RL 电路过渡过程波形

实验仪器见表 7-36。

表 7-36　　　　　　　　　　　　实　验　仪　器

仪器名称	数量	推荐型号及参数	实际选用型号及参数
标准电阻箱	1 只	0～9999Ω	
电容器	2 只	0.1μF（误差≤±5%）	
电感线圈	1 只	15mH（$R=10\Omega$）	
方波信号发生器	1 台	XD11	
示波器	1 台		

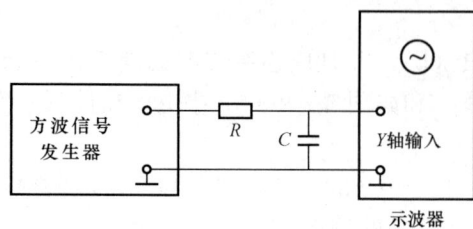

图 7-25 观察 RL 电路电压 u_C
波形的实验电路

●实验步骤

1. 观察 RC 电路的过渡过程

（1）连接电路如图 7-25 所示，观察电压 $u_C(t)$ 的波形，取 $R=1\text{k}\Omega$、$C=0.1\mu\text{F}$，调整方波信号发生器使其输出方波 $f=1\text{kHz}$、$U_m=2\text{V}$，观察记录其波形，并从示波器标尺上求出 τ。改变 $U_m=3\text{V}$，再观察、测试一次。

改变 $R=2\text{k}\Omega$、$C=0.1\mu\text{F}$ 和 $R=1\text{k}\Omega$、$C=0.2\mu\text{F}$，再分别观察其波形并求出 τ。将全部结果记入表 7-37。

表 7-37   结 果

U_m（V）	R（kΩ）	C（μF）	测得 τ	计算 $\tau=RC$
2	1			
3		0.1		
	2			
	1			

（2）连接电路如图 7-26 所示，观察电流波形在 $R=1\text{k}\Omega$、$C=0.1\mu\text{F}$，$R=2\text{k}\Omega$、$C=0.1\mu\text{F}$ 和 $R=1\text{k}\Omega$、$C=0.2\mu\text{F}$ 三种情况下的变化，验证时间常数 τ 对波形的影响，并将波形画到图 7-29 中。

2. 观察 RL 电路的过渡过程

（1）连接电路如图 7-27 所示，观察电流波形。取 $R=1\text{k}\Omega$、$L=15\text{mH}$，信号源频率 $f=10\text{kHz}$。从示波器标尺上测出时间常数 τ 并与计算结果比较。取 $R=2\text{k}\Omega$、L 不变，再做一次。并将全部结果记入表 7-38。

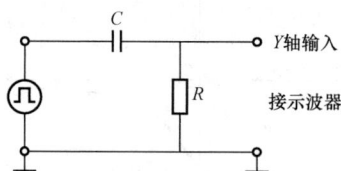

图 7-26 观察 RC 电路电流波形的实验电路

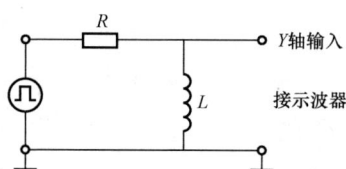

图 7-27 观察 RL 电路电流波形的实验电路

表 7-38   结 果

R（kΩ）	L（mL）	测得 τ	计算 $\tau=\dfrac{L}{R}$
1	15		

（2）连接电路如图 7-28 所示，观察电压 $u_L(t)$ 的波形。仍取 $f=10\text{kHz}$，$L=15\text{mH}$、在 $R=1\text{k}\Omega$ 和 $R=2\text{k}\Omega$ 两种情况下观察。

在图 7-29 的坐标中记录本次实验观察到的几种波形并进行比较。

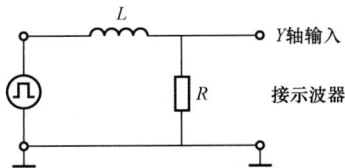

图7-28　观察 RL 电路 u_L 波形的实验电路

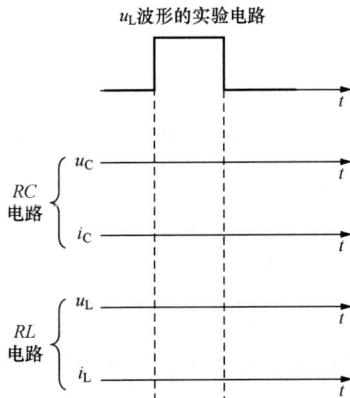

图7-29　波形图

总结与思考

1. 整理实验数据，画出波形并进行分析：RC、RL 电路中哪些参数影响时间常数 τ，哪些与 τ 无关，验证 τ 的公式。

2. 观察波形过程中，出现过哪些问题，总结怎样恰当地使用仪器和选择元件参数才能取得最佳效果。

第三节　综合实训项目

实训一　简单万用表的设计、安装与校验

● **实验目的**

练习万用表直流电压、直流电流和电阻挡的设计、制作和校验。

● **实验原理**

1. 表头内阻的测量（用代替法测量表头的内阻）

（1）原理图如图7-30所示。

PA1 为量程为 $0\sim100\mu A$ 的微安表；

PA2 为量程为 $0\sim50\mu A$ 的微安表，

R_1 是四位电阻箱；

R_2 为 $10k\Omega$ 电阻器；

R_3 是为防止 R_2 调至零而使微安表烧坏的保护电阻 $R_3=22k\Omega$。

（2）测量方法。

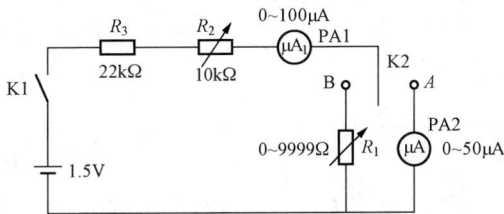

图7-30　微安表内阻测量电路

接通 K1 后，先将 K2 拨向 A 端，调 R_2 使 PA2 指满刻度。此时 PA1 的读数应与 PA2 相同。而后将 K2 拨向 B 端，调 R_1 使 PA1 的读数仍为原来的数值，此时 R_1 的值即是 PA2 的内阻。

2. 万用表直流电压挡的设计

若要求万用表有 U_1、U_2、U_3 三个量程（如 $U_1=50V$、$U_2=10V$、$U_3=2.5V$），可设计如图7-31所示的电路。

设微安表头的满量程电流为 I_g，内阻为 R_g。

则

$$R_1 = \frac{U_1}{I_g} - R_g$$

$$R_2 = \frac{U_2}{I_g} - R_g$$

$$R_3 = \frac{U_3}{I_g} - R_g$$

故得

$$R_A = R_1 - R_2, \quad R_B = R_2 - R_3, \quad R_C = R_3$$

3. 万用表的直流电流挡设计

若要求万用表有 I_1、I_2、I_3 三个量程（例如 $I_1 = 100\text{mA}$、$I_2 = 10\text{mA}$、$I_3 = 1\text{mA}$）设计电路如图 7 - 32 所示。

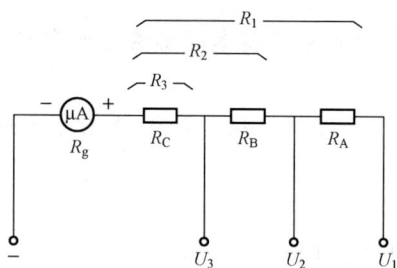

图 7 - 31 万用表直流电压挡电路   图 7 - 32 万用表直流电流挡电路

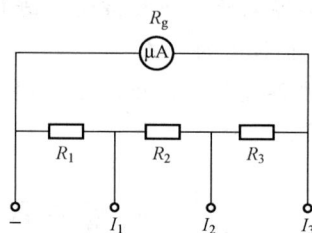

设 $R_Z = R_1 + R_2 + R_3$

使用量程 I_3 时，由于 $(I_3 - I_g)R_Z = I_g R_g$，所以

得

$$R_Z = \frac{I_g R_g}{I_3 - I_g}$$

使用量程 I_2 时，由于 $(I_2 - I_g)(R_1 + R_2) = I_g(R_g + R_3)$，所以

得 $R_1 + R_2 = I_g(R_g + R_Z)/I_2$

使用量程 I_1 时，同法

得 $R_1 = I_g(R_g + R_Z)/I_1$

所以 $R_1 = I_g(R_g + R_Z)/I_1$

$$R_1 + R_2 = I_g(R_g + R_Z)/I_2$$

$$R_1 + R_2 + R_3 = I_g R_g/(I_3 - I_g)$$

当然可得 R_1、R_2、R_3 的数值。

4. 万用表的电阻挡的设计

若要求万用表有 $R \times 100$、$R \times 10$、$R \times 1$ 三个挡位。其设计电路如图 7 - 33 所示。

（1）确定三挡的中值电阻

首先确定 $R \times 100$ 挡的中值电阻，确定的方法是

$$R_{中100} = 1.2/I_g$$

图 7 - 33 万用表
电阻挡电路

这是经验公式。式中的 1.2 是一节干电池能正常工作的最低值；I_g

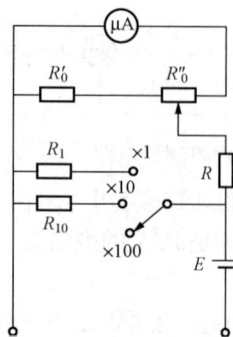

是微安表的满量程值。由上式类推得 $R\times10$、$R\times1$ 挡位的中值电阻

$$R_{中10} = R_{中100}/10, \quad R_{中1} = R_{中100}/100$$

（2）计算零欧姆调整电路（计算 R_0'、R_0'' 和 R），在 $R\times100$ 挡计算。

假设干电池的工作电压为 $1.25\sim1.7\text{V}$，则

最低工作电流 $I_{低} = 1.25/R_{中100}$

最高工作电流 $I_{高} = 1.7/R_{中100}$

R_0' 和 R_0'' 组成环形分流器，不论电路工作电流为 $I_{高}$ 还是 $I_{低}$ 表头均要指在满刻度，当工作电流为 $I_{低}$ 时，R_0'' 要滑动到最右端以使表头获得满刻度的电流；当工作电流为 $I_{高}$ 时，R_0'' 要滑动到最左端以使表头获得满刻度的电流。按照这一要求，参照分流器的设计公式可以算出 R_0' 和 R_0''。

$$R_0 = R_0' + R_0'' = \frac{I_g R_g}{I_{低} - I_g}$$

$$R_0' = \frac{R_0 I_{低}}{I_{高}}$$

$$R_0'' = R_0 - R_0'$$

串联电阻 R 可根据 $R\times100$ 挡的中值电阻来决定，可假定 R_0'' 滑动到中心位置的情况来计算。

$$R = R_{中100} - \frac{\left(R_g + \dfrac{R_0''}{2}\right)\left(R_0' + \dfrac{R_0''}{2}\right)}{\left(R_g + \dfrac{R_0''}{2}\right) + \left(R_0' + \dfrac{R_0''}{2}\right)}$$

（3）$R\times10$、$R\times1$ 挡分流电阻 R_{10} 和 R_1 的确定。

在 $R\times10$ 挡接入 R_{10} 电阻，应使中值电阻由 $R_{中100}$ 变为 $R_{中10}$，所以

$$R_{10} = \frac{R_{中100} \times R_{中10}}{R_{中100} - R_{中10}}$$

同理

$$R_1 = \frac{R_{中100} \times (R_{中1} - R_U)}{R_{中100} - (R_{中1} - R_U)}$$

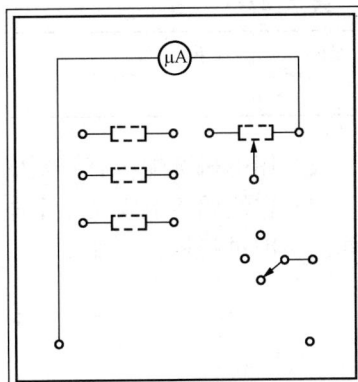

图 7 - 34　万用表组装实验线路板

式中的 R_U 是电池的内电阻，在其他各当中可以忽略，但在 $R\times10$ 由于 $R_{中1}$ 很小，串联电路中的干电池的内电阻不可忽略。通常 R_U 按 1Ω 来计算。

仪器设备见表 7 - 39。

表 7 - 39　　　　　　　　　　　**实　验　仪　器**

名　称	数量	推荐型号及参数	实验选用型号及参数	备　注
接线板	1块	可用于独立组装电压挡、电流挡、电阻挡线路，结构如图 7 - 34 所示		
电压表	1只	准确度不低于 1.0 级		准确度 1.0；相对误差≤1%
电流表	1只	准确度不低于 1.0 级		
电阻箱	1只	准确度 0.2 级		
直流稳压电源	1台			
直流电桥	1台	QJ－23 型		

●**实验步骤**

（1）用前面的方法计算表头内阻，得出 $R_g=$ _____ Ω。

（2）确定万用表的三个电压挡 U_1、U_2、U_3，计算 R_A、R_B、R_C 记入表 7 - 40 中。

表 7 - 40　　　　　　　　　　　　　测　量　结　果

U_1	U_2	U_3	R_A	R_B	R_C

确定万用表的三个电流挡为 I_1、I_2、I_3，计算 R_1、R_2、R_3，记入表 7 - 41 中。

表 7 - 41　　　　　　　　　　　　　测　量　结　果

I_1	I_2	I_3	R_1	R_2	R_3

确定万用表的三个电阻挡为 $R×100$、$R×10$、$R×1$ 三个挡位，计算各个电阻，并记入表 7 - 42 中。

表 7 - 42　　　　　　　　　　　　　计　算　结　果

$R_{中100}$	$R_{中10}$	$R_{中1}$	R_0'	R_0''	R	R_{10}	R_1

（3）用电桥选配所有需要的电阻。

（4）在线路板上安装三个电压挡线路，如图 7 - 35（a）所示。并用不低于 1.0 级的电压表作为标准进行校验。如图 7 - 35（b）所示。将校验结果记入表 7 - 43 中。

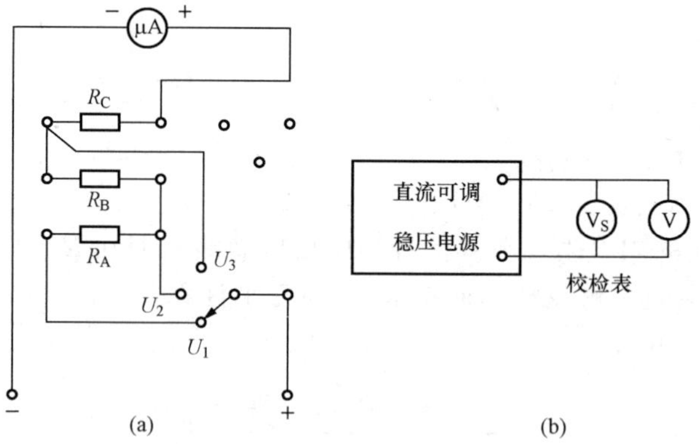

图 7 - 35　万用表电压挡及校验电路
（a）安装图；（b）校验电路

表 7 - 43　　　　　　　　　　　　　校　验　结　果

U_1 挡			U_2 挡			U_3 挡		
U	U_S	相对误差	U	U_S	相对误差	U	U_S	相对误差

（5）在线路板上安装三个电流挡线路，如图 7 - 36（a）所示。并用不低于 1.0 级的电流表作为标准进行校验。如图 7 - 36（b）所示。将校验结果记入表 7 - 44 中。

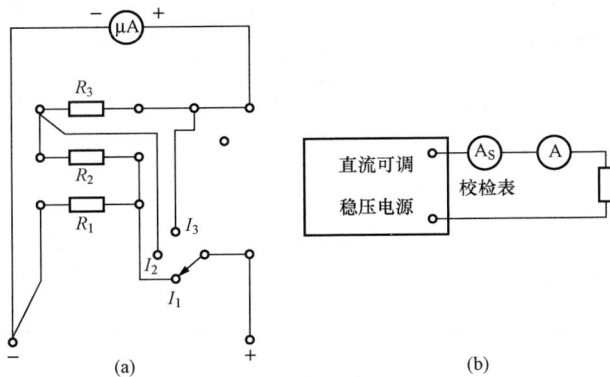

图 7 - 36　万用表电流挡及校验电路
（a）安装图；（b）校验电路

表 7 - 44

校 验 结 果

U_1 挡			U_2 挡			U_3 挡		
I	I_S	相对误差	I	I_S	相对误差	I	I_S	相对误差

在校验时，电源电压及负载电阻要根据电流挡量程确定。例如量程范围为 100、10、1mA 直流稳压电源可用 2～6V，负载电阻可用电位器 3.3kΩ。

（6）在线路板上安装三个电阻挡线路，如图 7 - 33 所示。用标准电阻箱校验各挡中值电阻，方法是：先调欧姆挡零点，然后将电阻箱调至使表头指满刻度二分之一，读电阻箱阻值看是否等于该挡的中值电阻 $R_中$。将结果记入表 7 - 35 中。

表 7 - 45

校 验 结 果

$R\times100$ 挡			$R\times10$ 挡			$R\times1$ 挡		
$R_{中100}$	实测值	误差	$R_{中10}$	实测值	误差	$R_{中1}$	实测值	误差

总结与思考

1. 画一个总体线路图，把以上三个部分组成一个整体，成为一个完整的万用表。

2. 写出全部设计过程及结果，画出电压、电流、电阻挡原理图和组装图。

3. 写出各挡的校验结果，分析误差产生的原因。

实训二　小型变压器的设计与绕制

●**实验目的**

1. 掌握小型变压器的设计方法。

2. 练习小型变压器的绕制和检验。

● **实验原理**

小型变玉器是指几伏安至 $5kV \cdot A$ 的单相干式电源变压器。

假定要求设计的变压器一次电压为 U_1、有两个二次绕组，电压分别为 U_2 和 U_3，额定电流为 I_2 和 I_3，其设计过程如下。

(1) 计算变压器容量 $S(kV \cdot A)$，二次侧容量为 $S_2 = U_2 I_2 + U_3 I_3$，一次侧容量为 $S_1 = \dfrac{S_2}{\eta}$，η 是变压器的效率，其取值见表 7-46。

表 7-46　　　　　　　　　　　　　　取　　值

$S(kV \cdot A)$	<10	$10\sim50$	$50\sim100$	$100\sim300$	$300\sim500$	$500\sim1000$	>1000
η	$0.6\sim0.7$	$0.7\sim0.8$	$0.8\sim0.85$	$0.85\sim0.9$	0.9	0.95	0.97

(2) 确定铁芯截面积 $A(\text{cm}^2)$，铁芯的净截面积 $A_0 = 1.25\sqrt{S_1}$，此式适用于变压器硅钢片，磁感应强度取 $B = 1.0\sim1.2T$，铁芯的毛截面 $A = A_0/K_{Fe}$ 其中 K_{Fe} 是硅钢片的叠片系数，热轧硅钢片取 $0.92\sim0.93$，冷轧硅钢片取 $0.95\sim0.96$。

本次实验可由实验室给定铁芯，然后用以上公式验算合格后使用。

(3) 计算线圈匝数 N

根据已学过的公式　　　　　　　$U = 4.44 f N B_m A$

可得　　　　　　　　　　　　　　$N = U/(4.44 f B_m A)$

每伏匝数　　　　　　　　　　　　$N_0 = 1/(4.44 f B_m A)$

若交流电频率为 $f = 50Hz$，铁芯截面 A 以 cm^2 为单位，则

$$N_0 = 45/B_m A$$

磁感应强度 B_m 在变压器硅钢片中可取 $1.0\sim1.2T$（一般取 1.1），所以

一次侧匝数　　　　　　　　　　$N_1 = N_0 U_1$

二次侧匝数　$\begin{matrix} N_2 = 1.05 N_0 U_2 \\ N_3 = 1.05 N_0 U_3 \end{matrix}$ （为补偿绕组有负载时的压降，二次侧绕组匝数均增加 5%）

(4) 计算导线直径 d

二次侧电流均为已知（I_2 和 I_3）。

一次侧电流为

$$I_1 = \frac{I_2 U_2 + I_3 U_3}{U_1} \times 1.1 \quad （考虑励磁电流 I_0，I_1 增加 10\%）$$

取电流密度 $J = 2.5 A/\text{mm}^2$

因为　　　　　　　　　　　　　　$I/J = \dfrac{\pi d^2}{4}$

$$d = 1.13\sqrt{\frac{I}{J}}$$

分别将 I_1、I_2 和 I_3 代入，可求出 d_1、d_2、d_3，然后从标准线规中选择与 d_1、d_2、d_3 最相近（等于或略大于）的导线。

(5) 验算窗口尺寸 CH

图 7-37 为常用的 E 形铁芯，其窗口尺寸应选

$$CH = K(A_1N_1 + A_2N_2 + A_3N_3)$$

式中：A_1，A_2，A_3 为各绕组导线截面，N_1，N_2，N_3 为各绕组导线匝数，K 一般可取 2 左右。

绕组的分层安排如图 7-38 所示，按照此安排逐层细算其尺寸，验算窗口能否容下。导线与硅钢片间的绝缘厚为 1~1.5mm，一、二次绕组之间应有 0.5~1mm 厚的绝缘和一层不闭合的由铝（或铜箔）制成的屏蔽层。

实验仪器见表 7-47。

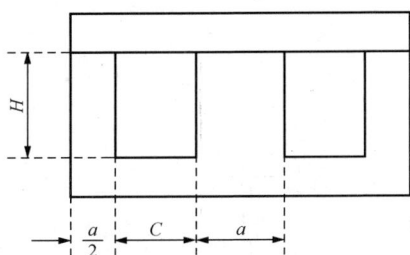

图 7-37 E 形铁芯

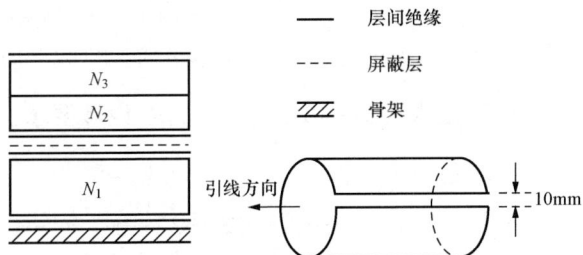

图 7-38 绕组机构及屏蔽层

表 7-47   实 验 仪 器

名　　称	数量	推荐型号及参数	实际选用型号及参数
绕线机	1 台		
电压表	1 只	交流 0~250V	
电流表	1 只	交流 0~3A	
负载电阻	2 只	可用灯板作负载	
调压变压器	1 台	0.5KV，AC220V/(0~250V)	
铁芯			
漆包线			
绝缘材料			

●**实验步骤**

(1) 根据教师给出的题目进行设计，一般情况下，一次电压 220V，容量在 100V·A 以内。

(2) 实地绕制

1) 准备工具、器材。

2) 绕制线圈线，线圈的起、末端的固定方法如图 7-39（a）所示。

3) 插铁芯若为 EI 形铁芯，先插 E 形部分，然后插入 I 形横条，如图 7-39（b）所示。也可以采用 C 形铁芯。

(3) 绝缘浸漆处理

浸漆后烘干，经测试绝缘电阻大于 10MΩ 可以认为合格。

(4) 测试

接电路如图 7-40 接通电源，用调压器将电压调至 220V，测二次侧两个绕组的空载电压 U_{20} 和 U_{30}。两个副绕组都接以负载并使电流逐步增大，直至达到额定值。同时测副边电

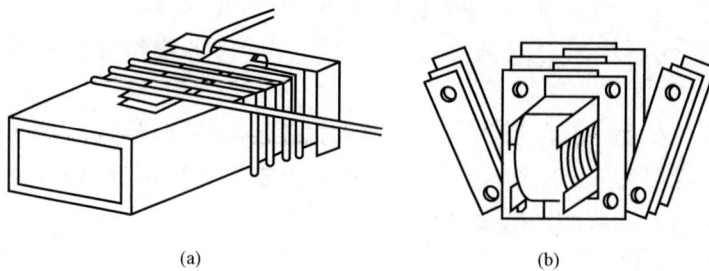

图 7 - 39　绕制操作方法

(a) 绕圈式末端固定方法；(b) 铁芯插法

压 U_2 和 U_3 记入表 7 - 48，看是否符合设计要求。

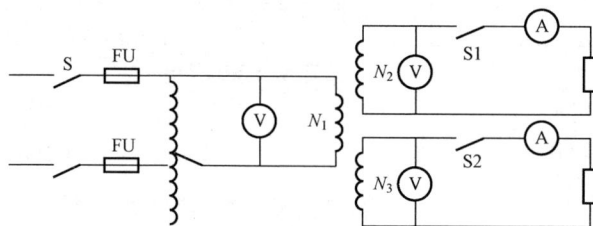

图 7 - 40　变压器测试电路

表 7 - 48　　　　　　　　　　　　　　测　量　结　果

I_2					
U_2					
I_3					
U_3					

总结与思考

1. 写出全部设计计算过程。

2. 画出变压器的外特性曲线 $U_2 = f(I_2)$ 及 $U_3 = f(I_3)$。

3. 分析测试结果是否符合设计要求，如不符，找出其原因。

4. 评议变压器的绕制质量，有何问题，应如何改进。

附录　常用铁磁材料基本磁化曲线数据表

（表中的 B 的单位是 T，H 的单位是 A/m）

附表 1　　　　　　　　　　　　　　铸钢基本磁化曲线数据表

B（T）	0	0.01	0.02	0.03	0.04	0.05	0.06	0.07	0.08	0.09
0.4	320	328	336	344	352	360	368	376	384	392
0.5	400	408	417	426	434	443	452	461	470	479
0.6	488	497	506	516	525	535	544	554	564	574
0.7	584	593	603	613	623	632	642	652	662	672
0.8	682	693	703	724	734	745	755	766	776	787
0.9	798	810	823	835	848	860	873	885	898	911
1.0	924	938	953	969	986	1004	1022	1039	1056	1037
1.1	1090	1108	1127	1147	1167	1187	1207	1227	1248	1269
1.2	1290	1315	1340	1370	1400	1430	1460	1490	1520	1555
1.3	1590	1630	1670	1720	1760	1810	1860	1920	1970	2030
1.4	2090	2160	2230	2300	2370	2440	2530	2620	2710	2800
1.5	2890	2990	3100	3210	3320	3430	3560	3700	3830	3960

附表 2　　　　　　　　　　　　　　铸铁基本磁化曲线数据表

B（T）	0	0.01	0.02	0.03	0.04	0.05	0.06	0.07	0.08	0.09
0.5	2200	2260	2350	2400	2470	2550	2620	2700	2780	2860
0.6	2940	3030	3130	3220	3320	3420	3520	3620	3720	3820
0.7	3920	4050	4180	4320	4460	4600	4750	4910	5070	5230
0.8	5400	5570	5750	5930	6160	6300	6500	6710	6930	7140
0.9	7360	7500	7780	8000	8300	8600	8900	9200	9500	9800
1.0	10 100	10 500	10 800	11 200	11 600	12 000	12 400	12 800	13 200	13 600
1.1	14 000	14 400	14 900	15 400	15 900	16 500	17 000	17 500	18 100	18 600

附录 3　　　　　　　　　　　　　D_{21} 电工钢片磁化曲线数据表

B（T）	0	0.01	0.02	0.03	0.04	0.05	0.06	0.07	0.08	0.09
0.7	272	278	281	289	295	300	305	315	321	329
0.8	340	348	356	364	372	380	389	398	407	416
0.9	425	435	445	455	465	475	488	500	512	524
1.0	536	549	562	575	588	602	616	630	645	660

续表

B（T）	0	0.01	0.02	0.03	0.04	0.05	0.06	0.07	0.08	0.09
1.1	675	691	708	726	745	765	786	808	831	855
1.2	880	906	933	961	990	1020	1050	1090	1120	1160
1.3	1200	1250	1300	1350	1400	1450	1500	1560	1620	1680
1.4	1740	1820	1890	1980	2060	2160	2260	2380	2500	2640

注 D代表电工钢片；第一个数字表示含硅等级，如 D_2 为中硅，含硅量为 1.82%～2.80%；第二个数字表示电磁性能等级。

附表 4 **D_{23}电工钢片磁化曲线数据表**

B（T）	0	0.01	0.02	0.03	0.04	0.05	0.06	0.07	0.08	0.09
0.8	250	255	260	265	270	276	281	287	293	299
0.9	306	313	319	326	333	341	349	357	365	374
1.0	383	392	401	411	422	433	444	456	467	480
1.1	493	507	521	536	552	568	584	600	616	633
1.2	652	672	696	716	738	762	786	810	836	862
1.3	890	920	950	980	1010	1050	1090	1130	1170	1210
1.4	1260	1310	1360	1420	1480	1550	1630	1710	1810	1910

附录 5 **几种硅钢片单位质量铁损数据表**

B（T）	铁损 P_{Fe} [W/(kg)]							
	D_{41} (0.35)	D_{41} (0.5)	D_{42} (0.35)	D_{42} (0.5)	D_{43} (0.35)	D_{43} (0.5)	D_{44} (0.35)	D_{44} (0.5)
1.00	1.35	1.6	1.2	1.4	1.05	1.25	0.9	1.15
1.05	1.5	1.78	1.32	1.54	1.15	1.38	0.98	1.24
1.10	1.64	1.95	1.45	1.68	1.28	1.5	1.1	1.38
1.15	1.8	2.1	1.58	1.84	1.4	1.65	1.22	1.5
1.20	2.0	2.3	1.75	2.0	1.54	1.79	1.35	1.65
1.25	2.18	2.5	1.9	2.16	1.68	1.94	1.45	1.8
1.30	2.36	2.7	2.08	2.38	1.8	2.1	1.6	1.96
1.35	2.58	2.9	2.22	2.56	1.98	2.28	1.72	2.1
1.40	2.78	3.1	2.4	2.75	2.15	2.45	1.9	2.3
1.45	2.98	3.34	2.6	2.98	2.32	2.67	2.02	2.5
1.50	3.2	3.6	2.8	3.2	2.5	2.9	2.2	2.7

参 考 文 献

[1] 谭恩鼎. 电工基础. 北京：高等教育出版社，2000.

[2] 罗挺前. 电工与电子技术. 北京：高等教育出版社，2001.

[3] 刘南平. 电路基础. 北京：科学出版社，2005.

[4] 罗挺前. 电工测量与电工学实验. 北京：化工出版社，1999.